U0958074

职业教育物流管理专业教学用书

1+X证书系列教材

运输实务

主　编　贾铁刚

副主编　刘呈佳　熊耐娉

吕丽萍　余钢衍

主　审　陈雄寅

電子工業出版社

Publishing House of Electronics Industry

北京 · BEIJING

内容简介

本书以运输业务为内容载体，以各种运输方式的操作为讲解主线，以运输技能实训为学习目标，实现以“物流管理 1+X 证书”制度为本位的教学思想，以培养学生掌握物流专业所需具备的运输作业基本技能为原则，通过项目教学、任务驱动等方式，寓教于乐，使生涩、枯燥的理论知识生动化，为学生创造一个良好的学习环境。

本书共包括七个项目，分别为走进运输、公路运输操作、铁路运输操作、航空运输操作、水路运输操作、特种货物运输操作、货物运输保险与索赔。书中的每一个项目均包含若干个任务，每一个任务安排了任务展示、任务准备、任务执行、任务评价和拓展提升、知识加油站等环节，以使学生理解和掌握所学内容，具有较强的实操性。

本书既可作为职业院校物流服务与管理、物流工程技术、冷链物流技术与管理、采购与供应管理及其他相关专业的教材，也可作为从事运输技术和管理人员的培训教材，还可作为物流运输企业及工商企业的物流服务管理人员的参考用书。

图书在版编目（CIP）数据

运输实务 / 贾铁刚主编 . —北京：电子工业出版社，2021.1
ISBN 978-7-121-38094-5

Ⅰ. ①运…　Ⅱ. ①贾…　Ⅲ. ①货物运输－职业培训－教材　Ⅳ. ①U

中国版本图书馆 CIP 数据核字（2019）第 251856 号

责任编辑：王志宇　　文字编辑：崔　峰
印　　刷：天津千鹤文化传播有限公司
装　　订：天津千鹤文化传播有限公司
出版发行：电子工业出版社
北京市海淀区万寿路 173 信箱　邮编：100036
开　　本：787×1 092　1/16　印张：14.75　字数：377.6 千字
版　　次：2021 年 1 月第 1 版
印　　次：2022 年 8 月第 3 次印刷
定　　价：49.00 元

凡所购买电子工业出版社图书有缺损问题，请向购买书店调换。若书店售缺，请与本社发行部联系，联系及邮购电话：(010) 88254888，88258888。

质量投诉请发邮件至 zlts@phei.com.cn，盗版侵权举报请发邮件至 dbqq@phei.com.cn。

本书咨询联系方式：(010) 88254523，wangzy@phei.com.cn。

前　言

运输是现代物流最重要的功能要素之一，随着物流产业的快速发展，以及运输技术及作业规范的不断提升，运输行业对其从业人员的素质要求也在不断提高。“运输实务”作为物流服务与管理专业的核心课程，在为学生提供运输知识和培养其实操技能的同时，还要培养学生的沟通协调、团队合作、自主学习、创新思维等职业关键能力，更重要的是培养学生爱岗敬业、诚实守信、一丝不苟的职业操守。

本书依据《物流服务与管理专业教学标准》和《物流管理 1+X 职业技能等级标准》进行编写，涵盖运输业务、运输单证、运输费用、运输保险等内容，使职业院校学生通过学习本教材能够胜任接单、制单、计费、保险、调度等工作。

本书以运输业务为内容载体，以各种运输方式的作业操作为讲解主线，以运输技能实训为学习目标，实现以“物流管理 1+X 证书”制度为本位的教学思想，以培养学生掌握物流专业所需具备的运输作业基本技能为原则，通过项目教学、任务驱动等方式，寓教于乐，使生涩、枯燥的理论知识生动化，为学生创造一个良好的学习环境。本书共包括七个项目，分别为走进运输、公路运输操作、铁路运输操作、航空运输操作、水路运输操作、特种货物运输操作、货物运输保险与索赔。书中的每一个项目均包含若干个任务，每一个任务安排了任务展示、任务准备、任务执行、任务评价和拓展提升、知识加油站等环节，以使学生理解和掌握所学内容，具有较强的实操性。拓展提升和知识加油站的内容，请扫描附录 A 中的二维码查看。

本书的主要特点如下。

（1）立德树人，课程思政。本书将社会主义核心价值观和物流工匠精神融入教学内容，在“润物细无声”中培养着学生认真严谨、精益求精的职业精神，较好地体现课程思政。

（2）服务 1+X，书证融通。本把学历证书与职业技能等级证书结合起来，探索实施 1+X 证书制度，是国务院 2019 年 2 月发布的《国家职业教育改革实施方案》中的重要改革部署。本书积极响应国家的职教改革部署，服务 1+X 证书制度，是书证融通的职业教育国家规划教材。

（3）岗位导向，任务驱动。本书基于任务驱动和工作过程的流程进行编写，将物流行业相关岗位的工作任务转化为教学任务，实现“岗位导向，任务驱动”，体现“工学结合，理实一体”。

（4）三个对接，三个融合。该书实现“三个对接”，分别是课程体系与岗位需求的对接，学习内容与工作内容的对接，校内教学资源与企业培训资源的对接。同时该书较好地体现“三个融合”，即职业教育与思政教育、情感教育、职业生涯规划教育的融合。

（5）突出典型，注重实务。本书在编写过程中遵循“突出典型，注重实务”，有利于培养物流行业的实用型技能人才和管理人才。

（6）内容精当，资源丰富。本书教学内容安排精当，行文简明，深入浅出。通过二维码拓展了教学资源，丰富了教学内容。

（7）全彩印刷，图文并茂。本书全彩印刷，以图文并茂的形式展示内容，直观形象地介绍相关的知识点和技能点，不仅可以作为职业院校物流专业课程教材使用，还可以供相关物流从业人员作为参考资料或培训使用。

本书由贾铁刚担任主编，刘呈佳、熊耐娉、吕丽萍、余钢衍担任副主编，陈雄寅担任主审。我们在编写过程中参考了大量的文献资料，借鉴和吸收了国内外众多学者的研究成果，在此对相关文献的作者表示诚挚的感谢。

由于编写水平有限，书中难免有疏漏之处，敬请广大读者提出宝贵意见并反馈给我们。

编　者

目录

项目一
走进运输

物流从业人员在工作中要掌握五种常见的运输方式的相关知识，了解其技术特性，懂得联合运输的知识和运输合理化的含义，能够利用网络工具，依据当地的经济与运输发展状况，选择并优化运输方式及路线。

任务一 认识货物运输

任务展示

案例分析

（1）粤西地区，尤其是广宁、四会、佛冈、清新、德庆、郁南、云安等地区盛产砂糖橘，当地农户主要以种橘为主业，许多农户根本没有种植其他农作物。2008 年年初的雪灾中断了当地的交通，许多农户直接把橘子拉到四会、东莞去卖，运气好的，以极低的价格卖掉；运气不好的，找不到愿意收购的人，只得又拉回家。

问题 1：导致粤西地区农户砂糖橘滞销的原因是什么？说明了什么问题？

（2）据报道，2008 年年初，由于南方雪灾，广东、广西等地的砂糖橘运输受阻，三四月份时，成都市面砂糖橘的价格一度飙升到每千克 16 ～ 18 元。

（3）新华社四川省汶川县 7 月 27 日电（记者：谢佼、杨迪），都汶路彻底关大桥损坏之后，经过紧急抢修，25 日就已连通岷江对岸的交通临时应急通道，但只限 9 座以下小型车辆通行，所有货运车辆都必须绕行其他线路。汶川县物价出现了新的变化。汶川县“口福餐馆”负责买菜的服务员刘艳莉告诉记者，26 日至 27 日，汶川县县城的猪肉价格比断桥前每千克上涨了 2 ～ 4 元，大葱、蒜苗、苦瓜、茄子等外地蔬菜从原来的每千克 4 元左右，上涨到现在每千克 10 ～ 12 元，而大量本地出产的莴笋、大白菜、萝卜等蔬菜价格却大幅下降，莴笋原来的价格是每千克 4 元左右，现在是每千克 0.6 ～ 1 元。

问题 2：导致以上两个地区物价变化的原因是什么？说明了什么问题？

任务准备

任务准备 1：运输的概念

运输是指人或物品借助运力在空间产生的位置移动。

《物流术语》（GB/T 18354—2006）中对运输的定义：运输是指利用运输设备，将物品从一个地点向另一地点运送的过程，其中包括集货、分配、搬运、中转、装入、卸下、分散等一系列操作。简单地讲，运输就是对物品进行的长距离空间位移。

任务准备 2：运输的功能

1. 产品转移功能

运输的主要功能就是克服产品在生产和需求之间存在的空间和时间上的差异。运输首先实现了产品在空间上移动的职能，即产品转移功能，如图 1-1 所示。同时，产品转移所采用的方式必须能够满足顾客的要求，产品遗失率和损坏率必须降到最低的水平。

图 1-1　产品转移功能

2. 产品储存功能

如果转移中的产品需要储存，而短时间内产品又需重新转移，那么卸货和装货的成本也许会超过在运输工具中储存的费用，这时，将运输工具暂时当作储存工具是可行的。另外，在仓库空间有限的情况下，利用运输工具储存产品也不失为一种可行的选择。

任务准备 3：运输的基本原理

1. 规模经济

规模经济的特点是随着装运规模的扩大，单位货物的运输成本减少。运输规模经济之所以存在是因为，与运输有关的固定费用（包括运输订单的行政管理费用、运输工具投资费用，以及装卸费用、管理及设备费用等）可以按整批的货物量分摊。另外，通过规模运输还可以享受运价折扣，也可使单位货物的运输成本下降。总之，规模经济使货物的批量运输显得合理。

例如，整车装运的每吨成本低于零担装运（LTL，利用部分车辆能力进行装运）。运输规模经济之所以存在是因为，与转移一票货物有关的固定费用可以按整票货物的重量分摊。一票货物越重，就越能"摊薄"成本，从而使单位重量的成本更低。

2. 距离经济

距离经济的特点是每单位距离的运输成本随运输距离的增加而减少。距离经济的合理性类似规模经济，尤其体现在运输装卸费用上的分摊方面。运输的距离越长，固定费用分摊后的值越小，单位距离支付的费用也就越低。

任务准备 4：运输的地位和作用

1. 运输是物流的主要功能要素之一

根据物流的概念可知，物流是"物"的物理性运动，这种运动不仅改变了物的时间状态，而且改变了物的空间状态。在物流的过程中，运输承担了改变空间状态的主要任务，也是改变空间状态的主要手段。同时，运输再配以搬运、配送等活动，就能圆满完成改变物的空间状态的全部任务。

2. 运输是社会物质生产的必要条件之一

运输是国民经济的基础和先行。马克思将运输称为"第四个物质生产部门"，因此可将运输看作生产过程的继续，这个继续虽然以生产过程为前提，但如果没有这个继续，则生产过程不能最后完成。所以，虽然运输的这种生产活动和一般生产活动不同，它既不创造新的物质产品，也不增加社会产品数量，更不赋予产品新的使用价值，而只变动其所在的空间位置，但这一变动却使生产能够继续下去，使社会再生产不断推进，所以将其看作一种物质生产部门。

3. 运输可以创造“场所效用”

同种“物”由于空间场所不同，其使用价值和效益的实现程度不同。由于改变场所而发挥其最大使用价值，最大限度提高其投入产出比，这就是“场所效用”。通过运输，将“物”运到场所效用最高的地方，就能发挥“物”的潜力，实现资源的优化配置。从这个意义来讲，也相当于通过运输提高了“物”的使用价值。

4. 运输是“第三利润源”的主要源泉

（1）运输是运动中的活动，它和静止的保管不同，要靠大量的动力消耗才能实现这一活动，而运输又承担大跨度空间转移的任务，所以活动的时间越长、距离越长，其消耗越大，消耗的绝对数量越大，其节约的潜力也就越大。

（2）从费用来看，运费在全部物流费中占比最高。综合分析计算社会物流费用，运费在其中占近 50% 的比例，有些产品的运费高于产品的生产费。所以节约的潜力是很大的。

（3）由于运输总里程和运输总量都很巨大，通过体制改革和运输合理化可大大缩短运输的吨千米数，从而可以获得比较好的效益。

任务准备 5：运输的特点

1. 运输具有生产的本质属性

运输的生产过程是通过一定的生产关系联系起来的，具有劳动技能的人使用劳动工具（车、船、飞机及其他设施）和劳动对象（货物和旅客）进行生产，并创造产品的生产过程。运输的产品，对旅客运输来说，是人的空间位移；对货物运输来说，是货物的空间位移。显然，运输是以改变“人和物”的空间位置为目的的生产活动，这一点和通常意义上以改变劳动对象的物理、化学、生物属性为主的工业和农业生产不同。

2. 运输生产是在流通过程中完成的

运输是把产品从生产地运往消费地的活动，因此从整个社会生产过程角度，运输是在流通领域内继续的生产过程，并在其中完成。

3. 运输产品是无形的

运输生产不是像工业和农业生产那样改变劳动对象的物理、化学性质或形态，而是只改变劳动对象的空间位置，并不创造新的实物形态产品。因此，在满足社会运输需求的情况下，多余的运输产品或运输支出都是一种浪费。

4. 运输产品属于边生产边消费

工业和农业产品的生产和消费在时间和空间上可以完全分离，而运输产品的生产和消费在时间和空间上都是不可分离地结合在一起的，属于边生产边消费。

5. 运输产品的非储存性

由于运输产品是无形的，不具有物质实体，又由于它具备边生产边消费的属性，因此，运输产品具有非储存性，既不能调拨，也不能存储。

6. 运输产品的同一性

对不同的运输方式来说，虽然不同的运输方式使用不同的运输工具，在不同的线路上进行运输生产活动，具有不同的技术经济特征，但它们对社会具有相同的效用，都实现了物品的空间位移。因此，运输产品具有同一性。运输产品的同一性使得各种运输方式之间可以相互补充、协调、替代，从而可以形成一个有效的综合的运输系统。

任务准备 6：运输系统的构成要素

1. 运输节点

运输节点是指以连接不同运输方式为主要职能，处于运输线路上的，承担货物的集散、运输业务的办理、运输工具的保养和维修的基地与场所。

2. 运输线路

运输线路是指供运输工具定向移动的通道，也是运输赖以运行的基础设施，是构成运输系统最重要的要素。主要的运输线路有公路、铁路、航线和管道。

3. 运输工具

运输工具是指运输线路上用于载重货物并使其发生位移的各种设备装置，它们是运输能够进行的基础设备。

4. 物主与运输参与者

（1）托运人。托运人是和承运人或货运代理签订运输合同的人，是货物运输过程中委托发货的一方。

（2）承运人。承运人是在货物运输合同中承担提供运输工具，并负责按照托运人的指示将货物运送到目的地的当事人。货运代理以承运人的方式经营时称为无船承运人（non-vessel operating common carrier，NVOCC），无船承运人具有承运人的职能。

（3）代理人。

① 货运代理人：根据托运人的委托，为托运人提供服务的人，其本人并非承运人的除外。货运代理人从事与运输合同有关的活动并收取代理费或佣金。国际货物运输代理企业可以作为进出口货物托运人的代理人。货运代理人的责任范围分为三大类：货运代理人作为代理，仅对自己的错误和疏忽负责；货运代理人作为代理，不仅对自己的错误和疏忽负责，还应使货物完好地抵达目的地，这就意味着其承担了承运人的责任和第三方造成的损失的责任；货运代理人的责任取决于合同的条文和自由选择运输工具等。国际货运代理业务包括订舱仓储、货物监装 / 监卸、集装箱拼箱 / 拆箱、国际多式联运业务、除私人信函外的国际快递业务、代办报关报检 / 报验 / 保险、缮制有关单证、交付运费结算，以及其他国际货物运输代理业务。

② 船务代理：简称船代，是指接受承运人的委托，代办与船舶有关的一切业务的人。船务代理分国内水运船舶代理（各港务管理单位办理业务）和国际海运船舶代理（船舶揽

货总代理，不负责揽货）。

（4）收货人：有权取货的人。

任务准备 7：运输操作过程

无论哪种运输形式，都涉及三个操作过程：接货、运送和交付。

（1）接货的操作过程。接货是货物的实体由托运人转移到承运人手中的过程。在发生实体转移后，货物的在途管理责任也转移到了承运人手中。在接货时，要注意以下几方面操作。

① 包装。包装决定了使用何种运输工具来提供运输服务。

② 验货。在装运之前要对货物的数量和重量进行检验。这是货物从托运人转给承运人时必须要办理的手续，目的是分清责任。

③ 装货。装货是指把货物装上承运人运输工具的过程，要考虑货物在途的完整性和防止货物受损。

④ 单证。装货之后，托运人和承运人要办理货物交接手续，一般是由双方在运输单证上表明货物已经按照实际情况，由托运人在约定的时间和地点，将货物转移到承运人手中。

（2）运送的操作过程。运送的操作过程指承运人接货后，货物的在途过程。运输途中，货物的安全与完好均由承运人负责，但在发生不可抗力的情况下除外。在货物发生实体转移之前，由委托人和承运人在运输合同上做出具体约定。可以通过 GPS、GIS、电话网络等方式实时实地给托运人提供信息，使其了解货物在途的情况。

（3）交付的操作过程。交付的操作过程指承运人按照货运单证上的要求，按时完好地在约定的目的地把承运的货物交给收货人，操作过程包括通知、交接和验收。

任务准备 8：运输的分类

1. 按运输对象分类

按运输对象的不同，运输分为货物运输和旅客运输。按照地域，货物运输可分为国内货物运输和国际货物运输两大类。按照贸易形式，货物运输又可分为贸易物资运输和非贸易物资（展览品、个人行李、办公用品、援外物资等）运输。

2. 按运输方式分类

（1）公路运输。

公路运输是一种使用车辆在公路上运输的方式。它主要承担近距离、小批量的货运，水运、铁路运输难以到达地区的长途、大批量货运，以及铁路、水运优势难以发挥的短途货运。由于公路运输有很强的灵活性，近年来，在有铁路、水运的地区及较长途的大批量运输也开始使用公路运输。

（2）铁路运输。

铁路运输是一种使用铁路列车运输的方式。它主要承担长距离、大批量的货运，在没有水运条件的地区，几乎所有大批量货物都是依靠铁路来运输的，它在干线运输中起主力作用。

（3）水路运输。

水路运输是一种使用船舶运输的方式。它主要承担长距离、大批量的运输，是在干线运输中起主力作用的运输方式。在内河及沿海，水运也常以小型运输工具来担任补充及衔接大批量干线运输的任务。

（4）航空运输。

航空运输是一种使用飞机或其他飞行器运输的方式。航空运输的单位成本较高，主要适合运载两种货物：价值高、运费承担能力强的货物（贵重设备、高档物品等）；紧急需要的物资（救灾抢险物资、急救药品等）。

（5）管道运输。

管道运输是一种利用管道输送气体、液体和粉状固体的运输方式。其原理是物体在管道内顺着压力方向循环流动来实现运输。

3. 按运输范围分类

干线运输是指在运输网络中起骨干作用的线路运输。按分布的区域范围划分，一般跨越省、区（市）的运输线（包括铁路线、内河航线、沿海航线、航空线及公路线等）所完成的客货运输称为干线运输；省、区（市）范围内的运输线上的客货运输称为支线运输。按运输方式划分，一般铁路线，长江、珠江、黑龙江干流航道，沿海航线，跨省公路线及国际航空线和国内特大城市间的航空线上的客货运输称为干线运输；其余运输线上的客货运输称为支线运输。

4. 按运输的协作程度分类

（1）一般运输。

一般运输是一种采用相同运输工具或同类运输工具，而没有形成有机协作关系的运输方式。

（2）联合运输。

联合运输是一种用户一次委托，由两家以上运输企业或两种以上运输方式共同将一批货物运送到目的地的运送方式，简称“联运”。联合运输可以简化托运手续，方便用户，加快运输速度，节省运输成本。

5. 按运输途中是否换载分类

（1）直达运输。

直达运输是指将物品从发运地运输到接收地，中途不需要落地、换载，或者在储存场所停滞的运输方式。

（2）中转运输。

中转运输是指将物品从发运地运输到接收地，中途经过一次以上落地并换载的运输方式。

任务执行

步骤 1：认识货物运输的概念

各小组成员采用科学、高效的记忆方法，牢固准确地掌握货物运输的概念。

小贴士：配对联想记忆法的应用

配对联想记忆法，即先将需要记忆的信息中的关键字或关键词挑选出来，完成配对环节，然后把这些关键字或关键词按照一定的逻辑关系有机地整合在一起，赋予其鲜活、生动的画面，甚至夸张的故事情节，从而深深地印在脑海中。

步骤 2：绘制运输系统的构成要素图

各小组成员设计运输系统的构成要素图，并正确绘制在图 1-2 中。

运输系统的构成要素

图 1-2　运输系统的构成要素图

步骤 3：举例说明运输的距离经济及规模经济

各小组成员采用举例法，举例说明运输的距离经济及规模经济。

小贴士：货物运输中的距离经济及规模经济

假定 1 千克货物装运的运费与 1000 千克货物装运的运费一样多。装运 1 千克货物的每单位重量的成本为 10 元，而装运 1000 千克货物的每单位重量的成本则为 1 分。由此可以体现，1000 千克的装运中存在着规模经济。

例如，800 千克货物的一次装运成本低于 400 千米的两次装运成本（具有相同的重量）。运输的距离经济根据递减原理，距离越长，运费率就越低。距离经济的合理性类似规模经济，尤其是运输工具装卸所发生的相对固定的运费必须分摊给每单位距离的变动运费。距离越长，可以分摊固定运费的千米数就越多，每千米支付的单位运费就越低。

步骤 4：清楚货物运输的分类

各小组成员熟悉货物运输分类的原则，并正确填写表 1-1。

表 1-1　货物运输的分类

分类原则	具体分类	知识拓展

任务评价

在完成上述任务后，教师组织学生共同进行三方评价，并对任务实施过程进行点评，由教师指出各小组任务实施过程中的优点和缺点。学生完成表 1-2 任务评价表的填写。

表 1-2　任务评价表

组　别			组　员			
任务名称		认识货物运输				
考核内容		评价标准	参考分值	考核得分		
				自　评	互　评	教　师　评
职业素养	1	良好的沟通能力	5			
	2	良好的团队合作精神	5			
	3	良好的专业行为规范	5			
知识素养	1	货物运输的概念	15			
	2	货物运输的地位和作用	10			
	3	货物运输的功能	10			
	4	货物运输的特点	10			
职业技能	1	了解货物运输的操作流程	10			
	2	清楚运输系统的构成要素	10			
	3	知道货物运输的基本原理	10			
	4	清楚货物运输的基本方式	10			
小　计			100			
合计 = 自评 20%+ 互评 30%+ 教师 50%			组长签字			

任务二 创建运输公司

任务展示

学生以小组为单位模拟创建一家运输公司，并按照以下要求完成任务。

（1）为运输公司命名。

（2）为运输公司设计 Logo，并说明该 Logo 代表的含义。

（3）确定运输公司的经营理念，并说明理由。

（4）设计运输公司的组织结构。

（5）每个小组指派一名代表向全班同学介绍、展示该小组创建的运输公司。

任务准备

任务准备 1：运输企业的命名

随着社会的迅速发展，以及互联网的高速发展，运输行业发展迅猛。如今我们的主要运输工具是火车、汽车、飞机、船舶等，运输方式主要是根据客户的需求及商品的属性来制定的。我国的网购行业发展迅猛，运输行业也非常发达，如果想要进军运输行业创建一家运输企业，那么如何给运输企业命名呢？

在为运输企业命名时，要考虑外在的字音、字意、字形，要好听、易记，还要考虑企业、产品的行业特点、产品性能。命名时可借鉴和融入汉字原理（音律、字义、字形等）、CI 原理、太极原理、美学原理，并结合地理人文、地域文化等特点，同时要注重名称的国际化和创意性，最后要适当定位，综合分析，酝酿一个别具一格、易于识别、易于传播、利于本企业发展的好名字。

运输公司起名要做到“三要四不要”。

1. 三要

（1）名字要好听、好叫、好记、便于书写。

（2）名字要有寓意。

（3）名字要结合当地的文化内涵。

2. 四不要

（1）名字不要重名，要个性化。

（2）名字不要使用生僻字，不要与其他企业使用同音名字。

（3）名字不要有谐音。

（4）名字不要与企业所经营的行业无关，不要表意不明。

任务准备 2：运输企业的标识 (Logo)

企业标识（Logo）是企业对外宣传的视觉形象核心，是品牌形象的最基础部分。Logo 设计一般从企业的产品特点出发，并结合企业的行业属性进行设计。优秀的 Logo 能推动企业的对外宣传，增强企业品牌的召唤力，传达良好视觉形象，是企业精神的具体象征。一个优秀的 Logo 设计必然体现企业内在的经营理念、文化特色，同时也必须体现企业的行业特点。

企业标识就其构成而言，可分为图形标识、文字标识和复合标识三种。

图形标识是指以富于想象或相联系的事物来象征企业的经营理念、经营内容，借用比喻或暗示的方法创造富于联想、包含寓意的艺术形象。

文字标识是指以含有象征意义的文字造型为基础，对其进行变形或抽象的改造，使之图案化。例如，拉丁字母标识可用于企业名称的缩写。

复合标识是指综合运用文字和图案因素而设计的标识，有图文并茂的效果。

任务准备 3：运输企业的经营理念

所谓经营理念，就是管理者追求企业绩效的根据，是对消费者、竞争者及职工价值观与正确经营行为的确认，使企业在此基础上形成基本设想、科技优势、发展方向、共同信念和企业追求的经营目标。

有效的企业经营理念的基本要求如下。

（1）企业对大环境、使命与核心竞争力的基本认识要正确，绝不能与现实脱节。脱离实际的理念是没有生命力的。

（2）要让企业的全体员工理解经营理念。在创建经营理念的初期，企业员工对其比较重视，也很理解。随着企业的发展，员工会把经营理念视为理所当然，因而逐渐漠视、精神松懈、停止思考。虽然经营理念在本质上就是训练，但要切记经营理念不能取代训练。

（3）经营理念必须经常在接受检验中完善。经营理念不是永久不变的，企业的经营理念一定要随着外部环境和内部环境的变化而变化。

对运输企业的经营理念的定义，是从两个方面来界定的：一是企业与客户建立一种什么样的合作关系，是短期的还是长期的；二是对服务成本的看法，是从降低本企业的成本出发还是从降低客户企业的成本出发。

任务准备 4：运输企业的组织结构

运输企业为了进行经营管理活动和实现企业目标，必须建立并形成合理的企业组织结构。所谓企业组织结构是指，企业内部组织结构按分工协作关系与领导隶属关系有序结合的总体。它的基本内容包括明确组织结构的部门划分和层次划分，以及明确各个机构的职责、权限和相互关系，由此形成一个有机整体。不同部门及其责权的划分，反映了组织结构之间的分工协作关系，称为部门结构；不同层次及其责权的划分，反映了组织结构之间的上下级或领导隶属关系，称为层次结构。运输企业的组织结构范例如图 1–3 所示。

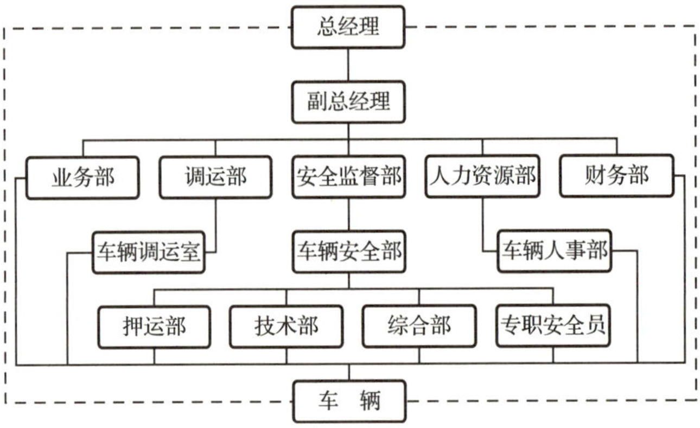

图 1-3 运输企业的组织结构范例

任务执行

步骤 1：模拟创建运输公司并命名

各小组模拟创建运输公司，采用头脑风暴法或利用网络搜集运输公司的名称，了解其寓意，然后小组成员协作为创建的公司取名并说明其寓意。

公司命名要求：公司命名要符合企业理念、联系公司经营项目、匹配服务对象并且要合理合法。

运输公司名称：______________________________

公司名称寓意：______________________________

____

小贴士：运输公司名字范例

大隆万运输有限责任公司、万港运输公司、华运运输公司、顶通运输公司、迅途运输公司、星鸿运输公司、鼎尚运输公司、中山运输公司、鼎胜运输公司、佳时空运输公司、宏朗运输有限公司、上海云峰（集团）有限公司、蔚轩百运输有限责任公司、中铁集装箱运输有限责任公司、鼎腾运输公司、洪翔运输公司、中天运输公司、东宝运输公司、建勇运输公司、联冠运输公司、快运通运输公司、彩联运输公司、洋航运输公司、九龙运输公司、金达运输公司、瀚泽运输公司、鑫润运输公司、中通运输公司、丰驰运输公司、星网运输公司、博特锐运输公司、海联运输公司、金大运输公司……

步骤 2：设计运输公司 Logo，并说明其寓意

各小组成员采用头脑风暴法为所创建的运输公司设计 Logo，并附上创意说明。设计

要求：大气、简约；有视觉冲击力，醒目易识别；突出物流品牌元素；体现运输快速的特色。

请将设计完成的公司 Logo 及其寓意填写在表 1-3 中。

表 1-3　设计运输公司 Logo

公司 Logo	Logo 寓意

小贴士：乐捷运输有限责任公司 Logo 及其寓意

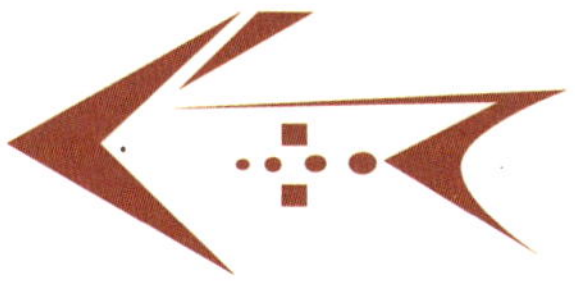

外观

该 Logo 是由本公司的三种运输工具（飞机、火车和汽车）组合而成，突出本公司的行业特性，表现出时效性和速度感，体现了本公司高效、快捷的企业理念。

寓意

飞机——体现超越自我，创建物流先锋的企业目标，寓意本公司将不断突破，飞速发展。火车——体现团结协作、激情进取的企业精神，就像火车各车厢之间紧密相连才能运送更多的货物一样，本公司员工之间将紧密相连、团结合作，努力为客户提供更优质的服务。

颜色选择

选用红色作为本公司 Logo 的颜色，而不像大多数物流公司那样选用黄色或蓝色，突出了本公司的独特性和创新性。红色寓意吉祥，象征本公司未来的发展将一帆风顺，与客户创造共赢。

经营理念

客户的需求就是我们的使命。

步骤 3：确定运输公司的经营理念

各小组结合模拟创建的运输公司的名称，确定本运输公司的经营理念，并说明其理由。请将运输公司名称、经营理念、设计理论填写在表 1-4 中。

运输公司经营理念的确定要求如下。

（1）设计的理念要独具特色。
（2）设计的理念同消费者的价值观、道德观和审美观等因素相吻合。
（3）设计的理念的字面意义需简洁明了，其内涵必须丰富，并易于记忆和理解。
（4）设计的理念要以人为中心。
（5）设计的理念要体现消费的需求和竞争者的要求。

表 1–4　运输公司的经营理念

公司名称	经营理念	设计理念

小贴士：运输公司经营理念范例

您的要求，我们的动力；专业的精神，大众的信赖；超值的享受，一流的体验；专业倾注，打造精优品质；以专业价值，铸一流品质；专业创品质，诚信造价值；质量求生存，认证得市场；术业求专攻，产品高质量；精锐于专业，卓然于超值；专业高品质，贴心低价位；专业出精品，专心降成本；创优质产品，成卓越人生；造一流产品，铸顶级品牌；专业更专注，品高质更强；专业好品质，经济更实惠；顾客的要求，我们的追求；专业又专心，质优价更廉；品质加品牌，实力加魅力；专业人士，造就专业品质；实在的品质，成功的阶梯……

步骤 4：设计运输公司的组织结构

各小组结合模拟创建的运输公司的名称，设计本运输公司的组织结构，绘制组织结构图并确定各部门职能。请将公司名称、组织结构图、部门职能填写在表 1-5 中。

运输公司组织结构设计的要求如下。
（1）尽量减少不必要的结构和人员，力求精兵简政。
（2）企业的各部门、各环节的组织结构必须是一个有机结合的体系。
（3）各部门要独立自主地履行其职能。
（4）组织结构必须以完成经营目标和任务为准绳，使企业的管理工作具有高效率和高效益。

表 1–5　运输公司的组织结构

公司名称	组织结构图	部门职能

步骤 5：各小组委派一名代表上台分享

各小组委派一名代表将本公司的名字、设计的 Logo 及其寓意、本公司的经营理念、本公司的组织结构在班级进行分享。

任务评价

在完成上述任务后，教师组织学生共同进行三方评价，并对任务实施过程进行点评，由教师指出各小组任务实施过程中的优点和缺点。学生完成表 1-6 任务评价表的填写。

表 1-6 任务评价表

组　别			组　员				
任务名称		创建运输公司					
考核内容		评价标准		参考分值	考核得分		
					自　评	互　评	教 师 评
职业素养	1	良好的沟通能力		5			
	2	良好的团队合作精神		5			
	3	良好的专业行为规范		5			
知识素养	1	掌握企业命名原则		15			
	2	了解企业标识的设计与制作方法		10			
	3	了解企业的经营理念		10			
	4	了解企业的组织结构		10			
职业技能	1	运输公司命名规范合理		10			
	2	运输公司 Logo 设计符合要求		10			
	3	运输公司经营理念确定符合要求		10			
	4	运输公司组织结构的设计符合要求		10			
小　计				100			
合计 = 自评 20%+ 互评 30%+ 教师 50%				组长签字			

任务三 选择运输方式

任务展示

（1）必达迅雷物流有限公司有两批货物需要运往异地，一批是少量的精密仪器，客户要求两天内由北京市运往昆明市；另一批是电风扇，由北京市运往山东省某缺乏河流并且铁路线不发达的山区。由于情况特殊，两批货物运输均不考虑节约运费，必达迅雷物流有限公司制定的运输方案为：精密仪器采用铁路运输；电风扇采用汽车运输。

问题：请问必达迅雷物流有限公司的运输方案可行吗？简单分析原因。

（2）已知起运地、目的地及运输货物明细（见表 1-7），请为其选择合适的运输方式。

表 1-7　起运地、目的地及运输货物明细

序　　号	起　运　地	目　的　地	货物明细
1	安特卫普	广州	500 千克新鲜水果
2	大连	莫斯科	100 套皮革设备机械
3	阿姆斯特丹	杭州	10 000 枝玫瑰花
4	纽约	布宜诺斯艾利斯	10 套大型医疗设备
5	上海	温哥华	5 000 件男士纯棉衬衫
6	深圳	纽约	500 箱牛仔裤
7	悉尼	开普敦	600 桶柴油

任务准备

任务准备 1：五种常见的运输方式

五种常见的运输方式如图 1-4 所示。

图 1-4　五种常见的运输方式

1. 公路运输

公路运输能提供灵活多样的服务，多用于价高、量小的货物的门对门服务，其经济里程一般在 200 千米以内。

（1）优点：①运输速度快；②可靠性高，对产品损伤较少；③机动性高，可以选择不同的行车路线，可灵活制订营运时间表，服务便利，能提供门到门服务，市场覆盖率高；④投资少，经济效益高，因为运输企业不需要拥有公路，所以其固定成本很低，且公路运输投资的资金周转速度快；⑤操作人员容易培训。

（2）缺点：①变动成本相对较高，因此公路的建设和维修费用经常是以征税和收费的形式向运输人征收的；②运输能力较弱，受容积限制，因此公路运输不能像铁路运输一样运输大量不同品种和大件的货物；③能耗高，环境污染比其他运输方式严重；④劳动生产率低；⑤土地占用较多。

（3）适用范围：①近距离的独立运输作业；②补充和衔接其他运输方式，当其他运输方式担负主要运输任务时，则由汽车担负起点和终点处的短途运输或其他运输方式到达不了的地区的运输任务。

2. 铁路运输

铁路能提供长距离范围内的大宗商品的低成本、低能耗运输，且可运输至少一整车皮的批量货物，其运输的经济里程一般在 200 千米以上。

（1）优点：①运行速度快，时速可达 80 ～ 120 千米；②运输能力较强，可满足大量货物一次性高效率运输；③运输连续性强，运输过程受自然条件限制较小，因此可以全天候运行；④轨道运输的安全性能高，运行较平稳；⑤通用性能好，可以运送各类不同的货物；⑥运输成本（特别是变动成本）较低；⑦能耗低。

（2）缺点：①设备和站台等的限制使铁路运输的固定成本高，建设周期较长，占地面积大；②由于设计能力是一定的，因此当市场运量在某一阶段急增时则难以及时得到运输机会；③铁路运输的固定成本很高，但变动成本相对较低，使得近距离的运费较高；④长距离运输时，由于需要进行货车配车，因此中途停留时间较长；⑤铁路运输由于装卸次数较多，货物错损或丢失事故通常也比其他运输方式多。

（3）适用范围：①适合大宗低值货物的中、长距离运输，也比较适合运输散装、罐装货物；②适用于大量货物一次高效率运输；③对于运费负担能力小、货物批量大、运输距离长的货物而言，运费比较便宜；④轨道运输，安全系数大。

3. 水路运输

水路运输通常表现为四种形式：沿海运输、近海运输、远洋运输、内河运输。

（1）优点：①运输能力大，能够运输数量巨大的货物；②通用性较强，客货两宜；③远洋运输大宗货物，连接被海洋隔开的大陆，是发展国际贸易的强大支柱；④运输成本低，能以最低的单位运输成本提供最大的货运量，尤其在运输大宗货物或散装货物时，采用专用的船舶运输，可以取得更好的经济效益；⑤劳动生产率高；⑥平均距离长。

（2）缺点：①受自然气象条件因素影响大，由于季节、气候、水位等的影响，水运受限制的程度大，因而一年中中断运输的时间较长；②营运范围受限制；③航行风险大，安全性略差；④运送速度慢，准时性差，在途中的货物多，会增加货主的流动资金占有量，经营风险增大；⑤搬运成本与装卸费用高，这是因为其运输能力大，所以导致了装卸作业量也最大。

（3）适用范围：①承担大批量货物，特别是集装箱运输；②承担原料半成品等散货运输；③承担国际贸易运输，即距离远、运量大，不要求快速抵达目的地的客货运输。

4. 管道运输

管道运输是近几十年来发展起来的一种新型运输方式。管道运输的运输形式是靠物体在管道内，沿着压力方向顺序移动实现的。管道运输和其他运输方式的主要区别是，管道设备是静止不动的。目前，全球的管道运输承担着很大比例的源物质运输任务，包括原油、成品油、天线气、油田伴生气、煤浆等，其运量常常远高于人们的想象。

（1）优点：①运输效率高，适合于自动化管理，管道运输是一种连续工程，运输系统不存在空载行程，所以系统的运输效率很高；②建设周期短、费用低、运输费用也低；③耗能少、成本低、效益好；④运量大、连续性强；⑤安全可靠、运行稳定、不会受恶劣多变的气候影响；⑥埋于地下，所以占地面积小；⑦有利于环境保护，能较好地满足运输工程的绿色环保要求；⑧对所运的商品而言，损失的风险很小。

（2）缺点：①运输对象受到限制，承运的货物比较单一；②灵活性差，管道不易轻易扩展，管线往往完全固定，服务的地理区域十分有限；③运输量是个常量，所以与最高运输量之间协调的难度较大，且在运输量明显不足时，运输成本会显著增加；④仅提供单向服务；⑤运速较慢。

（3）适用范围：主要担负单向、定点、量大的流体状货物的运输。

5. 航空运输

航空运输通常是其他运输方式不能运用时，用于紧急服务的一种极为保险的方式。它快速及时、价格昂贵，但对于致力于全球市场的厂商而言，当考虑库存和消费者服务问题时，航空运输也许是成本最为节约的运输模式。

（1）优点：①高速直达，空中较少受自然地理条件限制，航线一般取两点间的最短距离；②安全性能高，随着科技进步，不断地进行技术革新，使飞机的安全性能增强，事故率低，保险费率相应较低；③经济性良好，使用年限较长；④包装要求低，因为空中航行的平稳性和自动着陆系统减少了货物损坏的比率，所以可以降低包装要求，而且在避免货物丢失和损坏方面有明显优势；⑤库存水平低；⑥保持竞争力和扩大市场。

（2）缺点：①受气候条件的限制，在一定程度上影响了运输的准时性和正常性；②需要航空港设施，所以可达性差；③设施成本高，维护费用高；④运输能力弱，运输能耗高；⑤运输技术要求高，人员（飞行员、空勤人员）培训费用高。

（3）适用范围：①作为国际运输的重要工具，对于对外开放，促进国际间技术、经济合作与文化交流有重要作用；②适用于高附加值、低质量、小体积的物品运输；③快捷运输途径；④邮政运输手段。

任务准备 2：运输方式的选择原则

合理选择运输方式是增强运输质量、提高运输效益的重要保证。各种运输方式都有各自的特点，不同特性的物资对运输方式的要求也不完全相同，当同时存在多种运输方式可供选择的情况下，就有一个择优的问题。选择运输方式是一个非程序化的决策问题，要制定一个统一规定的标准很困难，只有在组织货物运输时，按照一定的原则，因地制宜地进行。运输方式的选择原则如图 1-5 所示。通常可以将以下几个方面作为选择运输方式的基本原则。

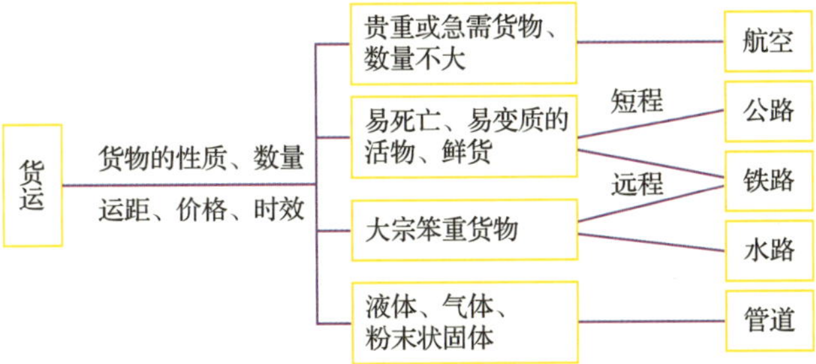

图 1-5　运输方式的选择原则

1. 安全性原则

选择货物运输方式时，保证运输安全是首要原则。运输安全包括人身安全、设备安全和被运货物的安全。为了保证运输安全，首先应了解被运货物的特性，如质量、体积、贵重程度、内部结构及其他物理化学性质（易碎、易燃、危险性等），然后再根据具体情况选择安全可靠的运输方式。

2. 及时性原则

货物运输的及时性是由运输速度和运输的可靠性决定的，准确及时到货是选择运输方式的又一重要原则。运输速度的快慢和到货及时与否不仅决定着物资周转速度，而且还影响着社会再生产的顺利进行。运输不及时会造成用户所需物资的短缺，甚至可能会给国民经济造成巨大损失。因此，应根据被运货物的急需程度选择合适的运输方式。

3. 准确性原则

货物运输的准确性是指在运输过程中准时准点到货、无差错事故，做到不错发、不漏交、准确无误地完成运输任务。货物运输的准确性在很大程度上取决于发送和接收环节，且与运输方式也有一定的关系。例如，汽车运输可做到“门到门”运输，中转环节少，不易发生差错事故；铁路运输受客观环境因素影响小，容易做到准时准点到货。

4. 经济性原则

货物运输的经济性是衡量运输效果的一项综合性指标，在安全性、及时性、准确性中考虑的因素，在一定程度上均可转化成经济因素，但是这里的经济性原则强调的是从运输费用角度考虑选择运输成本低的运输方式。运输费用是影响国际快递系统经济效益的一项主要因素，因此经济性原则是选择运输方式时遵循的主要原则。

任务准备 3：运输方式的方法选择

1. 单一运输方式相关特性的比较

单一运输方式相关特性的比较如表 1-8 所示。

表 1-8　单一运输方式相关特性的比较

比较项目	排列顺序
按灵活性	由大到小为：公路—航空—铁路—河运—海运
按运量	由大到小为：海运—铁路—河运—公路—航空
按运距	由远到近为：海运—航空—铁路—河运—公路
按运费价格	由大到小为：航空—公路—铁路—河运—海运
按速度	由快到慢为：航空—铁路—公路—海运—河运
按安全性	由大到小为：航空—铁路—河运—海运—公路
按连续性	由好到差为：铁路—公路—航空—海运—河运

2. 多式联运

多式联运的方式如图 1-6 所示。

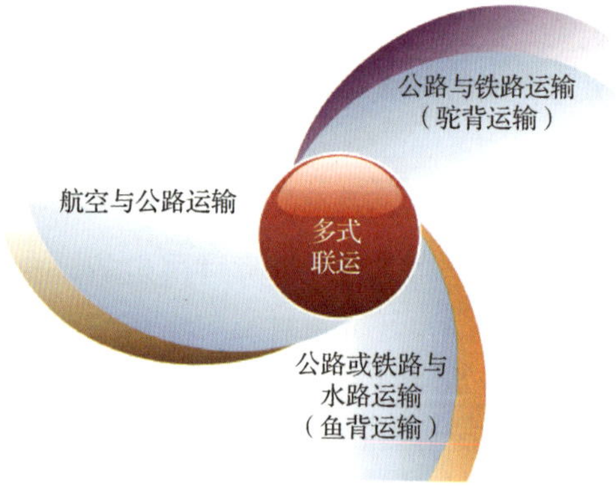

图 1-6　多式联运

3. 影响运输方式选择的因素

一般来讲，运输方式的选择受运输物品的种类、运输量、运输距离、运输时间、运输成本等多个因素影响。当然，这些因素不是互相独立的，而是紧密相连、互为决定的。

（1）商品性能特征。这是影响企业选择运输工具的重要因素。一般来讲，粮食、煤炭等大宗货物适宜选择水路运输；水果、蔬菜、鲜花等鲜活商品，电子产品，宝石及节令性商品等宜选择航空运输；石油、天然气、碎煤浆等适宜选择管道运输。

（2）运输速度和路程。运输速度的快慢、运输路程的远近决定了货物运送时间的长短。在途运输的货物犹如企业的库存商品，会形成资金占用。一般来讲，批量大、价值低、运距长的货物适宜选择水路或铁路运输；而批量小、价值高、运距长的货物适宜选择航空运输；批量小、距离近的货物适宜选择公路运输。

（3）运输的可得性。不同运输方式的运输可得性也有很大的差异，公路运输可得性高，其次是铁路，水路运输与航空运输只有在港口城市与航空港所在地才具可得性。

（4）运输的一致性。运输的一致性是指在若干次装运中履行某一特定的运次时，所需的时间与原定时间或前 N 次运输所需时间的一致性。它是运输可靠性的反映。近年来，托运方已把一致性看作高质量运输最重要的特征。如果给定的一项运输服务第一次花费了两天、第二次花费了六天，那么这种意想不到的变化就会给生产企业产生严重的物流作业问题。厂商一般首先要寻求实现运输的一致性，其次再提高交付速度。如果运输缺乏一致性，就需要安全储备存货，以防发生服务故障。运输的一致性还会影响买卖双方承担的存货义务和有关风险。

（5）运输的可靠性。运输的可靠性涉及运输服务的质量属性。保证质量的关键是要精确地衡量运输可得性和一致性，这样才能确定运输服务质量是否达到所期望的服务目标。运输质量来之不易，它是经仔细计划，并得到培训、全面衡量和不断改善支持的产物。在顾客期望和顾客需求方面，必须意识到顾客的期望和需求是不同的，所提供的服务必须与之相匹配。对于没有能力始终如一地满足的、不现实的、过高的服务目标必须取缔，因为轻易地对不现实的全方位服务做出承诺会极大地损害企业的信誉。

（6）运输费用。企业开展商品运输工作，必然要付出一定的财力、物力和人力，各种运输工具的运用都需要企业支出一定的费用。因此，企业进行运输决策时，受其经济实力及运输费用的制约。例如，企业经济实力弱，就不可能使用运费高的运输工具，如航空运输，也不能自设一套运输机构来进行商品运输工作。

（7）市场需求的缓急程度。在某些情况下，市场需求的缓急程度也决定着企业应当选择何种运输工具。例如，市场急需的商品必须选择速度快的运输工具，如航空或汽车直达运输，以免贻误时机；反之则可选择成本较低而速度较慢的运输工具。

任务执行

步骤 1：比较几种运输方式的相关特性

用数字（1、2、3、4、5）排序的方法，衡量公路、铁路、水路和航空这几种运输方式相关特性的优劣性，并正确填写至表 1-9 中。数序由小到大，表示各种运输方式相关特性由劣到优。

表 1-9　几种运输方式相关特性的优劣性

运输方式	公路运输	铁路运输	水路运输	航空运输
相关特性				
灵活性				
运量				
运价				
速度				
连续性				

步骤 2：认知选择运输方式的因素

如图 1-7 所示是欧洲货物四种运输方式的运费与运距的曲线示意图，试回答以下几个问题：（1）运距小于 80 千米时，最廉价的运输方式是什么？（2）远距大于 80 千米但小于 550 千米时，最廉价的运输方式是什么？（3）运距大于 550 千米时，最廉价的运输方式是什么？（4）最昂贵的运输方式是什么？该方式适合运送的货物的特点是什么？

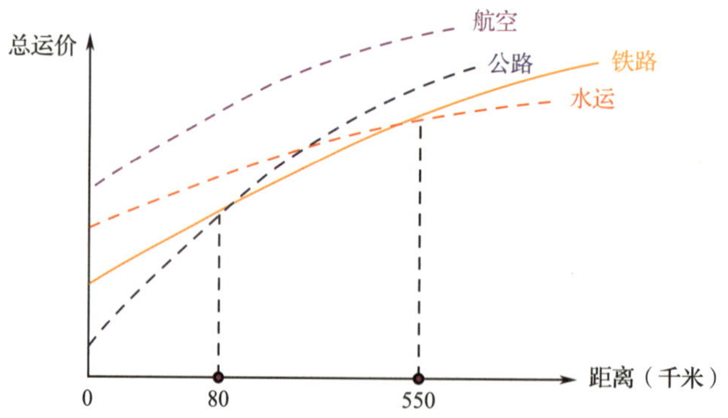

图 1–7　欧洲货物四种运输方式的运费与运距的曲线示意图

步骤 3：实战——选择适宜的运输方式

2020 年 12 月 6 日，在南宁市货运北站由广西运德物流公司组织召开的座谈会上，与会代表中有部分代表需要办理托运，货物托运明细及运输方式选择如表 1–10 所示。请根据具体内容选择合适的运输方式，并填写至表 1–10 中。

表 1–10　货物托运明细及运输方式选择

序　号	货物托运明细	运输方式选择
1	包头市东升食品有限责任公司 白糖 1000 千克；南宁—呼和浩特；以最经济的方式，希望尽快送达	
2	龙吉商贸公司 汽车零配件 30 箱（25 千克 / 箱）；南宁—大化县；以最经济的方式送达	
3	南国书市 图书 45 件（20 千克 / 件）；南宁—大化县；以最经济的方式送达	
4	南宁市大世界生物工程公司 变性淀粉 5000 千克；南宁—广州；以最经济的方式，希望尽快送达	
5	合浦大地盐业公司 海盐 6000 千克；北海—上海；以最经济的方式送达	
6	武汉市迪瑞粮油公司 大米 1000 千克；武汉—上海；以最经济的方式送达	
7	新疆华龙医院 急救药品两箱；北京—乌鲁木齐；时间紧急，越快送达越好	

小贴士：以表 1–10 中的序号 6 为例说明运输方式的确定过程

1. 武汉—上海铁路里程为 1230 千米，公路里程为 919 千米，水运里程为 1100 ~ 1200 千米。

2. 1000 千克为批量货物，不适宜选择公路运输。

3. 大米属于初级农产品，不宜选择航空运输方式。

4. 水运价格更低。

任务评价

在完成上述任务后，教师组织学生共同进行三方评价，并对任务实施过程进行点评，由教师指出各小组任务实施过程中的优点和缺点。学生完成表 1-11 任务评价表的填写。

表 1-11　任务评价表

组别			组员			
任务名称		选择运输方式				
考核内容		评价标准	参考分值	考核得分		
				自评	互评	教师评
职业素养	1	良好的沟通能力	5			
	2	良好的团队合作精神	5			
	3	良好的专业行为规范	5			
知识素养	1	常见运输方式的优点	10			
	2	常见运输方式的缺点	10			
	3	常见运输方式的适用范围	10			
	4	选择运输方式的原则	10			
职业技能	1	选择运输方式的方法	10			
	2	运输方式的相关特性	10			
	3	运输方式选择的影响因素	10			
	4	选择适宜的运输方式	15			
小计			100			
合计 = 自评 20%+ 互评 30%+ 教师 50%				组长签字		

任务四 合理运输货物

任务展示

分析以下运输过程是否必要、合理。

（1）广州某生产企业，有一批货物发往长沙，企业用自有车辆将货物送交客户后返回。

（2）深圳某学校，从哈尔滨某文具制造公司订购了一批作业本和文具，用铁路运输到深圳。

（3）山西煤矿每年向东北某火力发电厂运送 1000 万吨的煤，其中有 5% 是煤中的矸石。

任务准备

任务准备 1：运输合理化的意义

1. 什么是运输合理化

运输合理化是指选择合理的运输路线和运输工具，以最短的路径、最少的环节、最快的速度和最少的劳动消耗，组织货物的运输与配送，以获取最大的经济效益。

2. 运输合理化的重要性

由于运输是物流中最重要的功能要素之一，因此物流合理化在很大程度上依赖于运输合理化。

3. 运输合理化的作用

运输合理化有利于加快社会再生产的进程，节约运输费用、缩短运输时间、节约运力。

（1）合理组织货物运输，有利于加速社会再生产的进程，促进国民经济持续、稳定、协调地发展。按照市场经济的基本要求，组织货物的合理运输，可以使物质产品迅速地从生产地向消费地转移，从而加速资金的周转，促进社会再生产过程的顺利进行，保持国民经济稳定、健康地发展。

（2）货物的合理运输，能节约运输费用，降低物流成本。运输费用是构成物流费用（成本）的主要部分。物流过程的合理运输，就是通过运输方式、运输工具和运输路线的选择，进行运输方案的优化，实现运输合理化。运输合理化必然会通过缩短运输里程，提高运输工具的运用效率，达到节约运输费用、降低物流成本的目的。

（3）合理的运输，缩短了运输时间，加快了物流速度。运输时间的长短决定着物流速度的快慢。所以，货物运输时间是决定物流速度的重要因素。合理组织运输活动，可使运输货物的在途时间尽可能缩短，实现到货及时的目的，因而可以降低库存商品的数量，实现加快物流速度的目标。因此，从宏观角度，物流速度加快，减少了商品的库存量，节约了资金占用，相应地提高了社会物质产品的使用效率，同时也利于促进社会化再生产过程。

（4）通过运输合理化，可以节约运力，缓解运力紧张的状况，还能节约能源。运输合理化减少了许多不合理的运输现象，从而提高了货物的通过能力，起到合理利用运输能力的作用。同时，通过货物运输的合理化，降低了运输中的能源消耗，提高了能源利用率。因此，运输合理化对于缓解我国目前运输和能源紧张情况具有重要作用。

任务准备 2：运输合理化的影响因素

物品从生产地到消费地的运输过程中，要从全局利益出发，力求运输距离短、运输能力省、运输费用低、中间转运少、到达速度快、运输质量高，并要力求充分有效地发挥各种运输工具的作用和运输能力，这是运输活动所要实现的目标。运输合理化的影响因素有很多，起决定性作用的有运输距离、运输环节、运输工具、运输时间、运输费用、运输一致性这六方面因素，称为合理运输的“六要素”。

1. 运输距离

运输过程中，运输时间、运输运费等若干技术经济指标都与运输距离有一定的关系，运距的长短是运输是否合理的一个最基本的因素。

2. 运输环节

每增加一个环节就会增加运输的附属活动和运费，减少运输环节对合理运输有一定的促进作用。

3. 运输工具

选择合适的运输工具能有效减少运输时间和运输成本，最大限度发挥所选用的运输工具的作用，是运输合理化的重要一环。

4. 运输时间

运输是整个物流环节中花费时间较多的环节，运输时间的缩短对整个流通时间的缩短有决定性作用。

5. 运输费用

运输费用的高低决定了整个物流系统的竞争力，降低运输费用是运输合理化的重要环节。

6. 运输一致性

运输一致性是指在若干次装运中，履行某一特定的运次所需的时间与原定时间或前几次运输所需时间的一致性，它是运输可靠性的反映。例如，给定的一项运输项目，第一次用两天，第二次用四天，这就需要设置安全储备存货，以防预料不到的服务故障，同时也会增加供需双方的存货义务和有关风险。

注意：运输是否合理还要考虑要素与要素之间的关系，最低的运输总成本并不意味着合理化的运输。

任务准备 3：不合理运输的表现形式及其原因

不合理运输是相对合理运输而言的。不合理运输违反客观经济规律，违反商品合理流向和各种运输能力的合理分配。不充分利用运输工具的装载能力，以及环节过多的运输是导致运力紧张、流通不畅和运费增加的重要原因。不合理运输，一般有以下几种类型。

1. 与运输方向有关的不合理运输

（1）对流运输。

对流运输是指同一种物资或两种能够相互代用的物资，在同一运输线或平行线上进行相对方向的运输，与相对方向路线的全部或一部分发生对流。对流运输又分两种情况。一种情况是明显对流运输，即在同一运输线上对流。例如，一方面把甲地的物资运往乙地，而另一方面又把乙地的同样物资运往甲地，这种情况大都是由于货主所属的地区不同、企业不同所造成的，如图 1-8 所示。另一种情况是隐蔽对流运输，即把同种物资采用不同的运输方式在平行的两条路线上，朝着相反的方向运输，如图 1-9 所示。

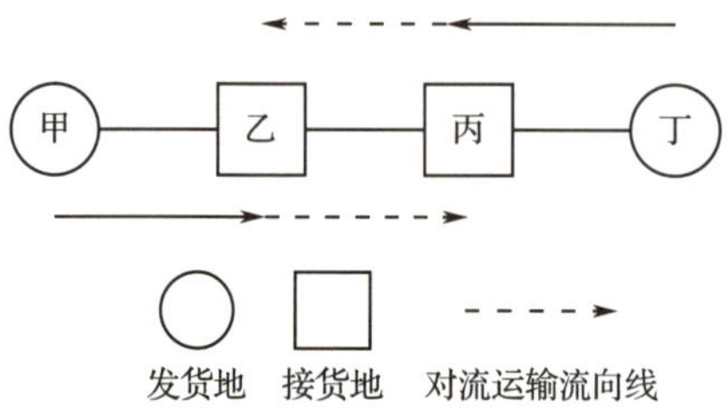

图 1-8 明显对流运输

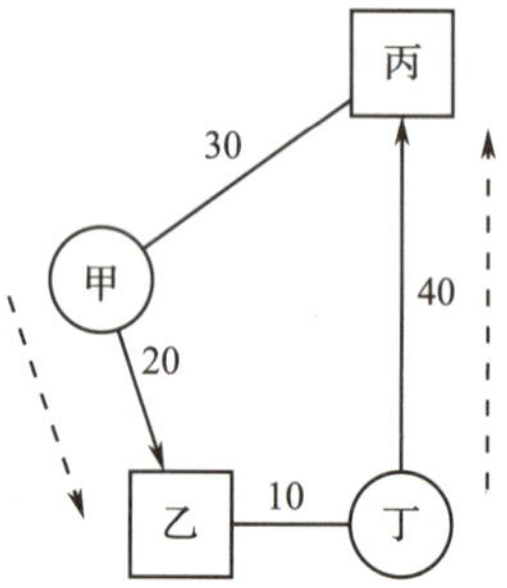

图 1-9 隐蔽对流运输

（2）倒流运输。

倒流运输是指物资从产地运往销地，然后又从销地运回产地的一种回流运输现象，如图 1-10 所示。倒流运输有两种形式：一种形式是同一物资由销地运回产地（甲地）或转运地（丙地）；另一种形式是由乙地将甲地能够生产且已消费的同种物资运往甲地，而甲地的同种物资又运往丙地。

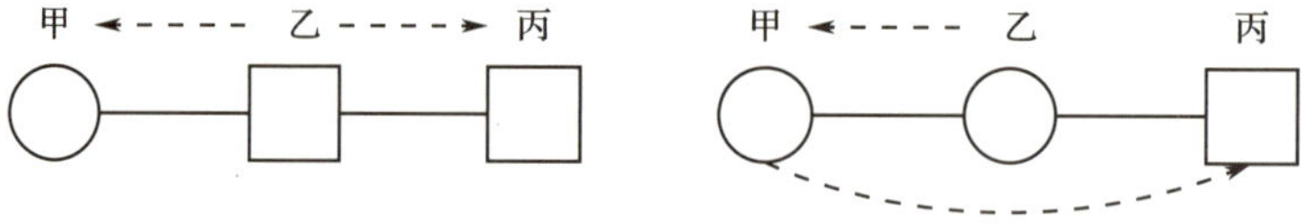

图 1-10 倒流运输的两种形式

2. 与运输距离有关的不合理运输

（1）迂回运输。

迂回运输是指物资运输舍近求远、绕道而行的现象。物流过程中的计划不周、组织不善或调运差错都容易出现迂回现象，如图 1-11 所示。

（2）过远运输。

过远运输是指舍近求远的运输现象，即销地本可以由距离较近的产地供应物资，却从远地采购进来；产品不是就近供应销地，却调给较远的其他销地，违反了近产近销的原则，如图 1-12 所示。但有些物资的产地与销地客观上存在着较远的距离，这种远程运输是合理的。

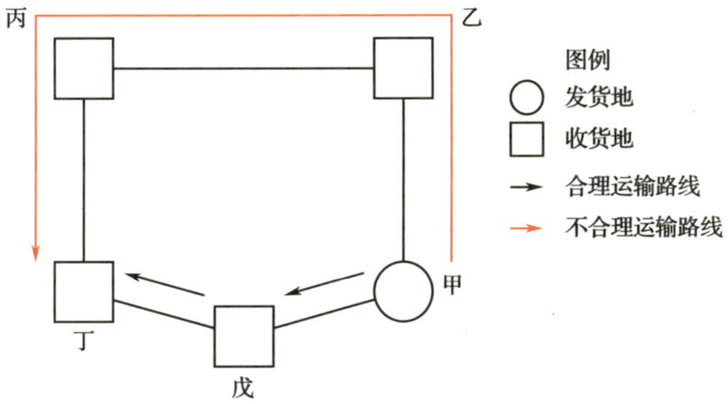

图 1-11　迂回运输

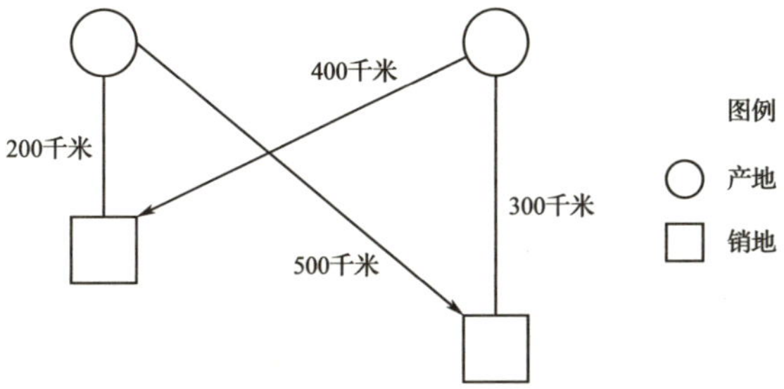

图 1-12　过远运输

3. 与运量有关的不合理运输

（1）返程或启程空驶。

返程或启程空驶是不合理运输中最严重形式。虽然在实际运输组织中，有时候必须调运空车，从管理上不能将其看作不合理运输，但是，因调运不当、货源计划不周、不采用运输社会化而形成的空驶，是不合理运输的表现。造成空驶的不合理运输主要有以下几个原因。

① 能利用社会化的运输体系而不利用，却依靠自备车送货提货，这往往导致单程实车、单程空驶的不合理运输。

② 由于工作失误或计划不周，造成货源不实、车辆空去空回，形成双程空驶。

③ 由于车辆过分专用，无法搭运回程货物，造成单程实车、单程回驶的不合理运输。

（2）重复运输。

重复运输是指某种物资原本可以从起运地一次直运到达目的地，但由于批发机构或商业仓库设置不当或计划不周，人为地运送到中途地点（如中转仓库）卸下后，又二次装运的不合理现象。重复运输增加了一道中间装卸环节，因此增加了装卸搬运费用，延长了商品在途时间。

（3）无效运输。

无效运输是指装运的物资中无使用价值的杂质含量过多或含量超过规定的标准的运输。例如，煤炭中的矸石、原油中的水分等使运输能力浪费在不必要的物资上的运输。我国每年有大批圆木需要进行远距离的调运，但圆木的使用率一般是 70% 左右，致使约

30% 的边角废料的运输是无效的。

4. 与运力有关的不合理运输

（1）运力选择不当。

选择运输工具时，未能发挥其优势，如弃水路走陆路（增加成本）、铁路和大型船舶的过近运输、运输工具承载能力不当等。

（2）托运方式选择不当。

托运方式选择不当是指可以选择整车运输却选择了零担，应当直达却选择了中转，应当中转却选择了直达等，没有选择最佳托运方式。

（3）运输工具承载能力选择不当。

不根据承运货物数量及重量进行选择，而是盲目决定运输工具，造成因过分超载而损坏车辆，以及因货物不满载而浪费运力的现象。尤其是“大马拉小车”现象，由于装货量少，单位货物运输成本必然增加。

任务准备 4：实现运输合理化的有效措施

运输合理化是一个系统分析的过程，常采用定性与定量相结合的方法，对运输的各个环节和总体进行分析研究。运输合理化的具体措施如下。

1. 分区产销合理运输

分区产销合理运输是指在组织物流活动中，对某种货物，使其一定的生产区固定于一定的消费区。根据产销的分布情况和交通运输条件，在产销平衡的基础上，按照近产近销的原则，使货物走最少的里程，组织货物运输。它主要适用于品种单一、规格简单、生产集中、消费分散，或者生产分散、消费集中、调运量大的货物，如煤炭、木材、水泥、粮食、生猪、矿建材料，以及生产技术简单、原材料充足的低值产品，实行这一措施，对于加强产、供、运、销的计划性，消除过远、迂回、对流等不合理运输，充分利用地方资源，促进生产合理布局，降低物流费用，节约国家运输力等都有十分重要的意义。

2. 直达运输

直达运输是指在组织货物运输过程中，越过商业、物资仓库环节或铁路、交通中转环节，把货物从产地或起运地直接运到销地或用户处，以减少中间环节。对于生产资料而言，由于某些物资体积大或笨重，一般采取由生产厂家直接供应消费单位（生产消费）的方式，实行直达运输，如煤炭、钢材、建材等。商业部门根据不同的商品，采取不同的运输方式。有些商品规格简单，可以由生产工厂越过二级批发站直接供应到三级批发站、大型商店或用户处，如纸张、肥皂等；也有些商品规格、花色比较复杂，可由生产工厂供应到批发站，再由批发站配送到零售商店或用户处。外贸部门多采取直达运输，对出口商品实行由产地直达口岸的方式。

3. “四就”直拨运输

“四就”直拨运输是指各商业、物资批发企业，在组织货物调运过程中，对当地生产或由外地到达的货物，不运进批发站仓库，而是采取直拨的办法，把货物直接分拨给市内基层批发、零售商店或用户，减少一道中间环节。其具体做法有：（1）就厂直拨；（2）就车站（码头）直拨；（3）就库直拨；（4）就车（船）过载等。

“四就”直拨和直达运输是两种不同的合理运输形式，它们既有区别又有联系。直达运输一般是指运输里程较远、批量较大、往省（区）外发运的货物；直拨运输一般是指运输里程较近、批量较小，在大中型城市批发站所在地办理的直拨运输业务。二者相辅相成，往往又交错在一起。例如，在实行直达运输的同时，再组织“就厂”“就站”直拨，可以收到双重的经济效益。

4. 合装整车运输

合装整车运输，也称“零担拼整车中转分运”。它主要适用于商业、供销等部门的件杂货运输，即物流企业在组织铁路货运过程中，由同一发货人，将不同品种发往同一到站、同一收货人的零担托运货物，由物流企业自己组配在一个车辆内，以整车运输的方式托运到目的地；或者把同一方向不同到站的零担货物，集中组配在一个车辆内，运到一个适当的车站，然后再中转分运。这是因为，在铁路货运当中，有两种托运方式，一个是整车，另一个是零担，二者之间的运价相差很大。采取合装整车的方式，可以减少一部分运输费用，并可节约社会劳动力。

5. 提高技术装载量

提高技术装载量是组织合理运输，提高运输效率的重要内容。该方式一方面可以最大限度地利用车船载重吨位，另一方面可以充分使用车船装载容积。其主要做法有以下几种。

（1）组织轻重配套装，即把实重货物和轻泡货物组装在一起，既可充分利用车船装载容积，又能达到装载重量，从而提高运输工具的使用效率。

（2）实行解体运输，对一些体积大、笨重、不易装卸又容易碰撞致损的货物，如自行车、缝纫机和科学仪器、机械等，可将其拆卸装车，分别包装，以缩小所占空间，并易于装卸和搬运，从而提高运输装载效率。

（3）改进堆码方法，根据车船的货位情况和不同货物的包装形状，采取各种有效的堆码方法，如多层装载、骑缝装载、紧密装载等，以提高运输效率。当然，改进物品包装，逐步实行单元化、托盘化，是提高车船技术装载量的一个重要条件。

6. 提高运输工具实载率

实载率有两个含义：一是单车实际载重与距离的乘积和标定载重与行驶里程的乘积之比，在安排单车、单船运输时，这是作为判断装载合理与否的重要指标；二是车船的统计指标，即一定时期内，车船实际完成的货物周转量（以“吨千米”计）占车船载重吨位与行驶千米的乘积的百分比。在计算车船行驶的速度时，不但包括载货行驶，也包括空驶。

提高实载率的意义在于：充分利用运输工具的额定能力，减少车船空驶和不满载行驶的时间，减少浪费，从而实现运输合理化。

7. 减少动力投入，增加运输能力

这种合理化的要点是，少投入、多产出，走高效益之路。运输的投入主要是能耗和基础设施的建设，在设施建设已定型和完成的情况下，尽量减少能源投入，是减少投入的核心。做到了这一点就能大大节约运费，降低单位货物的运输成本，从而达到合理化的目的。

8. 进行必要的流通加工

有不少产品由于产品本身形态及特性问题，很难实现运输的合理化，如果进行适当加工，针对货物本身的特性进行适当的改造，就能够有效解决合理运输的问题。例如，将造

纸材料在产地先加工成纸浆，压缩体积后再运输。

任务执行

步骤 1：列出影响运输合理化的主要因素

步骤 2：归纳货物运输中常见的不合理现象

小贴士：案例分析

武鸣县养殖大户李爽悦，要从武鸣县运 260 头生猪到深圳，他选择水路运输，途经南宁—钦州港—深圳港。这个运输过程合理吗？原因是什么？

分析结果：不合理。

原因如下。

（1）水运速度慢，运输时间过长。

（2）猪是活体动物，运输时间过长容易死亡。

（3）应首选公路。

步骤 3：归纳货物运输合理化的有效措施

小贴士：案例分析

温小鲁在温州购买了 100 箱鞋，准备运往南宁市销售。他租用了一辆 10 吨的载货汽车运输。对其合理性进行评价。

分析结果：不合理。

原因如下。

（1）考虑鞋的重量。

（2）温州—南宁约 2200 千米，不是汽车的经济里程。

（3）“大马拉小车”。

理想做法如下。

（1）铁路零担运输。

（2）租用 5 吨位的载货汽车运输。

步骤 4：运输方案诊断

1. 图表分析法

图：发运地与接收地之间的交通示意图。

表：可发运的产量与可接收的销量之间的产销平衡表。

图表分析法简单易行，不必计算运输里程，适用于产销区域较小、产销点少、产销关系比较简单的情况。

【案例】有一种商品从 A 地运出 400 单位，从 B 地运出 700 单位，从 C 地运出 300 单位，从 D 地运出 600 单位，调运给 D、E、F 三地分别为 700 单位、800 单位、500 单位，用图表分析法选择该商品合理的运输路线。

第一步：编制产销平衡表（见表 1-12）。

表 1-12　产销平衡表

运　出	运　入				
	A	B	C	D	调 入 量
D					700
E					800
F					500
调运量	400	700	300	600	2000

第二步：绘制交通示意图（如图 1-13 所示）。

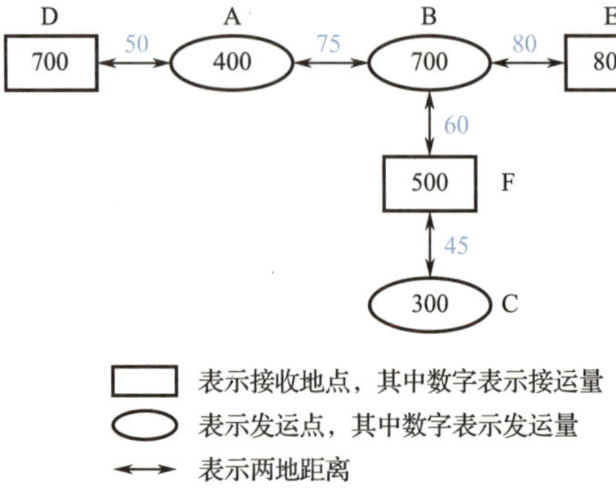

图 1-13 交通示意图

第三步：制订商品运输方案（如图 1-14 所示）。

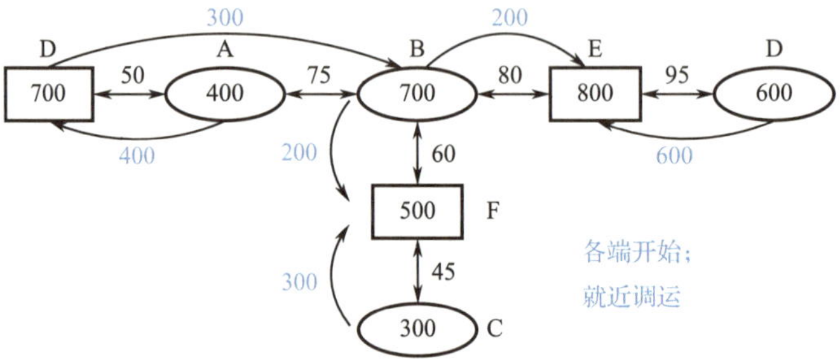

图 1-14 制订商品运输方案

第四步：填写商品平衡表（见表 1-13）。

表 1-13 商品平衡表

运　入	运　出				
	A	B	C	D	调 入 量
D	400	300			700
E		200		600	800
F		200	300		500
调运量	400	700	300	600	2000

第五步：图表分析法总结。

在物资运输过程中，把某种物资从各发运点调运到各接收点的调运方案有很多，但我们的目的是找出最佳调运方案。这就要注意在调运中不要发生对流运输和迂回运输。

图表分析法的实质就是在一张交通图上寻找没有对流和迂回的最优流向图。

【案例】如图 1-15 所示，A 地距 D 地 400 千米，A 地距 B 地 100 千米，B 地距 C 地 100 千米，C 地距 D 地 200 千米。A 地需要物资 3000 吨，C 地需要物资 500 吨，B 地可提供物资 500 吨，D 地可提供物资 3000 吨。分析运输合理方案，计算节省的周转量。

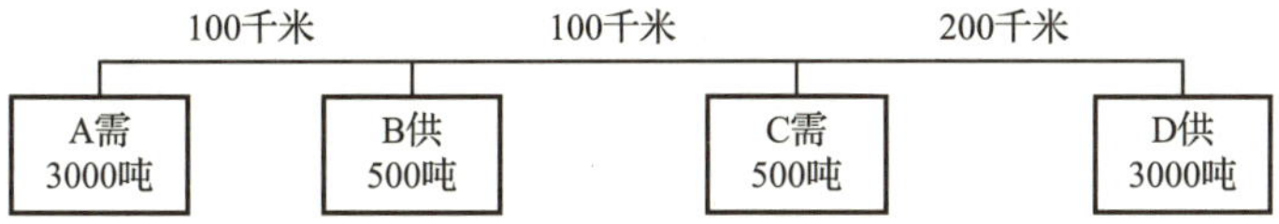

图 1-15　各地距离及所需物资的量

方案一（如图 1-16 所示）。

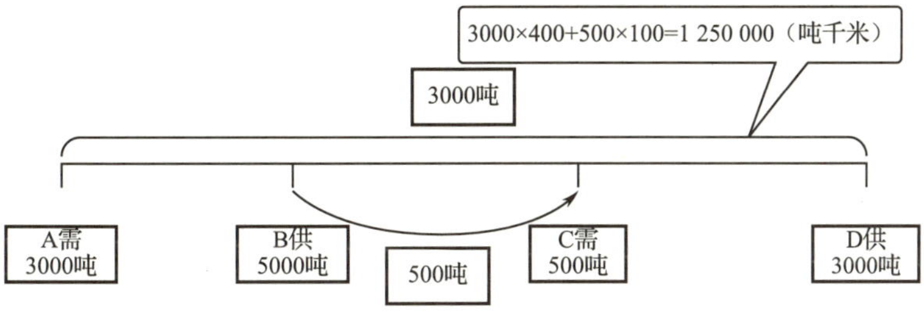

图 1-16　方案一

方案二（如图 1-17 所示）。

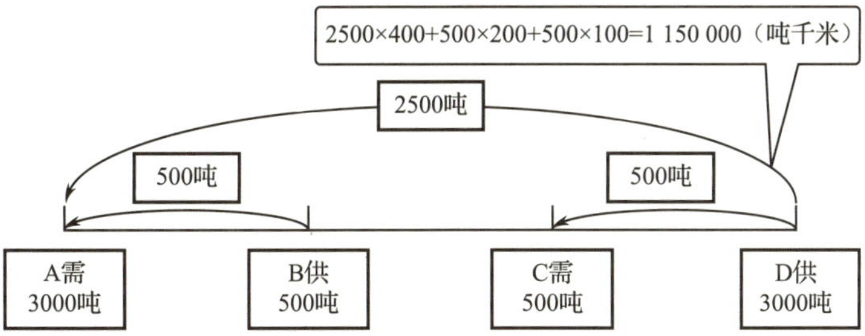

图 1-17　方案二

练一练：

有一种商品从 A 地运出 700 单位，从 B 地运出 900 单位，从 C 地运出 600 单位，从 D 地运出 800 单位，供给 E、F、G 三地分别为 1100 单位、1000 单位、900 单位，用图表分析法选择该商品合理的运输路线。

2. 图上作业法

图上作业法就是利用商品产地和销地的地理分布和交通路线示意图，采用科学规划的方法，制定出商品合理的运输方案，以求得商品运输最小吨千米的方法。图上作业法适用于交通线路为线状、圈状的情况，而且对产销地点的数量没有严格限制的情况。

【案例】调运线路呈圈状，设产地 A、B、C、D 的产量分别为 800 单位、1500 单位、1700 单位、1000 单位；销地 E、F、G、H 单位需求分别为 1300 单位、1000 单位、1600 单位、1100 单位，各地间运距见平衡表 1-14，试求合理的运输方案。

表 1-14 商品平衡表

发运点	接入点				
	E	F	G	H	供应量
A	65			80	800
B	180	220			1500
C		90	75		1700
D			60	70	1000
销量	1300	1000	1600	1100	5000

计算原则：流向画右方，对流不应当；里圈、外圈分别算，要求不过半圈长；如若超过半圈长，应甩运量最小段；反复求算最优方案。

第一步：绘制商品运输交通图（如图 1-18 所示）。

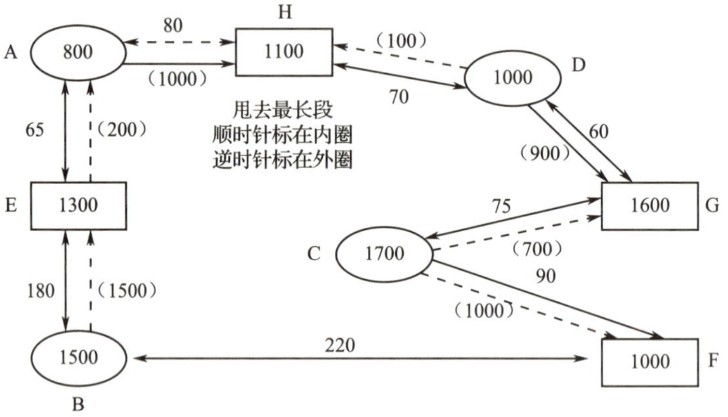

图 1-18 商品运输交通图

第二步：进行合理的运输。

即从 B 运 1500 到 E，再从 E 运 200 到 A，从 A 运 1000 到 H；从 D 运 100 到 H，同时运 900 到 G，从 C 运 700 到 G，同时运 1000 到 F。

第三步：判断以上方案是否合理。

$L=180+65+80+70+60+75+90+220=840$

$L_{内}=180+65+80+60+90=475>L\div2$

$L_{外}=75+70=145<L\div2$

$L_{内}>L\div2$，有迂回运输存在，不是最优方案，重新调运。

第四步：重新安排调运。

从原方案内圈中找出运量最小区段为 E → A。因内圈不是最优方案；E → A 为运量最小段而非距离最短段）。

重新甩断破圈时，应甩 E → A，即此段无货运量通过。

补上无货流的 B → F 区段，补充的运量为刚甩去的运量，重新做出流向圈（见图 1-19）。

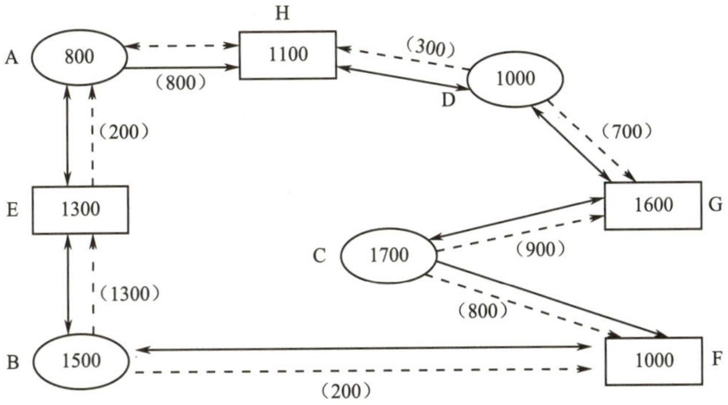

图 1–19 商品运输流向图

第五步：判断新方案是否合理。

L=180+65+80+70+60+75+90+220=840

$L_{内}'$ =180+65+80+90=415<L÷2

$L_{外}'$ = 75+70+220=365<L÷2

$L_{内}'$ <L÷2，$L_{外}'$ <L÷2；无迂回运输。

该方案为最优方案。

第六步：填表，获得最优运输方案（见表 1-15）。

表 1–15 最优运输方案

发运点	接入点				
	E	F	G	H	供应量
A		800		800	800
B	1300	200			1500
C			900		1700
D			700	300	1000
销量	1300	1000	1600	1100	5000

通常，利用图上作业法寻求商品最优运输方案，可以按运输吨千米最小原则，也可以从运送时间最短或运费最省等角度来分别计算，只要商品在图上没有对流现象和迂回现象，内外圈长都不大于半圈长，该运输方案就是最优运输方案。

练一练：

运输线路呈圈状，设有某商品发运点 A、B、C、D，接收点 E、F、G、H 位于圈状线路内，其距离及供需量分别如表 1-16 所示，试求合理的运输方案。

表 1–16 发运点距离及商品供需量

发运点	接入点				
	E	F	G	H	供应量
A	80			90	1500
B	120	180			800
C		80	70		1000
D			100	90	1700
销量	1000	1300	1100	1600	5000

【案例】调运线路成线状，设产地 A、B、C、D，产量分别为 700 单位、400 单位、900 单位、500 单位；销地 E、F、G、H、I，需求分别为 300 单位、700 单位、500 单位、600 单位、400 单位，试求合理的运输方案。

第一步：编制产销平衡表（见表 1-17）。

表 1-17　产销平衡表

产地	销地					
	E	F	G	H	I	产量
A						700
B						400
C						900
D						500
销量	300	700	500	600	400	2500

第二步：绘制交通示意图（见图 1-20）。

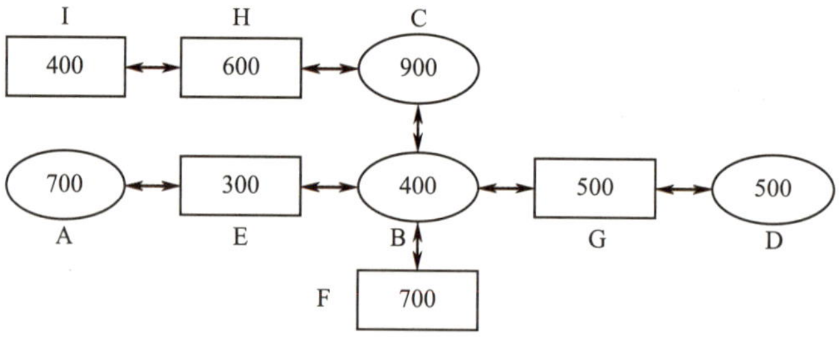

图 1-20　交通示意图

第三步：绘制商品就近调运图（见图 1-21）。

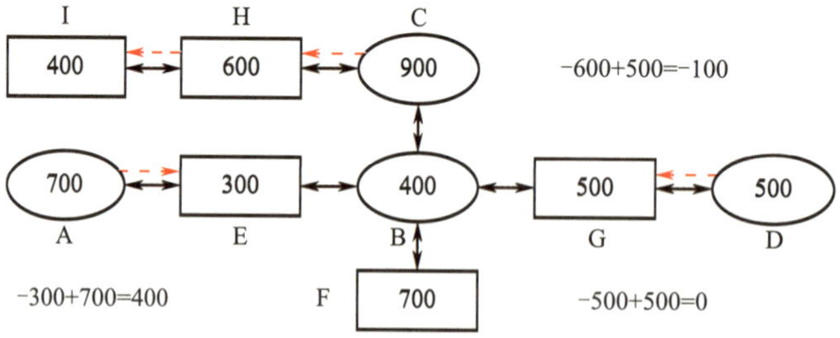

图 1-21　商品就近调运图

第四步：绘制商品调运调整图（见图 1-22）。

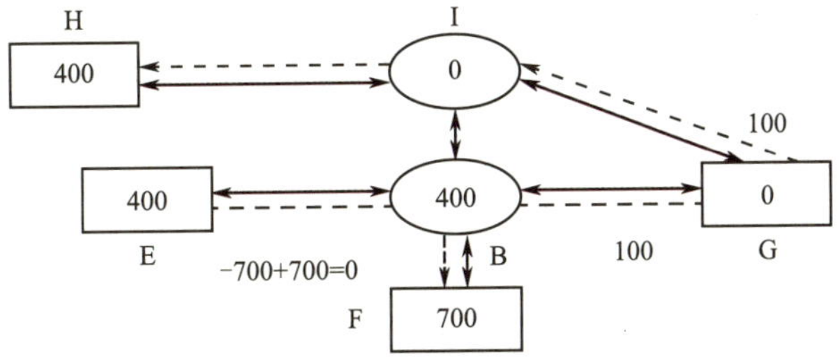

图 1-22 商品调运调整图

第五步：编制商品调运平衡表。

表 1-18 商品调运平衡表

产 地	销 地					
	E	F	G	H	I	产 量
A	300	400				700
B		300	100			400
C				500	400	900
D			400	100		500
销量	300	700	500	600	400	2500

3. 表上作业法

表上作业法包括最小费用法和左上角法，本书主要介绍最小费用法。

最小费用法就是直接以商品运输费用最小作为目标函数来求得最优运输方案。一般是利用“单位运价表”和“商品产销平衡表”等表格（见表 1-19 和表 1-20），进行初始运输方案作业；运用矩阵对角法进行检验，对不合理的运输方案进行改进，求出运费最省优化方案。

表 1-19 单位运价表

产 地	销 地				
	A	B	C	D	E
F	30	20	30	50	30
G	30	30	10	30	40
H	70	80	40	20	40
I	50	40	70	70	80

表 1-20 商品产销平衡表

产 地	销 地					
	A	B	C	D	E	产 量
F						2000
G						3500
H						6000
I						8500
销量	3000	4000	3500	4500	5000	20 000

（1）将二表合一为调运方案表。

将“单位运价表”中的各点间运价填入“调动方案表”中（见表 1-21）；各运价在表格中居左的位置；寻找本表中运价最低的值；最低值同时有两三个时，原则上可以任选一个作为基础制定初次方案。

表 1-21　调运方案表

产　地	销　地					
	A	B	C	D	E	供 应 量
F	30	20	30	50	30	1000
G	30	30	10	30	40	3000
H	70	80	40	20	40	6000
I	50	40	70	70	80	8000
需求量	2500	3000	3500	4000	5000	18 000

（2）对比运价最低点的需求量和供应量，以最小者进行试调运；在行 / 列中依次向运费次低点推进，直到满足所有调运计划（见表 1-22）。

表 1-22　试调运后的方案表

产　地	销　地					
	A	B	C	D	E	供 应 量
F	30	20/500	30/500	50	30	1000
G	30	30	10/3000	30	40	3000
H	70	80	40	20/1000	40/5000	6000
I	50/2500	40/2500	70	70/3000	80	8000
需求量	2500	3000	3500	4000	5000	18 000

（3）用矩形对角法进行检验与调整。

用任意两个成矩形对角的有运量的运价之，与跟该矩形另外两个对角的运价之和相比较，如果前者小于后者，则不需要调整；如果前者大于后者，则作反向调整。

在本例中　20/500　　30/500

　　　　　30　　　　10/3000

呈矩形对角，并且 $20 + 10 < 30 + 30$，显然，不需要再进行调整。

此外，还有一个矩形对角，请大家查找一下。

20/1000　　　　40/5000

70/3000　　　　80

其中，40+70>20+80，因此，需要进行反向调整，调整如下：

（3000）↑　　　　　　↓（3000）

从而变成：　20/4000　　　　40/2000

　　　　　　70　　　　　　80/3000

（4）调整后填制“调整后的商品调运平衡表”（见表 1-23）。

表 1-23　调整后的商品调运平衡表

产　地	销　地					
	A	B	C	D	E	供应量
F	30	20/500	30/500	50	30	1000
G	30	30	10/3000	30	40	3000
H	70	80	40	20/4000	40/2000	6000
I	50/2500	40/2500	70	70	80/3000	8000
需求量	2500	3000	3500	4000	5000	18 000

（5）比较初始方案与调整方案的运费。

初始方案运费为：

$20\times500+30\times500+10\times3000+20\times1000+40\times5000+50\times2500+40\times2500+70\times3000=$ 710 000（元）

调整方案费为：

$20\times500+30\times500+10\times3000+20\times4000+40\times2000+50\times2500+40\times2500+80\times3000=$ 680 000（元）

调整方案节省运费为：

710 000 – 680 000 = 30 000（元），为最优。

练一练：

某零售企业有五家分店（A、B、C、D、E），其销售商品是由四家供应商（F、G、H、I）提供，各点间的供需量及单位运价如表 1-24 所示，商品产销平衡表如表 1-25 所示。试用最小费用法求运输最优方案。

表 1-24　各点间的供需量及单位运价

产　地	销　地				
	A	B	C	D	E
F	50	30	20	40	30
G	40	10	30	50	40
H	20	80	40	30	50
I	60	50	70	70	30

表 1-25　商品产销平衡表

采购地	门　店					
	A	B	C	D	E	供应量
F						2000
G						3500
H						6000
I						8000
需求量	3000	4000	3500	4000	5000	195 000

任务评价

在完成上述任务后，教师组织学生共同进行三方评价，并对任务实施过程进行点评，由教师指出各小组任务实施过程中的优点和缺点。学生完成表 1-26 任务评价表的填写。

表 1-26 任务评价表

组别			组员				
任务名称		了解知名物流企业					
考核内容		评价标准	参考分值	考核得分			
				自评	互评	教师评	
职业素养	1	良好的沟通能力	5				
	2	良好的团队合作精神	5				
	3	良好的专业行为规范	5				
知识素养	1	运输合理化的意义	15				
	2	运输合理化的影响因素	10				
	3	不合理运输的表现形式	10				
	4	实现运输合理化的措施	10				
职业技能	1	正确列举运输合理化的影响因素	10				
	2	正确归纳运输中不合理的现象	10				
	3	正确归纳运输合理化的措施	10				
	4	正确诊断运输方案	10				
小计			100				
合计 = 自评 20%+ 互评 30%+ 教师 50%			组长签字				

任务五 签订运输合同

任务展示

2014 年 10 月 10 日，青岛中原贸易有限公司购买了一架锻压机，生产厂家为潍坊精密设备制造有限公司，采购价格为 12 万元整。并将运输的任务委托给第三方物流公司——潍坊飞速物流有限公司，双方在 2014 年 10 月 30 日签订货物运输合同，合计运费为 1850 元（货物送达后由青岛中原贸易有限公司在确认货物外包装完好后一次性支付）。合同约定潍坊飞速物流有限公司必须于 2014 年 11 月 2 日前将货物运至青岛中原贸易有限公司，若未按规定和要求送达货物，则承运方需承担货物价值 10% 的违约金，若托运方未在签订合同次日提供托运货物的，托运方需承担 500 元 / 日的违约金。合同签订后，潍坊飞速物流有限公司拟用一辆 7.2 米的单轴高栏车投入运输，并规划运输路线为从生产厂家仓库到青岛中原贸易有限公司成品库。

请各小组同学根据上述背景信息，完成此次运输合同的填写工作。

任务准备

任务准备 1：运输合同概念

1. 运输合同的含义

《中华人民共和国合同法》(简称《合同法》）中所称，合同是指平等主体的自然人、法人、其他组织之间设立、变更、终止民事权利义务关系的协议。

货物运输合同是指承托双方签订的，明确双方权利义务关系、确保货物有效位移的，具有法律约束力的合同文件。货物运输合同需明确以下内容。

（1）合同当事人主体双方一方为承运人，另一方为托运人。双方合同一经订立，合同主体法律地位即成立生效。承运人、托运人均享有规定和合同约定赋予的权利，并履行其责任和承担义务。其中，承运人是指将货物送到约定地点的人，托运人是指将自己或他人的货物交付承运人并支付相关费用的人，收货人是指从承运人处接收货物的人。

（2）合同双方对等关系。承运人负责为托运人提供运输服务，而托运人应向承运人支付运费。

（3）承运人收取运输费用。运输费用不仅仅指承运人为提供货物运输所发生的费用，在实际运输过程中，有时还包括加固绑扎费及必要的中途垫款费。“运输费用”不包括规费，这两者是不同性质的费用，前者为经营性收费，后者为行政性收费。规费是现代社会许多国家在对一部分单位和个人提供特殊服务时所收取的带有工本费性质的一种收费。

（4）承运人提供运输服务。《合同法》对承运人的资格没有限制，可以是公民，也可以是经济组织，可以是物品所有人，也可以是非物品所有人。托运人有时也可以是收货人。

2. 运输合同分类

根据不同的标准，运输合同可以划分为不同的种类。

（1）按运输方式分类。

根据运输方式的不同，运输合同可以分为铁路运输合同、公路运输合同、水路运输合同、航空运输合同和多式联运合同五类。这五类运输合同主体的承运人是不同的运输企业，而托运人可以是企事业单位，也可以是公民个人。

（2）按照运送对象分类。

根据运送对象的不同，运输合同可以分为旅客运输合同和货物运输合同两类。

旅客运输合同是指把旅客作为运送对象的合同。根据运输方式的不同，旅客运输合同又分为铁路旅客运输合同、公路旅客运输合同、水路旅客运输合同及航空旅客运输合同。与旅客运输相关的行李包裹运输，可以看作一个独立的运输合同关系，也可以作为旅客运输合同的一个组成形式。

货物运输合同是指以货物作为运送对象的合同。根据运输方式的不同可以分为铁路、公路、水路、航空、管道、多式联运等货物运输合同。

（3）按照是否有涉外因素分类。

根据是否有涉外因素，运输合同还可以分为国内运输合同和涉外运输合同两类。

国内运输合同是指运输合同当事人是中国的企业事业单位或公民，起运地和到达地等都在国内的运输合同。

涉外运输合同是指合同当事人或货物的起运地、到达地中，有一项涉及国外的合同，如国际铁路货物联运合同、国际航空运输合同等。

3. 运输合同的基本特征

（1）运输合同为有偿、双务合同。

承运人履行将旅客或货物从一地运送到另一地的义务，从而给旅客或托运人带来“位移”的利益，其本人也取得了要求旅客或托运人（收货人）支付报酬，即运费的权利。承运人以运输为业，以收取运费为营利手段，旅客或托运人须向承运人支付运费。因此，运输合同只能是有偿合同。运输合同一经成立，合同当事人双方均负有义务，承运人须将旅客或货物从一地运到另一地，旅客或托运人（收货人）须向承运人支付运费，双方的权利义务是相互对应、相互依赖的。因此，运输合同是有偿、双务合同。

（2）运输合同格式的标准性。

运输合同一般采取标准合同形式订立。标准合同，也称格式合同，是指合同一方提供的具有合同全部内容和条件的格式，另一方当事人予以确认后合同即告成立。由于格式条款是由当事人一方提供格式条款文本，对另一方来说，很可能侵害其合法权益，因此，法律对制定标准格式合同的一方规定了很严格的义务，目的是要保护对方的权益。运输合同涉及的范围比较广，为简便手续，各国基本上都采取标准格式合同。旅客运输合同一般通过出售客票来完成合同的订立过程。货物运输合同绝大多数也是格式条款，并且通过规章形式明确各自的权利和义务。

（3）运输合同主体的复杂性。

运输合同的主体是运输合同权利的享有者和义务的承担者。运输合同的主体与一般合同主体不同，具有其特殊性和复杂性，这是由运输合同的特点所决定的。运输合同的主体包括承运人、旅客、托运人和收货人。

（4）运输合同标的的特殊性。

运输合同的客体是承运人运送旅客或货物的劳务行为，而不是旅客和货物。旅客或托运人与承运人签订运输合同，其目的是要利用承运人的运输工具完成旅客或货物的位移，承运人的运输劳务行为是双方权利、义务共同指向的目标。因此，只有运输劳务的行为才是运输合同的标的。运输合同的履行结果是旅客或货物发生了位移，并没有创造新的使用价值。

（5）运输合同当事人权利和义务的法定性。

运输合同当事人的权利和义务大多数是由法律、法规、规章所规定的，当事人按照有关规定办理相关手续后，合同即告成立。但当事人对合同的内容也可以依法进行修改。对于法律规定的强制性条款，当事人不能协商。选择性的条款和提示性的条款当事人可以协商，当事人协商的补充条款，也具有法律效力。随着市场经济的不断发展，当事人自由协商订立合同的情况越来越多，因此，《合同法》特别强调当事人的约定作用。

任务准备 2：运输合同的签订

1. 运输合同签订的原则

（1）合法规范的原则。合法规范的原则是指运输合同的内容和签订程序必须符合法律的要求。只有合法规范才能得到国家的承认，具有法律效力，当事人的权益才能得到保护，达到签订运输合同的目的。

（2）平等互利的原则。不论企业大小，所有制性质是否相同，在运输合同中承托双方当事人的法律地位一律平等；在合同内容上，双方的权利和义务必须对等。

（3）协商一致的原则。合同是双方的法律行为，双方意愿经过协商达到一致，彼此均不得把自己的意志强加于对方。任何其他单位和个人不得非法干预。

（4）等价有偿原则。合同当事人都享有同等的权利和义务，每一方从对方得到利益时，都要付给对方相应的代价，不能只享受权利而不承担义务。

2. 货运合同订立的程序

《合同法》第十三条规定:“当事人订立合同，采用要约、承诺方式。”运输合同的订立也要经过要约和承诺的阶段。

（1）要约。要约又称发盘、发价和报价等。《合同法》第十四条规定：要约是希望和他人订立合同的意思表示，该意思表示应当符合下列规定：一是内容具体确定；二是表明经受要约人承诺，要约人即受该意思表示约束。

根据这一规定，所谓要约，就是一方当事人以缔结合同为目的向对方当事人所做出的意思表示。发出要约的人称为要约人，接受要约的人称为受要约人、相对人或承诺人。

要约是订立合同的必要阶段，不经过要约的阶段，合同是不可能成立的。一个意思表示能否构成要约，必须具备以下三个条件。

① 要约必须是特定人向特定人做出的意思表示：发出要约的人应当是订立合同的一方当事人，受要约人原则上也应当是特定的，因为要约只有向希望与其订立合同的受要约人发出，才能换取受要约人的承诺，从而达到合同成立。

② 要约必须具有订立合同的意旨：要约人必须表明，其要约一旦被受要约人接受，就承担与受要约人按要约条件订立合同的责任。

③ 要约的内容必须具体确定：所谓具体，就是要约的内容必须包括合同的主要条款，一旦得到承诺，合同就可以成立。如果不包括合同的主要内容，就不是要约。所谓确定，是指要约的内容必须明确，而不能含混不清，要使受要约人理解要约人的真实意图，否则无法作出承诺。

（2）承诺。《合同法》第二十一条规定："承诺是受要约人同意要约的意思表示。" 根据这一规定，承诺是指受要约人向要约人做出的完全同意要约内容的意思表示。承诺意味着受要约人做出的完全同意要约所提出的条件，如果受要约人改变了要约的内容，就表示拒绝了要约，同时构成一项新的要约。

3. 货运合同的内容

货运合同应根据《合同法》及其相关规定进行制定。其中，《合同法》已由中华人民共和国第九届全国人民代表大会第二次会议于 1999 年 3 月 15 日通过，并于 1999 年 10 月 1 日开始施行。《合同法》第十七章介绍了运输合同的相关规定。运输合同的具体内容应包括如下内容。

（1）货物的名称、性质、体积、数量、收货地点等有关货物运输的必要情况。

（2）货物的包装要求。

（3）货物的运输时间和地点，包括货物起运及到目的地的时间、地点等。

（4）运输质量和安全要求。

（5）货物装卸方法和责任划分。

（6）收货人领取货物和点验、查收货物的标准。

（7）运杂费的组成、计算标准和结算方式。

（8）变更、解除合同的期限和条件。

（9）双方的权利和义务。

（10）违约责任。

（11）双方商定的其他条款。

小贴士：【签订运输合同时的注意事项】

（1）按年度、半年度、季度或月份签订的货物运输合同，应写明下列主要条款：①托运人和收货人的名称或姓名及住所；②发货站与到货站的详细名称；③货物的名称（运输标的名称）；④货物的性质（是否属易碎、易燃、易爆物品……）；⑤货物的重量；⑥货物的数量（如车种、车数、件数……）；⑦运输形式（如零担、速递、联运……）；⑧收货地点；⑨违约责任；⑩费用的承担；⑪包装要求；⑫合同纠纷解决方式；⑬双方约定的其他事项等。

（2）以货物的运单形式签订的合同应写明下列内容：①托运人、收货人的名称或姓名及其详细住所或地址；②发货站、到货站及主管铁路局；③货物的名称；④货物的包装、标志、件数和数量；⑤承运日期；⑥运到期限；⑦运输费用；⑧货车的类型或车号；⑨双方商定的其他事项。

任务准备 3：运输合同的履行

1. 托运人的权利和义务

托运人的主要权利：要求承运人按合同约定的时间安全运输到约定的地点；在承运人将货物交付收货人前，托运人可以请求承运人中止运输、返还货物、变更到货地点或将货物交给其他收货人，但由此给承运人造成的损失应予赔偿。

托运人的主要义务：托运人应按合同约定的时间和要求提供托运货物；按照约定做好货物包装和储运标志；办理货物运输的相关手续，如填写托运单等；将有关审批、检验的文件提交承运人；及时发货、收货，装卸地点和货场应具备正常通车条件。

2. 承运人的权利和义务

承运人的主要权利：收取运费及符合规定的其他费用；对逾期提货的，承运人有权收取逾期提货的保管费，对收货人不明或收货人拒绝受领货物的，承运人可以提存货物，不适合提存货物的，可以拍卖货物提存价款；对不支付运费、保管费及其他有关费用的，承运人可以对相应的运输货物享有留置权。

承运人的主要义务：承运人应按合同约定配备交通运输工具；按合同约定的运输期限、货物数量和起止地点，组织运输、完成任务、实行责任运输、保证运输质量；在货物装卸和运输过程中，承运人和托运人双方应办理货物交接手续，做到责任分明，并分别在发货单和运费结算凭证上签字；货物运达后，承运人应及时通知收货人，并核查货物，承运人在货物运达后至交付收货人之前的这段时间负有妥善保管货物的义务。

3. 收货人的权利和义务

收货人的主要权利：承运人将货物运到指定地点后，持凭证领取货物的权利；在发现货物短少或灭失时，有请求承运人赔偿的权利。

收货人的主要义务：收货人收到提货通知后，应及时提货并清点验收；收货人请求交付货物时，应将提单或其他提货凭证交还承运人，如逾期提货应向承运人交付保管费用；收到货物清点验收时，如果发现货物有毁损、灭失、变质的，收货人应当自接收货物之日起 15 日内通知承运人，以便明晰事故责任。

小贴士：违反货物运输合同的责任

1. 承运方的责任

（1）不按运输合同规定的时间和要求配车（船）发运的，偿付托运方违约金。如果货物逾期运达，则需要偿付逾期交货的违约金。

（2）供货方如果将货物错发到货地点或接货人时，应无偿运至合同规定的到货地点或接货人。如果货物逾期运达，则需要偿付逾期交货的违约金。

（3）运输过程中货物灭失、短少、变质、污染、损坏，按货物的实际损失（包括包装费、运杂费）赔偿。

（4）联运的货物发生灭失、短少、变质、污染、损坏应由承运方承担赔偿责任的，由终点阶段的承运方按照规定赔偿，再由终点阶段的承运方向负有责任的其他承运方追偿。

（5）在符合法律和合同规定条件下的运输，由于下列原因造成货物灭失、短少、变质、污染、损坏的，承运方不承担违约责任：不可抗力；货物本身的自然性质；货物的合理损耗；托运方或收货方本身的过错。

2. 托运方的责任

（1）未按运输合同规定的时间和要求提供托运货物，偿付承运方违约金。

（2）由于在普通货物中夹带、匿报危险货物，错报笨重货物重量等而导致发生吊具断裂、货物摔损、吊机倾翻、爆炸、腐蚀等事故，承担赔偿责任。

（3）由于货物包装缺陷产生破损，致使其他货物或运输工具、机械设备被污染腐蚀、损坏，造成人身伤亡的，承担赔偿责任。

（4）在托运方专用线，港、站公用线，专用铁道自装的货物，在到站卸货时，发现货物损坏、短少，在车辆施封完好或无异状的情况下，应赔偿收货人的损失。

（5）罐车发运货物时，因未随车附带规格质量证明或化验报告，造成收货方无法卸货时，托运方需偿付承运方卸车等存费及违约金。

任务准备 4：运输合同的变更和解除

1. 运输合同变更和解除的含义

运输合同变更和解除是指在合同尚未履行或没有完全履行的情况下，遇到特殊情况而使合同不能履行，或者需要变更时，经双方协商同意，并在合同规定的变更、解除期限内办理变更或解除。任何一方不得单方擅自变更、解除双方签订的运输合同。

（1）变更合同是指合同订立后，履行完毕之前，当事人依法对合同部分内容和条款的修改和补充。

（2）解除合同是指解除由合同规定双方的法律关系，提前终止合同的履行。

2. 运输合同变更和解除的条件

凡发生下列情况之一的，允许变更和解除：

（1）由于不可抗力使运输合同无法履行；

（2）合同当事人违约，使合同的履行成为不可能或不必要；

（3）由于合同当事人一方的原因，在合同约定的期限内确实无法履行运输合同；

（4）经合同当事人双方协商同意解除或变更，但承运人提出解除运输合同的，应退还已收取的运费。

任务执行

步骤 1：归纳运输合同的种类

步骤 2：归纳运输合同的基本特征

____

____

____

步骤 3：总结运输合同主体的权利与义务

____

____

____

步骤 4：货物运输合同草拟

结合任务展示中的背景信息草拟货物运输合同。

【货物运输合同填写指导】

合同编号：（为了便于管理和查找合同）

签订时间：（与合同生效、履行都有关系）

签订地点：（合同签订关系到法院的管辖权，请至少填写详细至区县，如北京市朝阳区）

托运人（以下简称甲方）：（请写全称，并且写准确，要与营业执照上的名称一字不差）

法定代表人：（请写全称，并且写准确，要与营业执照上的名称一字不差）

联系地址：（请填写详细，以方便合同履行过程中的通信联系及法院送达文书）

联系电话：__________________

联系人：__________________

手机：__________________

电子邮箱：__________________

（一般写实际负责本合同履行的人员的名字。凡是在本合同履行过程中参与的、有权签署相关文件的人，最好都写在本合同中，所以联系人可以写多个，并且最好把手机和电子邮箱都写上，因为手机短信和电子邮件都可以作为法庭上的证据。）

承运人（以下简称乙方）：（同上）__________________________。

甲、乙双方根据《中华人民共和国合同法》等有关法律规定，在平等、自愿、诚实信用的基础上，经充分协商，就乙方承运甲方货物达成以下合同条款。

一、货物基本情况

货物名称：

规格：

数量：

重量：

性质：

（因托运人申报不实或遗漏重要情况，造成承运人损失的，托运人应当承担损害赔偿责任。货物运输需要办理审批、检验等手续的，托运人应当将办理完有关手续的文件提交承运人。）

二、包装要求：甲方必须按照国家主管机关规定的标准包装；没有统一规定包装标准的，应根据保证货物运输安全的原则进行包装，否则乙方有权拒绝承运。（托运人托运易燃、易爆、有毒、有腐蚀性、有放射性等危险物品的，应当按照国家有关危险物品运输的规定对危险物品妥善包装，并粘贴危险物标志和标签，并将有关危险物品的名称、性质和防范措施的书面材料提交承运人。否则，承运人可以拒绝运输，也可以采取相应措施以避免损失的发生，因此产生的费用由托运人承担。）

三、运输办法及运杂费负担：______________________________（两个以上承运人以同一运输方式联运的，与托运人订立合同的承运人应当对全程运输承担责任。损失发生在某一运输区段的，与托运人订立合同的承运人和该区段的承运人承担连带责任。）

四、托运时间及地点：________

五、到货时间及地点：______________________________（在承运人将货物交付收货人之前，托运人可以要求承运人中止运输、返还货物、变更到达地或将货物交给其他收货人，但应当赔偿承运人因此受到的损失。）

六、收货人领取货物及验收办法：______________________（收货人逾期提货的，应当向承运人支付保管费等费用。）

七、付款办法：__________________________（托运人或收货人不支付运费、保管费及其他运输费用的，承运人对相应的运输货物享有留置权，但当事人另有约定的除外。）

八、违约责任

托运方责任：

1. 未按合同规定的时间和要求提供托运的货物，托运方应按货物价值的____%偿付给承运方违约金。

2. 由于在普通货物中夹带、匿报危险货物，错报笨重货物重量等而导致吊具断裂，货物摔损、吊机倾翻、爆炸、腐蚀等事故，托运方应承担赔偿责任。

3. 由于货物包装缺陷产生破损，致使其他货物或运输工具、机械设备被污染腐蚀、损坏，造成人身伤亡的，托运方应承担赔偿责任。

4. 在托运方专用线，在港、站公用线，专用铁道自装的货物，在到站卸货时，发现货物损坏、缺少，在车辆施封完好或无异状的情况下，托运方应赔偿收货人的损失。

5. 罐车发运货物，因未随车附带规格质量证明或化验报告，造成收货方无法卸货时，托运方应偿付承运方卸车等存费及违约金。

承运方责任：

1. 不按合同规定的时间和要求配车（船）发运的承运方应偿付托运方违约金__元。

2. 承运方如将货物错运到货地点或接货人，应无偿运至合同规定的到货地点或接货人。如果货物逾期到达，承运方应偿付逾期交货的违约金。

3. 运输过程中货物灭失、短少、变质、污染、损坏，承运方应按货物的实际损失（包括包装费、运杂费）赔偿托运方。

4. 联运的货物发生灭失、短少、变质、污染、损坏应由承运方承担赔偿责任的，由终点阶段的承运方向负有责任的其他承运方追偿。

5. 在符合法律和合同规定条件下的运输，由于下列原因造成货物灭失、短少、变质、污染、损坏的，承运方不承担违约责任。

①不可抗力（货物在运输过程中因不可抗力灭失，未收取运费的，承运人不得要求支付运费；已收取运费的，托运人可以要求返还）。

②货物本身的自然属性。

③货物的合理损耗。

④托运方或收货方本身的过错。

九、本合同正本一式二份，合同双方各执一份；合同副本一式 ____ 份。

甲方：____________________　　乙方：____________________

代理人：__________________　　代理人：__________________

开户银行：________________　　开户银行：________________

账号：____________________　　地址：____________________

_____ 年 ____ 月 ____ 日　　_____ 年 ____ 月 ____ 日

任务评价

在完成上述任务后，教师组织进行三方评价，并对任务实施过程进行点评，指出各小组任务实施过程中的优点和缺点。学生完成表 1-27 任务评价表的填写。

表 1-27　任务评价表

组　别			组　员			
任务名称		签订运输合同				
考核内容		评价标准	参考分值	考核得分		
				自　评	互　评	教师评
职业素养	1	良好的沟通能力	5			
	2	良好的团队合作精神	5			
	3	良好的专业行为规范	5			
知识素养	1	运输合同的含义	5			
	2	签订货物运输合同的原则	10			
	3	货物运输合同订立程序	10			
	4	货物运输合同的基本内容	10			
职业技能	1	运输合同分类	10			
	2	运输合同的基本特征	10			
	3	运输合同主体的权利、义务	10			
	4	草拟货物运输合同	20			
小　计			100			
合计 = 自评 20%+ 互评 30%+ 教师 50%				组长签字		

项目二
公路运输操作

公路运输由来已久，在货物运输的历史舞台上发挥了重要作用。进入 21 世纪以来，随着我国公路建设的迅速发展、公路网络的不断完善，公路运输不断发展，其优点包括服务范围广、承担货运量大、运输组织灵活、运输产品多样。

通过本项目学习，应掌握公路运输的发运方式及其流程，学会利用高德地图、百度地图等软件规划运输线路，熟练掌握各种公路运输单证的填写，学会核算公路运费，从而提升职业能力和职业素养。

任务一　认识公路运输

任务展示

某公司广州天河客运站营业部接到客户张先生的托运要求，要求将一批计算机配件在三天内运送到汕头大学。货物具体信息如下。

（1）计算机显示器：纸箱包装，体积为 50 厘米 ×40 厘米 ×20 厘米，每箱毛重 10 千克，共计 200 箱。

（2）光驱：纸箱包装，体积为 50 厘米 ×40 厘米 ×40 厘米，每箱毛重 20 千克，共计 100 箱。

（3）键盘：纸箱包装，体积为 40 厘米 ×20 厘米 ×20 厘米，每箱毛重 5 千克，共计 80 箱。

（4）鼠标：纸箱包装，体积为 30 厘米 ×30 厘米 ×20 厘米，每箱毛重 5 千克，共计 50 箱。

请各小组完成如下任务：

（1）为该批货物选择适合的运输方式；

（2）为该批货物选择合适的车辆以完成运输任务；

（3）为本次业务规划运输路线，并列出途经哪些国道和省道。

任务准备

任务准备 1：公路运输

1. 公路运输的概念

从广义角度，公路运输是指利用一定载运工具（汽车、拖拉机、畜力车、人力车等）沿公路实现旅客或货物空间位移的过程。

从狭义角度，公路运输是指利用一定载运工具（汽车、拖拉机、畜力车、人力车等）在公路上进行货物运输的一种方式。由于公路运输的载运工具主要以汽车为主，公路运输也称汽运。

2. 现代公路运输的概况

现代公路运输是在 19 世纪末随着汽车的诞生而产生的。公路运输在初期主要承担短途运输业务。第一次世界大战后，随着汽车基础工业的发展和公路里程的增加，公路运输走向高速发展的阶段，不仅涉及短途运输领域，而且逐渐进入长途运输领域。第二次世界大战结束后，公路运输发展迅速。美国、日本和欧洲许多国家和地区等已建成比较发达的公路网，汽车工业又为公路运输提供了雄厚的物质基础，促使公路运输在运输业界跃升到主导地位。

小贴士：近年来我国公路里程的发展

2015—2019 年，我国公路营业里程总体呈逐年增长态势，平均复合增速为 2.30%，2019 年我国公路营业里程为 501.25 万公里，同比增长 3.43%。

3. 公路运输的特点

（1）机动灵活，适应性强。

由于公路运输网的密度一般比铁路、水路运输网的密度大十几倍，分布面也广，因此公路运输车辆可以“无处不到、无时不有”。公路运输在时间方面的机动性也比较大，车辆可随时调度、装运，各环节之间时间的衔接较短。尤其是公路运输对客、货运量的多少具有很强的适应性，汽车的载重吨位有小有大，既可以单个车辆独立运输，也可以由若干车辆组成车队同时运输，这一点对抢险、救灾工作和军事运输具有特别重要的意义。

（2）可实现“门到门”直达运输。

由于汽车体积较小，中途一般不需要换装，因此除可沿分布较广的路网运行外，公路运输还可离开路网深入工厂企业、农村田间、城市居民住宅等地，即可以把旅客和货物从始发地门口直接运送到目的地门口，实现“门到门”直达运输。这是其他运输方式无法比拟的特点之一。

（3）在中、短途运输中，运送速度较快。

在中、短途运输中，由于公路运输可以实现“门到门”直达运输，中途不需要倒运、转乘就可以直接将客货运达目的地，因此与其他运输方式相比，客货在途时间较短，运送速度较快。

（4）原始投资少，资金周转快。

公路运输与铁路、水路、航空运输方式相比，所需固定设施简单，车辆购置费用一般也比较低，因此，投资兴办容易，投资回收期短。有关资料表明，在正常经营情况下，公路运输的投资每年可周转 1 ～ 3 次，而铁路运输的投资则需要 3 ～ 4 年才能周转一次。

（5）掌握车辆驾驶技术比较容易。

与火车司机或飞机驾驶员的培训相比，汽车驾驶技术比较容易掌握，对驾驶员的各方面素质要求也比较低。

（6）运量较小，运输成本较高。

目前，世界上最大的汽车是美国通用汽车公司生产的矿用自卸车，长达 20 多米，自重 610 吨，载重 350 吨左右，但仍比火车、轮船小得多。由于汽车载重量小，行驶阻力比铁路大 9 ～ 14 倍，所消耗的燃料又是价格较高的汽油或柴油，因此公路运输成本比较高。

任务准备 2：运输车辆种类

1. 按照车辆载重量划分

按照车辆载重量可分为微型货车、轻型货车、中型货车和重型货车。

（1）微型货车：车长小于或等于 3.5 米，载重 1.8 吨以下，具有燃料消耗小、使用费用低、占地面积小、用途多、使用性广等特点，如图 2-1 所示。

图 2-1 微型货车

（2）轻型货车：车长小于 6 米，载重范围为 1.8 ～ 4.5 吨，运输灵活，适用大量短途零散货物运输，如图 2-2 所示。

图 2-2 轻型货车

（3）中型货车：车长大于或等于 6 米，载重范围为 4.5 ～ 12 吨，成本较低，适用于城市、乡村之间的货运，如图 2-3 所示。

图 2-3 中型货车

（4）重型货车：车长大于或等于 6 米，载重在 12 吨以上，是公路运输的主力军，具有油耗低、运输成本小、效益高的特点，如图 2-4 所示。

图 2-4　重型货车

2. 按照载货汽车的车厢结构划分

按照载货汽车的车厢结构可分为厢式车、平板车和集装箱车。

（1）厢式车：厢式车具备普通车的一切机械性能，还具备全封闭的车厢和便于装卸作业的车门。由于厢式车载货量大，封闭式的车厢使货物免受日晒、风吹、雨淋，适合用于纸箱包装货物的运输，是公路运输常见的运输车辆，如图 2-5、图 2-6 所示。

图 2-5　厢式车（1）

图 2-6　厢式车（2）

（2）平板车：公路运输的一种常见车辆，因为其比较方便装卸大型、重型货物，而且可以比相同规格的其他车型装载更多的货物，深受运输单位的青睐。在运输车辆中，平板车一般分为两种，一种是平板，另一种是高低板。平板的车长一般是 4 ～ 13 米，车长 13 米以上的多为高低板，如图 2-7、图 2-8 所示。

图 2-7　平板车（1）

图 2-8　平板车（2）

（3）集装箱车：也叫货柜车，是指用以运载可卸下的集装箱的专用运输车辆，如图 2-9、图 2-10 所示。

图 2-9　集装箱车（1）

图 2-10　集装箱车（2）

任务准备 3：公路运输设施

1. 公路的等级

公路是指连接城市、乡村，主要供汽车行驶的、具备一定技术条件和设施的道路。根据公路的交通量及其在交通网中的意义，可分为五个等级，如表 2-1 所示。

表 2-1　公路等级

公路等级	在交通网中的意义	年平均昼夜交通量（单位：辆）
高速公路	具有特别重要的政治、经济意义，专供汽车分道行驶，全部控制出入	25 000 以上
一级公路	连接重要的政治、经济中心，通往重点工矿区，可供汽车行驶、部分控制出入	15 000 ～ 30 000
二级公路	连接政治、经济中心或大型工矿区的干线公路，或者运输任务繁忙的城郊公路	3000 ～ 7500
三级公路	连接县级及县级以上城镇的一般干线公路	1000 ～ 4000
四级公路	沟通县、乡、村的支线公路	双车道 1500 以下，单车道 200 以下

根据公路的作用和使用性质，可划分为国家级主干线公路（国道）、省级干线公路（省道）、县级干线公路（县道）、乡级公路（乡道）及专用公路。

（1）国家级主干线公路（国道）：具有全国性政治、经济意义的主要干线公路，包括重要的国际公路、国防公路，连接首都与各省、自治区、直辖市的公路，连接各大经济中心、港站枢纽、商品生产基地和战略要地的干线公路，如图 2-11、图 2-12 所示。

图 2-11　国道（1）

图 2-12　国道（2）

（2）省级干线公路（省道）：具有全省（自治区、直辖市）政治、经济意义，连接各地市和重要地区及不属于国道的干线公路，如图 2-13、图 2-14 所示。

图 2-13　省道（1）

图 2-14　省道（2）

（3）县级干线公路（县道）：具有全县（县级市）政治、经济意义，连接县城和县内主要乡（镇）、主要商品生产和集散地的公路，以及不属于国道、省道的县际公路，如图 2-15、图 2-16 所示。

图 2-15　县道（1）

图 2-16　县道（2）

（4）乡级公路（乡道）：主要为乡（镇）村经济、文化、行政服务的公路，以及不属于县道以上公路的、乡与乡之间及乡与外部联络的公路，如图 2-17、图 2-18 所示。

图 2-17　乡道（1）

图 2-18　乡道（2）

（5）专用公路：专供或主要供厂矿、林区、农场、油田、旅游区、军事要地等与外部联系的公路，如图 2-19、图 2-20 所示。

图 2-19　专用公路（1）

图 2-20　专用公路（2）

任务执行

步骤 1：选择运输方式

根据任务展示，各小组开展讨论，回答以下问题。

出发地：________________

目的地：________________

运输距离：________________

货运量：________________

选择运输方式：________________

步骤 2：选择运输车辆

根据任务展示，各小组开展讨论，回答以下问题。

托运货物：______________________________
包装方式：______________________________
货运量：______________________________
货物怕什么：　　日晒□　　　　雨淋□
选择车辆：______________________________

步骤 3：规划路线

随着信息技术的不断发展，以及手机的普遍使用，使规划路线的方式多种多样，可以使用高德地图（如图 2-21 所示）、百度地图等软件规划路线。

图 2-21　高德地图

请回答以下问题。
全程用时：______________________________
路程：______________________________
经过道路名称：(从出发地到目的地，按顺序，回答至少 10 条道路)______________________________

其中，国道为：______________________________
　　　省道为：______________________________

步骤 4：各小组委派代表上台分享

各小组委派一名代表就该任务选择何种运输方式、何种运输车辆及路线规划结果在班级进行分享。

任务评价

在完成上述任务后，教师组织学生共同进行三方评价，并对任务实施过程进行点评，由教师指出各小组任务实施过程中的优点和缺点。学生完成表 2-2 任务评价表的填写。

表 2-2 任务评价表

组 别			组 员			
任务名称		认识公路运输				
考核内容		评价标准	参考分值	考核得分		
				自 评	互 评	教师评
职业素养	1	良好的沟通能力	5			
	2	良好的团队合作精神	5			
	3	良好的专业行为规范	5			
知识素养	1	认识运输方式	15			
	2	了解运输车辆	15			
	3	掌握路线规划的途径和方法	15			
	4	了解国道、省道	10			
职业技能	1	正确选择运输方式	10			
	2	运输车辆选择符合货物特点	10			
	3	路线规划符合要求	10			
小 计			100			
合计 = 自评 20%+ 互评 30%+ 教师 50%				组长签字		

任务二 受理公路运输业务

任务展示

某公司广州天河客运站营业部接到客户张先生的托运要求，要求将一批计算机配件在三天内运送到汕头大学。货物具体信息如下。

（1）计算机显示器：纸箱包装，体积为 50 厘米 × 40 厘米 × 20 厘米，每箱毛重 10 千克，共计 200 箱。

（2）光驱：纸箱包装，体积为 50 厘米 × 30 厘米 × 40 厘米，每箱毛重 20 千克，共计 100 箱。

（3）键盘：纸箱包装，体积为 40 厘米 × 30 厘米 × 20 厘米，每箱毛重 5 千克，共计 80 箱。

（4）鼠标：纸箱包装，体积为 30 厘米 × 30 厘米 × 20 厘米，每箱毛重 5 千克，共计 50 箱。

请各小组完成以下任务：

（1）为该批货物选择运输方式，如零担货物运输、整批货物运输。

（2）受理运输业务后，描述该批货物的托运流程。

任务准备

任务准备 1：公路运输种类

（1）零担货物运输：托运人一次托运一批货物计费重量在 3 吨或 3 吨以下。其中，单件体积一般不小于 0.01 立方米，不大于 1.50 立方米；单件重量不超过 200 千克，货物长、宽、高分别不超过 3.50 米、1.50 米和 1.30 米。托运货物 3 吨以上，但若按零担货物受理，则也认定是零担货物。

（2）整批货物运输：托运人一次托运货物计费重量在 3 吨以上，或重量不足 3 吨但因其性质、体积、形状的要求，需要一辆汽车运输的方式。

（3）快件货物运输：在规定的距离和时间内将货物运达目的地，应托运人的要求，采取即托即运的货物运输方式。

（4）大型笨重物件运输：因货物的体积、重量的要求，需要大型或专用汽车运输的方式。

（5）集装箱汽车运输：采用集装箱为容器，使用汽车运输的方式。

（6）危险货物汽车运输：承运《危险货物品名表》列明的易燃、易爆、有毒、有腐蚀性、有放射性等危险货物，以及虽未列入《危险货物品名表》但具有危险货物性质的产品。

（7）出租汽车货运：采用出租营业的小型货运汽车，供货主临时雇用，并按时间、里程和规定费率收取运输费用的方式。

任务准备 2：公路货运流程

1. 整批货物运输流程

整批货物运输流程如图 2-22 所示。

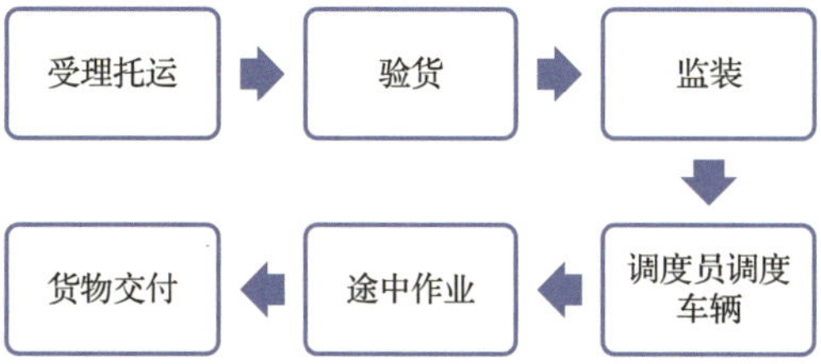

图 2-22　整批货物运输流程

（1）受理托运。

① 托运人填写托运单。

整批货物的托运单一般由托运人填写，也可以委托他人填写。应在托运单上加盖与托运人名称相符的印章。

② 托运单内容的审核和认定。

首先，审核货物的详细情况（如货物名称、重量、体积、规格等）并根据具体情况确定是否受理。

其次，检查有关运输凭证。

最后，审核货物有无特殊要求，如运输期限、押运人数或和托运方议定的有关事项。

小贴士：承运人通常不予受理的情况

- ✧ 法律禁止流通的物品或各级政府部门规定不予运输的物品。
- ✧ 属于国家统管的货物或经各级政府部门列入管理的货物，必须取得准运证明方可出运。
- ✧ 禁运的危险货物。
- ✧ 未取得卫生检验检疫合格证明的动、植物。
- ✧ 未取得准运证明的超长、超高、超宽货物。
- ✧ 需要托运人押运而托运人不能押运的货物。

（2）验货。

① 运单上的货物是否已经处于待运状态。

② 装运的货物数量、发运日期有无变更。

③ 货物的包装是否符合运输要求。

④ 装卸场地的机械设备、通行能力是否完好。

（3）监装。

在车辆到达厂家出货地点后，司乘和接货人员会同出货负责人一起，根据出货清单，对货物的包装、数量和重量等进行清点和核实。核对无误后进行装车环节服务。

（4）调度员调度车辆。

调度员综合考虑客户的运输要求、产品特性、运输线路、车辆配载要求、价格因素，选择最佳车辆及调车渠道。车辆调度完成后，为保证车辆正常到库提货，调度员需及时跟进所调车辆的到库情况。

（5）途中作业。

货物在运送途中发生的各项货运作业，统称为途中作业。途中作业主要包括途中货物交接、途中货物整理或换装等内容。

① 途中货物交接。

为了保证货物运输的安全与完好，便于厘清企业内部的运输责任，货物在运输途中如发生装卸、换装、保管等作业时，驾驶员之间、驾驶员与站务人员之间，应认真办理交接检查手续。一般情况下，交接双方可按货车现状及货物装载状态进行交接，必要时可按货物件数和质量交接，如果接收方发现异状，则由交出方编制记录并备案。

② 途中货物整理或换装。

货物在运输途中如果发现有装载偏重、超重、货物撒漏，车辆技术状况不良而影响运行安全，货物装载状态有异状，加固材料折断或损坏，货车篷布遮盖不严或捆绑不牢等情况出现，且有可能危及行车安全和货物完好时，则应及时采取措施，对货物加以整理或换装，必要时可调换车辆，同时登记备案。

为了方便货主，整车货物还可允许中途拼装或分卸作业，考虑到车辆周转的及时性，对整车拼装或分卸应加以严密组织。

（6）货物交付。

货物在到达站后发生的各项货运作业统称为到达站站务工作。到达站站务工作主要包括货运票据的交接，货物卸车、保管和交付等内容。

车辆装运货物抵达卸车地点后，收货人或车站货运员应组织卸车。卸车时，对卸下货物的品名、件数、包装和货物状态等应进行必要的检查。

整车货物一般直接卸在收货人仓库或货场内，并由收货人自理。收货人确认卸下货物无误并在货票上签收后，即表示货物交付完毕。承运人在到达地与收货人办完交付手续后，才表示完成该批货物的全部运输过程。

2. 零担货物运输流程

零担货物运输流程如图 2-23 所示。

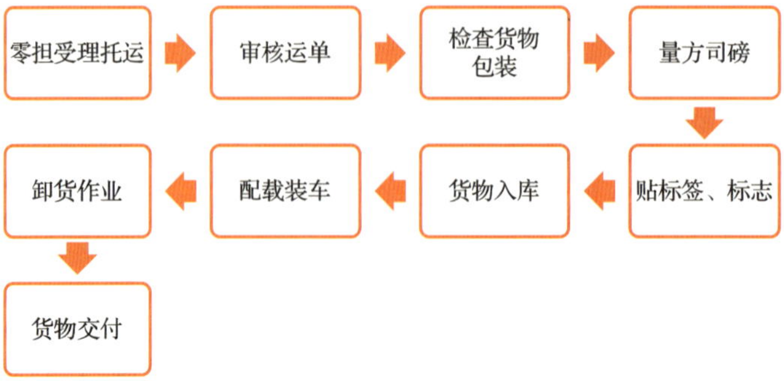

图 2-23 零担货物运输流程

（1）零担受理托运。

零担受理托运是指零担货物承运人根据公司营运线路、货物性质、运距、中转车站及受运限制等业务规则，结合有关规定，接收零担货物，办理托运手续。

小贴士：受理托运的条件

✧ 公布办理零担的线路、站点（包括联运、中转站点）、班期及里程运价。

✧ 张贴托运须知、包装要求和限运规定。

（2）审核运单。

承运人在接到托运单后应认真审核，检查各项内容是否正确，如准确无误，则在运单上签章，表示接受托运。

审核运单的具体要求如下。

① 检查核对运单的各栏有无涂改，如有涂改或不清楚的应重新填写。

② 审核到站和收货人地址是否相符，以免误运。

③ 对货物的品名和属性进行鉴别，注意区别普通零担货物、笨重零担货物和危险品。

④ 对一批货物多种包装的应认真核对，详细记载，以免错接错交。

⑤ 对托运人在声明事项栏内填写的内容应特别注意货主的要求是否符合规定、能否承担。

（3）检查货物包装。

货物包装是在运输、装卸、仓储、中转等环节保护货物质量非常重要的物质条件。货物包装的优劣，直接关系运输量和货物自身的安全，这就要求承运人严格按照零担货物运输的规定检查货物包装。如果发现应包装的货物没有包装或包装不全，则应请货主重新包装；对包装不良或无包装但不影响装卸及行车安全的，经车站同意可予受理，但是应在托运单中注明包装不良状况及损坏免责事项。

小贴士：检查货物包装“四步”曲

✧ 看：包装是否符合相关规定要求，有无破损、异常痕迹；笨重货物有无采用醒目标记标明重心点和机械装卸作业的起吊位置。

✧ 听：有无异常声音。

✧ 闻：有无异常气味。

✧ 摇：包装内的衬垫是否充实，货物在包装内是否晃动。

（4）量方司磅。

货物重量是正确装载、核算运费和发生事故后正确处理赔偿费用的重要依据。

公路货运中的货物重量分为四种：实际重量、体积重量、标定重量和计费重量。

① 实际重量：货物的实际重量就是司磅后的重量，俗称毛重。

② 体积重量：体积重量是根据货物体积来确定的，公路货运中具体折算标准是长（厘米）×宽（厘米）×高（厘米）÷3000，折算出的体积重量单位为千克。

③ 标定重量：对于特定货物所规定的统一计费标准。

④ 计费重量：计费重量就是核收运费的重量，除标定重量外，计费重量一般来源于实际重量及体积重量，选择两者之中较大者作为计费重量。

托运货物一般分为轻泡货和重货，对于轻泡货确定重量采用量方，对于重货采用司磅。

（5）贴标签、标志。

为零担货物贴标签、标志的目的是建立货物本身与其运输票据间的联系、标明货物本身性质，也是理货、装卸、中转、交付货物的重要识别凭证。

步骤如下。

① 检查每件货物是否都有货物标志。

② 运单和货物标志内容是否完全一致。

（6）货物入库。

① 货物必须经过验收才能入库。

② 仓库管理人员需检查仓库四周，不可将有碍货物安全的物品堆放在仓库四周，应保持仓库内外整洁。

③ 货物在仓库待运期间，需经常进行检视核对，以票对货，票票不漏。

（7）配载装车。

① 配载。

根据车辆核定吨位、车厢容积，以及起运货物的重量、理化性质、长度、大小和形状等，合理配载，编制货物交接清单。

整理各种随货同行单据，包括提货联、随货联、托运单、零担货物交接及运费结算清单（见表 2-3）等单证，按中转、直达分别归类。在组织中转时，应考虑发运到中转次数最少的中转站进行中转，不得任意中转，更不能迂回中转。凡中转货物一律不得分批运送。

表 2-3 公路汽车零担货物交接及运费结算清单

车属单位：　　　　编号：　　字第　　号

车号：

吨位：　　　　20　年　月　日

<table>
<tr><th colspan="3">原票记录</th><th colspan="3">中转记录</th><th rowspan="2">收货单位（或）收货人</th><th rowspan="2">品名</th><th rowspan="2">包装</th><th colspan="4">承运路程</th><th rowspan="2">备注</th></tr>
<tr><th>原票起站</th><th>到达站</th><th>里程</th><th>中转站</th><th>到达站</th><th>票号</th><th>件数</th><th>里程</th><th>计费质量</th><th>运费</th></tr>
<tr><td></td><td></td><td></td><td></td><td></td><td></td><td></td><td></td><td></td><td></td><td></td><td></td><td></td><td></td></tr>
<tr><td></td><td></td><td></td><td></td><td></td><td></td><td></td><td></td><td></td><td></td><td></td><td></td><td></td><td></td></tr>
<tr><td></td><td></td><td></td><td></td><td></td><td></td><td></td><td></td><td></td><td></td><td></td><td></td><td></td><td></td></tr>
<tr><td></td><td></td><td></td><td></td><td></td><td></td><td></td><td></td><td></td><td></td><td></td><td></td><td></td><td></td></tr>
<tr><td colspan="9">合计：</td><td colspan="5" rowspan="3">上列货物已于　月　日经点件验收及随带附件，收讫无误。
中转站：　　　到达站：
（盖章）月　日</td></tr>
<tr><td rowspan="2">附件</td><td colspan="2">零担货票</td><td colspan="2">发票</td><td colspan="4">证明</td></tr>
<tr><td></td><td></td><td></td><td></td><td></td><td></td><td></td><td></td></tr>
</table>

填发站：　　　填单人：　　　驾驶员盖章：

②装车。

货运仓库接到货物装车交接清单后，应逐批核对货物台账、货位、货物品名和到站，点清件数，检查包装标志、票签或贴票。

（8）卸货作业。

货物到站后，卸车作业人员按照规范对普通到货零担和中转零担分别进行理货、卸货作业，并根据仓库情况，将货物按流向卸货，核对无误后在交接清单上签章。

（9）货物交付。

场站管理人员应及时通知收货人提货。货物交付要按单交付，货票相符。货物交付完毕后，应在“提货单”上加盖“货物交讫”戳记。

任务执行

步骤1：确定运输种类

根据任务展示，各小组开展讨论，填写表2-4，并回答以下问题。

表2-4　货物重量表

类　别	体积重量	实际重量/毛重	计费重量
计算机显示器			
光驱			
键盘			
鼠标			

该批货物总重量为=＿＿＿＿＿＿＿＿＿＿

选择公路　□整批运输　□零担运输　□其他＿＿＿＿＿＿＿＿＿＿

步骤2：描述货物托运流程

根据任务展示，各小组开展讨论，填写货物运输流程：

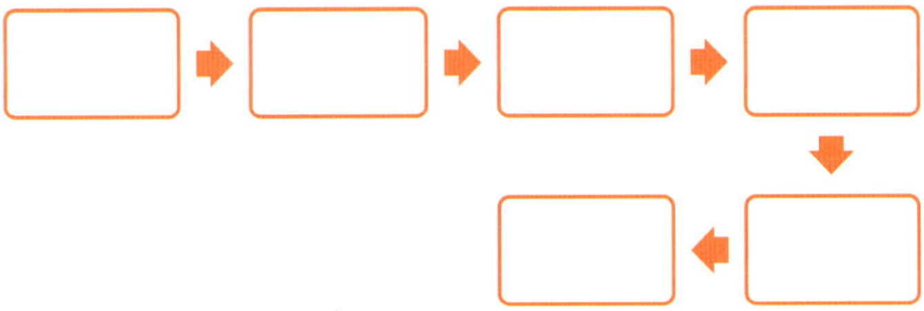

图2-24　货物运输流程

步骤 3："比一比"

各小组委派一名代表上台，比一比哪个小组代表最快将步骤二的流程默写出来。

任务评价

在完成上述任务后，教师组织学生共同进行三方评价，并对任务实施过程进行点评，由教师指出各小组任务实施过程中的优点和缺点。学生完成表 2-5 任务评价表的填写。

表 2-5 任务评价表

组别			组员			
任务名称		受理公路运输业务				
考核内容		评价标准	参考分值	考核得分		
				自评	互评	教师评
职业素养	1	良好的沟通能力	5			
	2	良好的团队合作精神	5			
	3	良好的专业行为规范	5			
知识素养	1	掌握公路货运种类及分类方法	15			
	2	分清公路货运中的各种重量	10			
	3	学会体积重量的计算方式	10			
	4	了解公路受理托运的条件	10			
职业技能	1	学会根据货物性质和托运要求确定货物种类	10			
	2	掌握公路整批货运流程	15			
	3	掌握公路零担货运流程	15			
小计			100			
合计 = 自评 20%+ 互评 30%+ 教师 50%				组长签字		

任务三 缮制公路运输单证

任务展示

某公司广州天河客运站营业部接到客户张先生（电话 020-×××5678，广州市天河区天河路 598 号百脑汇科技大厦一层，邮编 510000）的托运要求，要求将一批配件在三天内运送到汕头大学（收件人马老师，电话 0754-××××3821，广东省汕头市金平区大学路 243 号，邮编 515000）。货物具体信息如下。

（1）计算机显示器：纸箱包装，体积为 50 厘米 × 40 厘米 × 20 厘米，每箱毛重 10 千克，共计 200 箱。

（2）光驱：纸箱包装，体积为 50 厘米 × 40 厘米 × 40 厘米，每箱毛重 20 千克，共计 100 箱。

（3）键盘：纸箱包装，体积为 40 厘米 × 20 厘米 × 20 厘米，每箱毛重 5 千克，共计 80 箱。

（4）鼠标：纸箱包装，体积为 30 厘米 × 30 厘米 × 20 厘米，每箱毛重 5 千克，共计 50 箱。

请各小组完成如下任务：

（1）分析张先生在该任务中的角色。

（2）请根据任务展示填写相关公路货物单证。

任务准备

任务准备 1：公路运输的当事人

公路运输过程的当事人可以有很多，主要有托运人、承运人、收货人和站场管理者等。

1. 托运人

托运人是指在货物运输合同中，将货物托付给承运人，按照合同约定的时间运送到指定地点，向承运人支付相应报酬的单位或个人。

2. 承运人

承运人是指使用运输工具从事货物运输并与托运人签订货物运输合同的经营者。

3. 收货人

收货人是指按照货物运输合同规定，托运人指定提取货物的单位或个人。

4. 站场管理者

站场管理者是指以场地设施为依托，为社会提供有偿服务的，具有仓储、理货、装卸、配载、信息服务等功能的零担货运站、综合货运站、集装箱中转站、物流中心等场所的经营者。

任务准备 2：公路货物运单

公路货物运单是公路运输及运输代理的合同凭证，是运输经营者接收货物并在运输期间负责保管和据以交付的凭据，也是记录车辆运行和行业统计的原始凭证。

不同的公司使用的公路货物运单不同。现以 ×× 公司道路货物运单为例进行介绍。公路货物运单分为甲、乙、丙三种，可分别参考广东省省内道路货物运单，如表 2-6 至表 2-8 所示。甲种货物运单适用于普通、大件及危险货物运输；乙种货物运单适用于集装箱汽车运输；丙种货物运单适用于汽车零担货物运输。

承运人和托运人要按道路货物运单内容逐项如实填写，不得简化、涂改。承运人或运输代理人接收货物后应签发道路货物运单，道路货物运单经承托双方签章后有效。

任务准备 3：运单流转过程

1. 甲种、乙种

甲种、乙种道路货物运单，第一联存根，作为领购新运单和行业统计的凭据；第二联托运人存查联，交托运人存查，并作为运输合同由当事人一方保存；第三联承运人存查联，交承运人存查并作为运输合同由当事人另一方保存；第四联随货同行联，作为载货通行和核算运杂费的凭证，货物运达、经收货人签收后，作为交付货物的依据。

2. 丙种

丙种道路货物运单，第一联存根，作为领购新运单和行业统计的凭证；第二联托运人存查联，交承运人存查并作为运输合同由当事人一方保存；第三联提货联，由托运人邮寄给收货人，收货人凭此联提货，也可由托运人委托运输代理人通知收货人或直接送货上门，收货人在提货联收货人签章处签字盖章，收、提货后由到达站收回；第四联运输代理人存查联，交运输代理人存查并作为运输合同由当事人另一方保存；第五联随货同行联，作为载货通行和核算运杂费的凭证，货物运达、经货运站签收后，作为交付货物的依据。

任务执行

步骤 1：确定张先生的角色

根据任务展示，各小组开展讨论，回答以下问题并勾选张先生的角色：

托运人	
承运人	
收货人	

因此得出，张先生是 □托运人 □承运人 □收货人。

表 2-6 ××× 公司道路货物运单（甲种）

××× 公司道路货物运单

（广东省省内道路货物运单——甲种：适用普通、大件及危险货物运输）

本运单经承托双方签章后具有合同效力，承运人、托运人和收货人之间的权利义务和责任界限，适用于《汽车货物运输规则》及《汽车运价规则》等规定。

起运日期： 年 月 日

编号：

承运人		地址 邮编		电话 传真		车牌号		运输 证号		车型		挂车 牌号	
托运人		地址 邮编		电话 传真		装货 地点							
收货人		地址 邮编		电话 传真		卸货 地点							

货物名称及规格	包装形式	体积 长（厘米）×宽（厘米）×高（厘米）	件数	实际重量（吨）	计费重量（吨）	计费里程（公里）	货运周转量（吨公里）	货物等级	运价率	运费金额	其他杂费 费目	其他杂费 金额	保价、保险 金额	保价、保险 费
											装卸费			
											过路费			
											过桥费			
合计														

货物运单 签定地		结算 方式		付款币种 / 计价单位		运杂费合计	万 千 百 拾 元 角 分

特约 事项		托运人签章或运输合同编号： 年 月 日	承运人签章： 年 月 日	收货人签章： 年 月 日

第一联 存根

表 2-7　××× 公司道路货物运单（乙种）

××× 公司道路货物运单

（广东省省内道路货物运单——乙种：适用集装箱汽车运输）

> 本运单经承托双方签章后具有合同效力，承运人、托运人和收货人之间的权利义务和责任界限，适用于《集装箱汽车运输规则》及《集装箱汽车运价规则》等规定。

起运日期：　　年　月　日　　　　　　　　编号：

承运人		地址 邮编		电话 传真		车牌号		运输 证号		车型		挂车 牌号	
托运人		地址 邮编		电话 传真		接箱货地点							
收货人		地址 邮编		电话 传真		卸箱货地点							

集装箱箱型及数量		箱号		封志号		船　名	航　次	场站货位	卸船或进港日期	提空箱地	还空箱地	箱货交接方式

箱内货物名称及规格	包装形式	体积 长（厘米）×宽（厘米）×高（厘米）	件数	实际重量（吨）	计费重量（吨）	计费里程（公里）	箱运周转量（吨公里）	货物等级	运价率	运费金额	其他杂费		保价、保险	
											费目	金额	金额	费
											装卸费			
											过路费			
											过桥费			
合　计														

货物运单签定地		结算方式		付款币种 / 计价单位		运杂费合计	万　千　百　拾　元　角　分
特约事项		托运人签章或运输合同编号： 年　月　日		承运人签章： 月　日		收货人签章： 年　月　日	

第一联　存根

表 2-8 ××× 公司道路货物运单（丙种）

××× 公司道路货物运单

（广东省省内道路货物运单——丙种：适用汽车零担货物运输）

本运单经承托双方签章后具有合同效力，承运人、托运人和收货人之间的权利义务和责任界限适用于《汽车货物运输规则》及《汽车运价规则》等规定。

起运日期：　　年　月　日　　　　编号：

起运站：			到达站：					经由：				全程		公里	
托运人				地 址					电 话		邮 编				
收货人				地 址					电 话		邮 编				
货物名称及规格	包装形式	体积 长（厘米）×宽（厘米）×高（厘米）	件数	实际重量（吨）	计费重量（吨）	计费里程（吨）	运价率（元/千克公里）	运费（元）	站务费（元）	装车费（元）	中转费（元）	仓理费（元）	路桥费（元）	保险、保价费（元）	货位
保险、保价价格：　元		合 计													
货物运单签定地				起运日期：　年　月　日				运杂费合计		万　千　百　拾　元　角　分					
特约事项			承运人签章： 年　月　日				托运人签章： 年　月　日				货运站收货人签章： 年　月　日				

第一联 存根

步骤 2：填写运单

根据任务展示背景，本次公路运输业务为整车运输，因此需要填写表 2-6《×××公司道路货物运单（甲种）》，请完成单据的填制。

步骤 3：上交运单，组间互评

各小组委派一名代表将本任务核算出的费用进行分享。

任务评价

在完成上述任务后，教师组织学生共同进行三方评价，并对任务实施过程进行点评，由教师指出各小组任务实施过程中的优点和缺点。学生完成表 2-9 任务评价表的填写。

表 2-9　任务评价表

组　别			组　员			
任务名称		缮制公路运输单证				
考核内容		评价标准	参考分值	考核得分		
				自　评	互　评	教师评
职业素养	1	良好的沟通能力	5			
	2	良好的团队合作精神	5			
	3	良好的专业行为规范	5			
知识素养	1	了解公路运输的发运方式	10			
	2	掌握公路运输中的各种角色	10			
	3	掌握公路运输单据缮制	25			
职业技能	1	正确判断公路运输的发运方式	10			
	2	正确判断公路运输中的各种角色	10			
	3	正确缮制公路运输单证	20			
小　计			100			
合计 = 自评 20%+ 互评 30%+ 教师 50%				组长签字		

任务四 核算公路运输运费

任务展示

某公司广州天河客运站营业部接到客户张先生的托运要求，要求将一批计算机配件在三天内运送到汕头大学。货物具体如下：

（1）计算机显示器：纸箱包装，体积为 50 厘米 × 40 厘米 × 20 厘米，每箱毛重 10 千克，共计 200 箱。

（2）光驱：纸箱包装，体积为 50 厘米 × 40 厘米 × 40 厘米，每箱毛重 20 千克，共计 100 箱。

（3）键盘：纸箱包装，体积为 40 厘米 × 20 厘米 × 20 厘米，每箱毛重 5 千克，共计 80 箱。

（4）鼠标：纸箱包装，体积为 30 厘米 × 30 厘米 × 20 厘米，每箱毛重 5 千克，共计 50 箱。

已知该批运输里程为 400 千米，吨次费为 10 元，收取杂费 50 元。

请各小组核算该批货物的费用。

任务准备

任务准备 1：计费重量

在公路货物运输中，通常可以根据积载因数（积载因数：各种货物每吨在货船中正常堆积时所占的空间）把货物分为重货和轻货两种。如果积载因数每吨小于或等于 3 立方米，那么该货物就为重货，按照货物毛重（实际重量）核收运费；如果积载因数每吨大于 3 立方米，那么该货物就为轻货（有时也叫泡货或轻泡货），则按照体积折算成计费重量核收运费，折算公式是：

体积重量（千克）= 长（厘米）× 宽（厘米）× 高（厘米）÷3000（厘米^3/ 千克）

一般情况下，将货物的毛重（实际重量）与体积重量进行对比，选择数值大的结果作为计费重量，这种做法也叫“择大计收”原则。

【案例】以下有 A、B 两种货物。A：实际重量 200 千克，长、宽、高分别为 50 厘米、40 厘米、60 厘米。B：实际重量 100 千克，长、宽、高分别为 80 厘米、60 厘米、80 厘米。

解答如下。

货物 A：

实际重量 W=200 千克

体积重量 M=50 厘米 × 40 厘米 × 60 厘米 ÷3000（厘米^3/ 千克）=40 千克

因为实际重量比体积重量大，所以，选择实际重量 200 千克作为货物 A 的计费重量。

货物 B：

实际重量 W=100 千克

体积重量 M=80 厘米 × 60 厘米 × 80 厘米 ÷3000（厘米^3/ 千克）=128 千克

因为体积重量比实际重量大，所以选择体积重量 128 千克作为货物 B 的计费重量。

任务准备 2：公路运费计算公式

（1）零担发运公式如下。

运费 = 零担货物运价 × 计费重量 × 计费里程 + 其他费用

（2）整批发运公式如下。

运费 = 吨次费 × 计费重量 + 整批货物运价 × 计费重量 × 计费里程 + 其他费用

（3）集装箱运费公式如下。

运费 = 箱次费 × 计费箱数 + 集装箱运价 × 计费箱数 × 计费里程 + 其他费用

（4）包车运费公式如下。

运费 = 包车运价 × 车辆吨位 × 计费时间 + 其他费用

任务准备 3：计算步骤

公路运费计算步骤如图 2-25 所示。

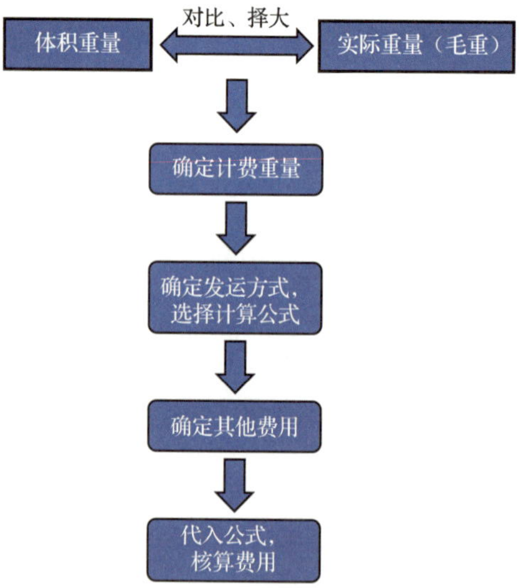

图 2-25　公路运费计算步骤

任务执行

步骤 1：确定计费重量

根据任务展示，各小组开展讨论，填写如表 2-10 所示货物重量表。

表 2-10 货物重量表

类 别	体积重量	实际重量 / 毛重	计费重量
计算机显示器			
光驱			
键盘			
鼠标			

根据上表，汇总该批货物总计费重量为____________________

小贴士:

体积重量（千克）= 长（厘米）× 宽（厘米）× 高（厘米）÷ 3000（厘米^3/ 千克）

按公式计算出来的体积重量单位为千克。

步骤 2：确定发运方式，选择计算公式

根据上述计算得出的计费重量，确定该批货物运输发运方式为____________________
计算公式为 ____

步骤 3：确定其他费用

货物运输的其他费用主要包括燃油费、过桥费、轮胎费、调车费等，按照运输惯例，一般按其在运输过程中实际发生的费用计算。

本任务中，其他费用为 ______________

步骤 4：代入公式，核算费用

请各小组成员根据上述步骤提示，将所得数据代入公式，核算费用。

运费 =______________

步骤 5：各小组委派代表上台分享

各小组委派一名代表将本任务核算出的费用进行分享。

任务评价

在完成上述任务后，教师组织学生共同进行三方评价，并对任务实施过程进行点评，由教师指出各小组任务实施过程中的优点和缺点。学生完成表 2-11 任务评价表的填写。

表 2–11　任务评价表

组　别			组　员			
任务名称		核算公路运输运费				
考核内容		评价标准	参考分值	考核得分		
				自　评	互　评	教师评
职业素养	1	良好的沟通能力	5			
	2	良好的团队合作精神	5			
	3	良好的专业行为规范	5			
知识素养	1	了解公路运输发运方式	10			
	2	掌握体积重量计算公式	10			
	3	掌握公路货物运输计费重量核收标准	10			
	4	掌握公路货物运输运费计算	15			
职业技能	1	正确判断公路运输发运方式	10			
	2	正确核算体积重量	10			
	3	正确确定公路货物运输计费重量	10			
	4	正确核算公路货物运输运费	10			
小　计			100			
合计 = 自评 20%+ 互评 30%+ 教师 50%			组长签字			

项目三

铁路运输操作

铁路运输作为五种运输方式之一，在货物运输领域有着极其重要的地位。通过本项目学习，应掌握铁路运输发运方式，学会根据货物种类选择货运车辆，了解不同发运方式下的作业流程及作业要求，掌握铁路运输单据填写的要求，正确缮制铁路运输单证，掌握不同发运方式下铁路运费的核算。

任务一　认识铁路运输

任务展示

某公司广州营业部接到客户刘女士的托运要求，要求将一件货物从广州站经铁路运输运到石家庄站（运价里程为 2012 千米），要求在 15 天内运到。该件货物重 1000 千克，体积 3.5 立方米，运输过程中要求避免雨淋。经始发站（广州站）确认该件货物不影响中转站和到站的卸车作业。

请各小组完成以下任务。

（1）确定该件货物应选择何种铁路发运方式。

（2）确定该件货物应选择何种运输车辆完成运输任务。

（3）计算运到的时间，并确认能否实现刘女士的托运要求。

任务准备

任务准备 1：铁路运输发运方式

1. 整车运输

（1）一批货物按照它的重量或体积需要单独使用 30 吨以上的一辆或超过一辆的货车装运，或者虽然不能装满一辆车，但是由于货物的性质、形状或运送条件等原因，必须单独使用一辆货车装运时，都应该以整车的方式运输。整车运输以每车货物为一批货物。

（2）应按整车运输的情况。

① 需要冷藏或加温运输的货物。

② 规定按整车运输的危险货物。

③ 易于污染其他货物的物品。

④ 蜜蜂。

⑤ 不易计算件数的货物。

⑥ 未装入容器的活动物（铁路局规定按零担运输的除外）。

⑦ 一件货物重量超过 2 吨、体积超过 3 立方米或长度超过 9 米的货物（经始发站确认不致影响中转站和到站卸车作业的除外）。

2. 零担运输

（1）如果货物按照它的性质、形状、运送条件不需要单独使用一辆货车运输，可以与其他几批货物拼装一辆货车运送时，需按零担的方式运输。零担运输以每张运单为一批货物。

（2）零担运输的条件。

① 单件货物的体积最小不得小于 0.02 立方米（单件货物的重量在 10 千克以上的除外）。

② 每批货物的件数不得少于 300 件。

3. 集装箱运输

（1）铁路货物运输中，符合集装箱运输条件的可用集装箱的方式运输。

（2）集装箱货物运输的基本条件。

① 每批必须是同一箱型，使用不同箱型的货物不得按一批托运。

② 每批至少一箱，最多不得超过铁路一辆货车所能装运的箱数。

③ 货物重量由托运人确定。

④ 铁路按箱承运，不查点箱内货物。

（3）不能办理集装箱托运的货物。

① 易损坏、污染箱体的货物。

② 鲜活货物。

③ 危险货物。

任务准备 2：铁路运输车辆

1. 通用货车

（1）敞车：具有端壁、侧壁而无车顶的货车（如图 3-1、图 3-2 所示），基本型号为 C，主要供运送煤炭、矿石、矿建物资、木材、钢材等大宗货物使用，也可用来运送重量不大的机械设备。

图 3-1　敞车（1）

图 3-2　敞车（2）

（2）棚车：有侧壁、端壁、地板和车顶，在侧壁上有门和窗的货车（如图 3-3、图 3-4 所示），基本型号为 P，用于运送怕日晒、雨淋、雪侵的货物，包括各种粮谷、日用工业品及贵重仪器设备等。

图 3-3　棚车（1）

图 3-4　棚车（2）

（3）平车：只有地板而没有侧壁、端壁和车顶的货车（如图 3-5、图 3-6 所示），基本型号为 N，用于装运原木、钢材、建筑材料等长型货物和集装箱、机械设备等。

图 3-5　平车（1）

图 3-6　平车（2）

（4）罐车：车体呈罐形的车辆（如图 3-7、图 3-8 所示），基本型号为 G，用来装运各种液体、液化气体和粉末状货物等。

图 3-7　罐车（1）

图 3-8　罐车（2）

（5）保温车：也称冷藏车，车体装有隔热材料，车内设有冷却、加温等装置，具有制冷、保温和加温三种性能（如图 3-9、图 3-10 所示），基本型号为 B，主要装运鱼、肉、鲜果和蔬菜等易腐货物。

图 3-9　保温车（1）

图 3-10　保温车（2）

2. 专用货车

（1）专用平车：包括运送集装箱与小汽车的平车（如图 3-11、图 3-12 所示），基本型号为 X、SQ。

图 3-11　专用平车（1）

图 3-12　专用平车（2）

（2）漏斗车：漏斗车是由棚车派生出来的一种专用货车，用于装运散装粮谷、化肥、水泥、化工原料等怕湿散粒货物。车体下部设有漏斗，侧壁垂直，没有门窗，端壁下部向内倾斜，车顶有装货口，货口上有可以锁闭的盖子，漏斗底门可以用人力或机械开闭。打开底门，货物靠自身重力自动卸出（如图 3-13、图 3-14 所示）。

图 3-13　漏斗车（1）

图 3-14　漏斗车（2）

（3）家畜车：用于装运家畜或家禽的车辆，结构与普通棚车类似，但侧壁、端壁由固定和活动栅格组成，可以调节开口改变通风。车内分 2 ～ 3 层，并有押运人员休息和放置用具、饲料的小间，以及相互连通的水箱（如图 3-15 所示）。

图 3-15　家畜车

任务准备 3：货物运到期限

铁路货物运输，应在规定的运到期限内运到站。货物运到期限从承运人承运货物的次日起，按以下规定进行计算。

（1）货物发送期间（$T_{发}$）：为 1 日。

（2）货物运输期间（$T_{运}$）：每 250 运价千米或其未满为 1 日；按快运办理的整车货物每 500 运价千米或其未满为 1 日。

（3）特殊作业时间（$T_{特}$）如下。

① 需要中途加冰的货物，加冰一次，另加 1 日。

② 运价里程超过 250 千米的零担货物和 1 吨、5 吨型集装箱货物，另加 2 日；超过 1000 千米的加 3 日。

③ 一件货物重量超过 2 吨、体积超过 3 立方米或长度超过 9 米的零担货物及危险货物另加 2 日。

④ 准、米轨间直通运输的整车货物，另加 1 日。

货物实际运到日数的计算：起算时间从承运人承运货物的次日（指定装车日期的，为指定装车日期的次日）起算。终止时间，到站由承运人组织卸车的货物，以到卸车结束时止；由收货人组织卸车的货物，以到货车调到卸车地点或货物交接地点时止。货物运到期限起码天数为 3 天。

小贴士：

（1）两条钢轨之间的距离是 1000 毫米的铁路为米轨铁路。

（2）两条钢轨之间的距离是 1435 毫米的铁路为准轨铁。

（3）两条钢轨之间的距离大于 1435 毫米的铁路为宽轨铁路。

任务执行

步骤 1：确定铁路运输发运方式

根据任务展示，各小组开展讨论，填写如表 3-1 所示货物情况及发运方式。

表 3-1　货物情况及发运方式

货物数量	
重　　量	
体　　积	
对货物描述	
选择发运方式	□整车运输　　□零担车运输　　□集装箱运输

步骤 2：选择运输车辆

根据任务展示，各小组分析该件货物的特点，选择以何种铁路货车运输____________

步骤 3：计算运到期限

货物运到期限 T 由三部分组成，分别是货物发送期间 $T_{\text{发}}$、货物运输期间 $T_{\text{运}}$和特殊作业时间 $T_{\text{特}}$，即 $T=T_{\text{发}}+T_{\text{运}}+T_{\text{特}}$。

【案例】北京广安门站承运到河北石家庄站零担货物一件，重 2300 千克，计算运到期限。已知运价里程为 274 千米。

解：$T_{\text{发}}=1$ 天；

运价里程 274/250=1.096，取整，$T_{\text{运}}=2$ 天；

运价里程超过 250 千米的零担货物另加 2 天，一件货物重量超过 2 吨的零担货物另加 2 天，所以 $T_{\text{特}}=2+2=4$（天）。

这批货物的运到期限为：

$T=T_{\text{发}}+T_{\text{运}}+T_{\text{特}}=1+2+4=7$（天）

请各小组成员分析本次任务，按步骤回答问题，计算出运到期限：

解：该件货物托运类型为 ____________

$T_{\text{发}}=$

$T_{\text{运}}=$

$T_{\text{特}}=$

所以 $T=$

刘女士的托运要求 □能 / □不能 实现。

步骤 4：各小组委派代表上台分享

各小组委派一名代表将本组完成结果向全班同学展示。

任务评价

在完成上述任务后，教师组织学生共同进行三方评价，并对任务实施过程进行点评，由教师指出各小组任务实施过程中的优点和缺点。学生完成表 3-2 任务评价表的填写。

表 3-2 任务评价表

<table>
<tr><td colspan="2">组　别</td><td></td><td>组　员</td><td colspan="3"></td></tr>
<tr><td colspan="2">任务名称</td><td colspan="5">认识铁路运输</td></tr>
<tr><td colspan="2" rowspan="2">考核内容</td><td rowspan="2">评价标准</td><td rowspan="2">参考分值</td><td colspan="3">考核得分</td></tr>
<tr><td>自　评</td><td>互　评</td><td>教师评</td></tr>
<tr><td rowspan="3">职业素养</td><td>1</td><td>良好的沟通能力</td><td>5</td><td></td><td></td><td></td></tr>
<tr><td>2</td><td>良好的团队合作精神</td><td>5</td><td></td><td></td><td></td></tr>
<tr><td>3</td><td>良好的专业行为规范</td><td>5</td><td></td><td></td><td></td></tr>
<tr><td rowspan="3">知识素养</td><td>1</td><td>认识铁路运输发运方式</td><td>15</td><td></td><td></td><td></td></tr>
<tr><td>2</td><td>认识铁路运输货物的运输车辆</td><td>10</td><td></td><td></td><td></td></tr>
<tr><td>3</td><td>掌握铁路运到期限的计算方法</td><td>20</td><td></td><td></td><td></td></tr>
<tr><td rowspan="3">职业技能</td><td>1</td><td>正确选择铁路运输的发运方式</td><td>10</td><td></td><td></td><td></td></tr>
<tr><td>2</td><td>根据货物性质正确选择运输车辆</td><td>10</td><td></td><td></td><td></td></tr>
<tr><td>3</td><td>运到期限计算正确无误</td><td>20</td><td></td><td></td><td></td></tr>
<tr><td colspan="3">小　计</td><td>100</td><td></td><td></td><td></td></tr>
<tr><td colspan="3">合计 = 自评 20%+ 互评 30%+ 教师 50%</td><td></td><td colspan="2">组长签字</td><td></td></tr>
</table>

任务二　受理铁路运输业务

任务展示

某公司广州营业部接到客户刘女士的托运要求，要求将一件货物从广州站经铁路运输运到石家庄站，要求在 15 天内运到。该件货物重 1000 千克，体积 3.5 立方米，运输过程中要求避免雨淋。经始发站（广州站）确认该件货物不影响中转站和到站卸车作业。

请各小组完成如下任务。

（1）描述该件货物从始发站到收货人手中的流程。

（2）确认收货人领取货物需要带什么资料，如果收货人未能及时领取货物，则确认到站可以免费保管的时间。

（3）描述铁路集装箱货物运输流程。

任务准备

任务准备 1：铁路整车货运流程

铁路整车货运流程如图 3-16 所示。

图 3-16　铁路整车货运流程

1. 发送作业

货物在发站所进行的各项货运作业，统称货物的发送作业。

（1）托运。

托运人向承运人提出货物运输要求，并向承运人交付货物的过程称为货物的托运。

托运人向车站按批提出货物运单一份。使用机械冷藏车运输的货物，同一到站、同一收货人可以数批合提一份运单。整车分卸货物时，除提出一份基本货物运单外，每一个分卸站应另增加两份分卸货物运单（分卸站、收货人各执一份），以作为分卸站卸车作业和交付货物的凭证。

（2）受理。

车站对托运人提出的货物运单，经审查符合运输要求的，在货物运单上签订货物搬入或装车日期后，即为受理。

（3）进货、验收与保管。

进货：托运人凭车站签证后的货物运单，按指定日期将货物搬入货场指定位置即为进货。

验收：货场工作人员和线路货运员对搬入货场的货物进行有关事项的检查核对，确认符合运输要求，并同意货物进入货场或仓库指定货位的过程称为验收。

保管：托运人将货物搬入车站，验收完毕后，一般不能立即装车，需在货场内存放的过程称为保管，整车货物可根据协议进行保管。

（4）确定托运货物的件数和重量。

整车货物原则上按件数和重量承运，但有些非成件货物或一批货物件数过多而且规格不同，在货运作业中，点件费时费力，只能按重量承运，不计件数。

整车货物的重量由托运人确定，承运人应进行抽查，抽查后承运人确定的重量超过托运人给出的重量（扣除国家规定的衡器公差）时，应向托运人或收货人核收过秤费。

（5）装车作业。

监装货运员在装车前一定要认真做好“三检”工作：检查货物运单、检查待装货物、检查货车。

货物的装车，应做到安全、迅速，遵守装载加固技术条件，这是对装车作业的基本要求。

（6）货车施封和篷布苫盖。

货车施封：使用棚车、冷藏车、罐车的货物都应施封，但派有押运人的货物、需要通风运输的货物和组织装车单位认为无须施封的货物可以不施封。原则上由组织装车单位在车上施封。

篷布苫盖：使用平车、敞车装运易燃、怕湿和堆码（装载堆码要成屋脊形）货物时要使用篷布，使用篷布时要苫盖严密、捆绑牢固。

（7）填写运输票据。

货车施封后，货运员应将车种、车号、货车标重、使用篷布张数、施封个数记入货物运单内。

（8）承运。

整车货物装车完毕核收运费后，发站在货物运单上加盖车站承运日期戳时起，即为承运。

2. 途中作业

货物的途中作业包括货运交接检查、特殊作业及异常情况的处理。

（1）货运交接检查是途中必须进行的正常作业。

（2）特殊作业包括整车分卸货物在分卸站分卸作业，如加冰冷藏车加冰加盐作业、活动物途中上水、托运人或收货人提出的货物运输变更的处理等。

（3）异常情况的处理是指货车运行中出现有碍运输安全或货物完整情况时须做出的处理，如货车装载偏重、超载或货物装载移位须进行的换装或整理，以及对运输阻碍的处理。

3. 到达作业

（1）重车到达与票据交接。

列车到达后，到站车站应派人接收重车。交接重车时，应详细进行票据与现车的核对，对现车的装载状态进行检查，并办理重车及货运票据的交接签证。

（2）卸车作业。

① 卸车前检查。

检查货位：主要检查货位能否容纳待卸的货物，货位的清洁状态，相邻货位上的货物与卸下货物性质有无抵触。

检查运输票据：主要检查票据记载的到站与货物实际到站是否相符，了解待卸货物的情况。

检查现车：主要检查车辆状态是否良好，货物装载有无异状，施封是否良好，现车与运输票据是否相符。

② 监卸工作。

卸车作业开始之前，监装卸货员应向卸车工组详细传达卸车要求和注意事项。卸车时，监装卸货员应对施封的货车亲自拆封，并会同装卸工一起开启车门或取下篷布，要逐批核对货物、清点件数，应合理使用货位，按标准进行码放，对于事故货物则应编制货运记录。此外，应注意作业安全，加快卸车进度，加速货车周转。

③ 卸车后检查。

卸车后应检查运输票据、货物和卸后空车。

④ 清扫、洗刷和除污。

货车卸空后，负责卸车的单位应将货车清扫干净，关闭好车门、车窗、端侧板、盖、阀。下列情况的货车卸空后除清扫干净外，还要负责洗刷、除垢，并向收货人核收费用。

➢ 装过活动物、鲜鱼的车辆，以及易腐货物污染的冷藏车。

➢《道路危险货物运输管理规定》规定必须洗刷除垢的货车。例如，装过剧毒品的货车、受到危险货物污染的货车、有刺激性异臭味的货车都必须进行洗刷除垢。

➢ 装过污秽品的货车也必须进行洗刷除垢。

（3）货物到达通知。

货物到达后，承运人应及时向收货人发出催领通知。由铁路组织卸车的货物，发出催领通知的时间应不迟于卸车结束的次日。

免费保管期间规定：由承运人组织卸车的货物应于承运人发出催领通知的次日起算；不能实行催领通知或会同收货人卸车的从卸车次日起算；若 2 日内将货物搬出，则不收取保管费。

（4）交付工作。

① 票据交付。

收货人要求领取货物时，须向铁路提供领货凭证或有效证明文件，经与货运单票据核对后，由收货人在货票上盖章或签字，付清一切费用，在运单和货票上加盖交付日期戳。

② 现货交付

交付货运员凭收货人提出的货物运单向收货人交付货物，然后在货物运单上加盖“货物交讫”戳记，并记明交付完毕的时间，将运单交还收货人，凭此运单将货物搬出货场。

（5）货物搬出。

收货人持有加盖“货物交讫”的运单将货物搬出货场，工作人员对搬出的货物应认真检查品名、件数、交付日期与运单记载是否相符，经确认无误后放行。

任务准备 2：铁路零担货运流程

铁路零担货运的作业程序主要分为发送作业和到达作业两个环节。

1. 发送作业

货物在始发站所进行的各项货运作业，统称货物的发送作业。发送作业是指铁路货物运输作业的开始阶段。货物的发送作业一般包括货物的托运、受理、进货与验货、核算制票及承运、装车作业等，如图 3-17 所示。

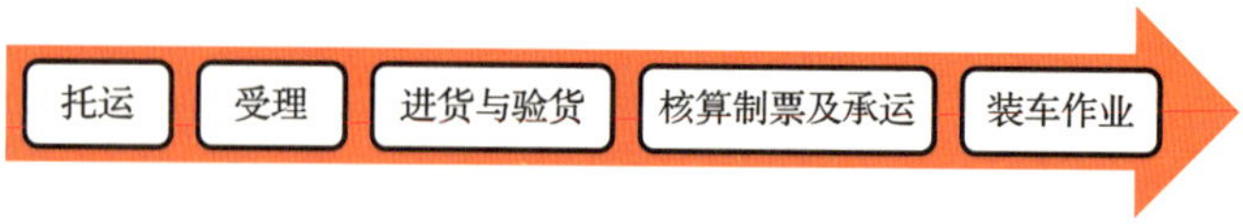

图 3-17 铁路零担货运的发送作业流程

（1）托运。

托运人在托运货物时，应按车站公布的规定日期办理货物的托运手续，且每份货物运单按批提供。

因按一批托运的零担货物品名过多而不能在运单内逐一填记时，或者按零担托运的搬家货物和按零担托运的货物在统一包装内有两种以上货物时，应提出物品清单一式三份，一份由发站存查，一份随同运输票据递交到站，一份退还托运人。

（2）受理。

车站在受理托运人提出的货物运单时，应检查运单填记是否符合《货物运单和货票填记管理办法》规定，除检查货物运单和领货凭证的相同栏填记是否一致外，还应重点审核下列内容：①货物到站是否为零担货物办理站；②托运单货物重量是否符合到站的起重能力；③品名是否具体，是否符合零担货物按一批办理的条件，有无政令限制，附有装载清单的要检查物品清单是否具体详细；④对需附凭证运输的货物，检查证明文件是否有效，是否在货物运单托运人记载事项栏内注明。

（3）进货与验货。

托运人应按承运人指定的进货日期，凭车站签证后的货物运单将货物送入货场指定位置。主要包括如下验货内容。

① 复查货物运单：货运员应认真检查货物运单有无车站受理章、指定进站日期和库区等有关戳记，将货物运单的记载内容与进站计划核对。

② 检查货物：应按照货物运单记载的货物品名、件数与现货进行核对，并按规定开包检查；对附有物品清单的，应按物品清单记载的货物编号、名称与现货核对。

③ 确定货物重量：铁路按件数和重量承运零担货物；零担货物的重量原则上由承运人确定，并核收过秤费；但对有标准重量、标记重量和过秤清单的货物，以及一件重量超过车站衡器最大称量的货物，则由托运人确定重量；承运人确定重量时，如托运人在运单内分项填记品名和重量的，应分项检查。货物重量确定后，应填记在运单承运人确定重量栏内。

（4）核算制票及承运。

进货验收后，货运员应将货运单等相关费用的票据交给核算员，核算员按规定制票，核收运输费用后，在货物运单、领货凭证上加盖车站承运日期戳，并将领货凭证交托运人。零担货物运输与整车货物运输的区别在于装车前是否加盖承运日期戳。

（5）装车作业。

装车作业是铁路运输工作的一个重要环节。装车质量直接影响货物安全、货物运送速度、车辆周转时间及列车运行安全。零担货物的装车作业由承运人负责组织。

2. 到达作业

到达作业一般包括接收票据与重车、卸车作业、卸车后作业、货物的保管与到货通知、交付作业等环节（如图 3-18 所示）。

图 3-18　铁路零担货运的到达作业流程

（1）接收票据与重车。

列车到达后，车站应派人接收票据与重车；接车前，工作人员应认真检查到达票据和装载清单记载的项目，制订卸车计划并安排卸车货位；报告货物情况，接收送车通知；检查货物与线路间的安全距离；接车时，及时联系调车组对准库门和货位以便卸车。

（2）卸车作业。

卸车前，要认真检查票据记载是否与现货相符，检查车体的门窗、施封状态是否有效；发现问题，应及时与有关人员联系，必要时应编写记录。

卸车时，监装卸货员应全程监卸，认真组织装卸工组卸车，逐批检查清点核对，并在相关票据上注明货物存放的货位号。卸车过程中，如发现票货不符、货物包装破损等，应按规定处理。卸车完毕后，及时向货调部报告卸车结束的时间。

（3）卸车后作业。

卸车完成后，货运员应认真检查车内货物是否全部卸车完毕；认真核对货区卸下的货物与票据；核对无误后，整理到达票据，并填记相关票据后，向有关人员办理交接。

（4）货物的保管与到货通知。

零担货物卸车后，车站应在不迟于卸车结束的次日，向收货人发出催领通知；收货人在收到催领通知后，应及时到车站领取货物。

对承运后的零担货物及收货人未领取的到达货物，车站免费保管 2 天，超过期限核收货物暂存费。

（5）交付作业。

收货人在办理领取手续时，车站应认真审查领货凭证及相关证明文件。确认收货人无误后，清算运输费用，在货物运单上加盖戳记并交给收货人。收货人持运单到货区领取货物，货区管理员将货物点交给收货人后，在货物运单上加盖交讫戳记。收货人凭加盖交讫戳记的运单将货物搬出货场。

任务准备 3：铁路集装箱货运流程

集装箱运输是我国铁路运输的种类之一。集装箱运输以其安全、便捷、快速、“门到门”的优点得到普遍欢迎，它必将成为我国铁路货物运输的发展方向。

集装箱货物作业程序是铁路集装箱作业应遵循的作业程序，包括发送作业、途中作业和到达作业三个环节。下面主要讲解集装箱的发送作业和到达作业（如图 3-19 所示）。

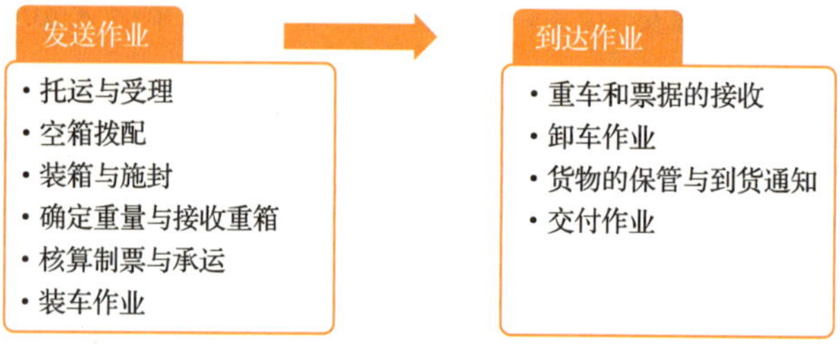

图 3–19　铁路集装箱货运流程

1. 集装箱发送作业

集装箱发送作业一般包括货物的托运与受理、空箱拨配、装箱与施封、确定重量与接收重箱、核算制票与承运、装车作业等。

（1）托运与受理。

托运人用集装箱时，应按车站规定的日期向车站按批提供一份货物运单，该运单一式二联，第一联为货物运单，第二联为提货单。托运人在填写货物运单时，除按一般要求填写外，还应在运单上注明要求使用的集装箱吨位。使用自备箱或要求在专用线卸车的，在托运人记载事项栏内记明“使用 × 吨自备箱”或“在 ×× 专用线卸车”。

按一批托运的集装箱货物品名过多不能在运单内逐一填记时，以及使用集装箱托运的搬家货物，除应提供一份货物运单外，还应提出一式三份的物品清单，一份由发站存查，一份随同运输票据递交到站，一份退还托运人。

车站在受理托运人提出的货物运单时，应认真审查货物运单内填记的事项是否符合铁路运输条件及相关内容。在审核货物运单符合要求后，承运人应在货物运单上加盖受理戳，并及时通知托运人，在规定时间内领取空箱、装箱进站。

小贴士：审查运单时应审查的内容

① 托运的货物是否适合用集装箱装运。

② 是否符合集装箱按一批办理的条件。

③ 是否符合到站的营业办理范围。

④ 有无政策法规限制。

⑤ 对附有装载清单的，应检查物品清单的内容是否具体详细。

⑥ 对需附凭证运输的货物，检查证明文件是否有效，是否在货物运单托运人记载事项栏内注明。

（2）空箱拨配。

托运人持经车站货运人核准的货物运单，向发送货运员领取空箱。发送货运员接到货物运单后，应做以下几项工作：①核对批准的进箱日期及需要拨配的空箱数；②指定箱号；③认真填写《铁路集装箱出站单》，并进行登记；④由托运人按规定签认后，取走空箱。

（3）装箱与施封。

集装箱货物装箱工作既可以在站内进行，也可以在站外进行，这要根据车站场地、设备条件和托运人的需要来定。使用铁路集装箱在站内装箱时，应按车站指定的日期，将货物运至车站，由货运员指定拨配空箱；在站外装箱时，应按车站指定的取箱日期来车站领取空箱，由货运员指定拨配空箱。

货物的装箱工作由托运人自己进行，箱内货物的数量和质量由托运人负责。货物装箱时不得砸撞箱体。货物要稳固码放，装载均匀，充分利用箱内容积，必要时需对货物进行支撑或苫垫。

托运人在托运集装箱货物时，除托运的空集装箱外，其余情况都必须施封。施封是体现托运人权利和责任的重要标志，必须由托运人自己进行。承运人不能接受代为施封的委托。

（4）确定重量与接收重箱。

原则上由托运人确定集装箱货物的重量，但对有称重条件的集装箱办理站，承运人必须逐箱复查集装箱重量，对超过载重的集装箱，车站应要求托运人纠正后方可运输，并按规定核收复查产生的作业费。

车站接受重箱时，货运员应认真复核货物运单中记载的事项，戳记要齐全无误，并逐箱进行检查，发现问题时，由托运人按规定改正后检查接收。

验收后的重集装箱应送入货区指定的箱位，并在货物运单上填写箱位号、验收日期并签章。

（5）核算制票与承运。

接收重箱后，货运员认真填写票据，登记各种台账，并将货物运单等相关费用的票据交给核算员，核算员按规定制票。核收运输费用后，核算员在货物运单上加盖车站承运日期戳，并将领货凭证交给托运人。

（6）装车作业。

集装箱装车前，必须按照规定，制订装载方案，不得超载、偏载、偏重。

2. 集装箱到达作业

集装箱到达作业主要包括重车和票据的接收、卸车作业、货物的保管与到货通知、交付作业等。

（1）重车和票据的接收。

列车到达后，车站应派人接收重车及票据。接车前，工作人员应认真检查票据和装载清单记载的项目，制订卸车计划并安排卸车货位。向货运调度员报告货区情况，接收送车通知。检查货物与线路间的安全距离。接车时，应及时联系调车组对准库门和货位以便于卸车。

（2）卸车作业。

卸车前，要认真检查票据记载是否与现车相符。检查车辆的技术状态和集装箱装载状态是否违反装载要求，箱体是否完好，有无破封、被盗迹象。棚车装载时，还应检查车体的门窗，施封状态是否有效，发现问题应及时与有关人员联系，必要时应编写记录。

卸车时，监装卸货员应全程监卸。卸车过程中，如发现票货不符、货物包装破损，则应按规定处理。卸车完成后，及时向货运调度员报告卸车结束的时间。

（3）货物的保管与到货通知。

集装箱卸车后，车站应在不迟于卸车结束的次日，向收货人发出催领通知。收货人在接到催领通知后，应及时到车站领取货物。

承运后的集装箱货物及收货人未领取的到达集装箱，由车站负责保管。为提高仓库使用效率，对到达的集装箱，车站免费保管期限为2天，超过规定期限的，经铁路局批准，并根据当地政府的明文规定，承运人可委托指定单位代为保管，即移地保管。个人自用物品和搬家货物不得移地保管。

（4）交付作业。

收货人在收到领取货物凭证或接到车站的催领通知后，应及时到车站领取货物。收货人在办理领取手续时，车站应认真审查领货凭证及相关证明文件，确认收货人无误后，清算运输费用，在货物运单上加盖戳记并交给收货人。收货人持运单到货区领取集装箱，货运员将集装箱点交给收货人后，应认真填写集装箱出站单，并在货物运单上加盖交讫戳记，收货人凭加盖交讫戳记的运单和集装箱出站单将集装箱搬出货场。

任务执行

步骤1：描述铁路货运流程

根据任务展示，各小组开展讨论，分析该件货物属于何种铁路发运方式。

经过讨论分析，该件货物采用 ________________ 货物发运方式。

该件货物送达收货人的流程就是货运流程，根据任务展示内容填写以下空格。

（1）货物发送作业

________→________→________→________→________

（2）货物到达作业

________→________→________→________→________

步骤2：解答交付作业问题

问题：请问收货人领取货物需要带什么资料？收货人未能及时领取货物时，到站可以免费保管多长时间？

答：收货人领取货物需要携带 ________________________；收货人未能及时领取货物时，到站可以免费保管 ________________。

步骤3：集装箱货运流程

各小组成员请认真查看铁路集装箱货运流程，分工合作将流程默写出来。

（1）货物发送作业

________→________→________→________→________→________→

（2）货物到达作业

________→________→________→________

步骤 4：各小组委派代表上台分享

各小组委派一名代表将本次课的任务结果进行分享。

步骤 5：知识竞赛

教师准备一些卡片，卡片上分别填写铁路整车运输货运流程、零担货运流程和集装箱货运流程的每个步骤。每个小组委派一名代表进行卡片拼集，以最快的速度拼成正确流程的获胜。

任务评价

在完成上述任务后，教师组织学生共同进行三方评价，并对任务实施过程进行点评，由教师指出各小组任务实施过程中的优点和缺点。学生完成表 3-3 任务评价表的填写。

表 3-3　任务评价表

<table>
<tr><td colspan="2">组　别</td><td></td><td colspan="2">组　员</td><td colspan="3"></td></tr>
<tr><td colspan="2">任务名称</td><td colspan="6">受理铁路运输业务</td></tr>
<tr><td colspan="2" rowspan="2">考核内容</td><td colspan="2" rowspan="2">评价标准</td><td rowspan="2">参考分值</td><td colspan="3">考核得分</td></tr>
<tr><td>自　评</td><td>互　评</td><td>教师评</td></tr>
<tr><td rowspan="3">职业素养</td><td>1</td><td colspan="2">良好的沟通能力</td><td>5</td><td></td><td></td><td></td></tr>
<tr><td>2</td><td colspan="2">良好的团队合作精神</td><td>5</td><td></td><td></td><td></td></tr>
<tr><td>3</td><td colspan="2">良好的专业行为规范</td><td>5</td><td></td><td></td><td></td></tr>
<tr><td rowspan="4">知识素养</td><td>1</td><td colspan="2">掌握铁路整车货运流程</td><td>15</td><td></td><td></td><td></td></tr>
<tr><td>2</td><td colspan="2">掌握铁路零担货运流程</td><td>15</td><td></td><td></td><td></td></tr>
<tr><td>3</td><td colspan="2">掌握铁路集装箱货运流程</td><td>15</td><td></td><td></td><td></td></tr>
<tr><td>4</td><td colspan="2">了解铁路货运流程的注意事项</td><td>10</td><td></td><td></td><td></td></tr>
<tr><td rowspan="3">职业技能</td><td>1</td><td colspan="2">具备铁路货物运输流程的知识</td><td>10</td><td></td><td></td><td></td></tr>
<tr><td>2</td><td colspan="2">学会分析铁路货物运输发运方式</td><td>10</td><td></td><td></td><td></td></tr>
<tr><td>3</td><td colspan="2">具备铁路货运员职业素养</td><td>10</td><td></td><td></td><td></td></tr>
<tr><td colspan="4">小　计</td><td>100</td><td></td><td></td><td></td></tr>
<tr><td colspan="3">合计 = 自评 20%+ 互评 30%+ 教师 50%</td><td></td><td colspan="2">组长签字</td><td colspan="2"></td></tr>
</table>

任务三 缮制铁路运输单证

任务展示

广州市百路速达物流有限公司承接一起瓷器运输业务。江西景德镇米通陶瓷厂现有50吨瓷器要运往广东佛山瓷器市场。广州市百路速达物流有限公司采用铁路整车运输方式，将货物由江西景德镇火车货运站场送至广州东站货场（运价里程为1300千米），再采用公路运输方式运至佛山。结算方式为货到付款。根据合同要求，2016年1月9日前该批货物须被运到目的地火车货运站。江西景德镇米通陶瓷厂按指定日期（1月3日）将货物运至江西景德镇火车货运站。在规定运到期限内，广州市百路速达物流有限公司在广州东站货场接货。计划号码：NO.5096；货票：NO.7078；车种车号：棚车P653318936；棚布号码：2968；施封号码：118860；货车标重：60吨。货物详情：陶瓷花瓶和瓷碟各10 000件，包装方式均为木箱；其中，陶瓷花瓶毛重30 000千克（价值10万元），瓷碟毛重20 000千克（价值15万元）。

附具体信息如下。

江西景德镇米通陶瓷厂地址：江西省景德镇市米通陶瓷工业园1号；法人代表：王蔚翔；联系人：刘丽；联系电话：0798-××××999；邮编：333000。

广东佛山瓷器市场地址：广东省佛山市禅城区；联系电话：0757-××××4605；联系人：魏翔；邮编：528000。

广州市百路速达物流有限公司；地址：广州市白云区沙太北路泰邦物流园；联系人：刘华；手机：130××××8946；电话：020-××××0149。

广州东站货场地址：广东省广州市天河区永福路34号；联系人：成军；电话：020-××××2017；邮编：510423。

请各小组完成以下任务。

（1）请以托运人身份填写《货物运单》《货票》。

（2）请以承运人身份填写《货物运单》《货票》。

任务准备

任务准备1：铁路运输单证

1. 货物运单

《货物运单》是一种承运合同。《货物运单》是托运人与承运人之间为运输货物而签订的一种货运合同或货运合同的组成部分。《货物运单》既是确定托运人、承运人、收货人之间在运输过程中的权利、义务和责任的原始依据，也是托运人向承运人托运货物的申请书，还是承运人承运货物和计收运费、填制《货票》及编制记录和理赔的依据（如图3-20所示）。

货物指定于　　月　　日搬入

货位：

计划号码或运输号码：

运到期限　　日

××铁路局

货 物 运 单

托运人→到站→发站→收货人

承运人 / 托运人	装车
承运人 / 托运人	施封

货票第　　　　号

托运人填写						承运人填写			
发站		到站（局）				车种车号		货车标重	
到站所属省（市）自治区						施封号码			
托运人	名称					经由	铁路货车篷布号码		
	住称		电话				集装箱号码		
收货人	名称					运价里程			
	住称		电话						

货物名称	件数	包装	货物价格	托运人确定重量（千克）	承运人确定重量（千克）	计费重量	运价类项	运价号	运价率	现付 费别	金额	
										运费		
										装费		
										取送车费		
										过秤费		
										印花税		
合计										合计		

托运人记载事项	保险：	承运人记载事项	
注：本单不作为收款凭据。托运人签约须知见背面。	托运人盖章或签字　年　月　日	到站交付日期戳	发站承运日期戳

领 货 凭 证

车种及车号

货票第　　号

运到期限　　日

发站		
到站		
托运人		
收货人		
货物名称		
托运人盖章或签字		
发站承运日期戳		

注：收货人领货须知见背面。

领货凭证（背面）

收货人领货须知：

1. 收货人接到托运人寄交的领货凭证后，应及时向到站联系领取货物

2. 收货人领取货物已超过免费暂存期限时，应按规定支付货物暂存费

3. 收货人在到站领取货物，如遇货物未到时，应要求到站在本证背面加盖车站戳证明货物未到

货物运单（背面）

托运人须知：

1. 托运人持本货物运单向铁路托运货物，证明并确认愿意遵守铁路货物运输的有关规定

2. 货物运单所记载的货物名称、质量与货物的实际完全相符，托运人对其真实性负责

3. 货物的内容、品质和价值是托运人提供的，承运人在接收和承运货物时并未全部核对

4. 托运人应及时将领货凭证寄交收货人，凭其联系到站领取货物

图 3-20 《货物运单》

托运人向承运人提出填写《货物运单》是一种签订合同的要约行为，即表示其签订运输合同的意愿。托运人按《货物运单》填记的内容向承运人交运货物，承运人按《货物运单》记载接收货物，核收运费，并在《货物运单》上盖章后，运输合同即告成立。托运人、承运人和收货人即开始负有法律责任。

铁路的《货物运单》由两部分组成，左侧为运单，右侧为领货凭证。每批货物填写一张《货物运单》，根据栏目要求分别由托运人和承运人填写。填写内容必须详细正确、文字规范、字迹清楚，不能使用红色墨水或铅笔。内容如有更改，则在更改处须加盖印章证明。

2. 货票

《货票》是一种具有财务性质的货运票据，如图 3-21 所示。车站货运室根据装车后送来的《货物运单》，核算运费后填制《货票》。《货票》共有四联：甲联留作发站存查；乙联由发站寄往发局，作为确定货运收入、统计完成货运量、计算运营指标和进行内部财务清算的依据；丙联作为收据交给发货人；丁联作为运输凭证，连同运单由发站随车送至到站，由到站留作存查。铁路车站已经普遍使用计算机进行货运的计费和制票工作。

× × 铁 路 局

货 票

计划号码或运输号码　　甲 联

货物运到期限　日　　发站存查　　A00001

发站		到站（局）		车种车号		货车标重		承运人/托运人装车	
托运人	名称			施封号码				承运人/托运人施封	
	住址		电话	铁路货车篷布号码					
收货人	名称			集装箱号码					
	住址		电话	经由				运价里程	
货物名称	件数	包装	货物重量/千克		计量重量	运价号	运价率	现付	
			托运人确定	承运人确定				费别	金额
								运费	
								装费	
								取送车费	
								过秤费	
合计									
记事								合计	

发站承运日期戳

图 3-21 《货票》

任务准备 2：《铁路货物运单》托运人填写部分

1. “发站栏和到站（局）栏”的填写

发站栏的填写按照《铁路货物运价里程表》规定的站名完整填记，不得使用简称。例如“杭州北站”不能写成“杭北”。

到站（局）栏填写到达站主管铁路局名的第一个字，如上广哈等，但到达北京铁路局的，则填写“京”字，到达南昌铁路局的，则填写“昌”字。如表 3-4 所示为铁路局全称、简称对照。

“到站所属省（市）自治区”栏，填写到站所在地的省、市、自治区名称。由托运人填写的到站、到达局和到站所属省、市、自治区名称，三者必须相符。

表 3-4　铁路局全称、简称对照

铁路局全称	铁路局简称	铁路局全称	铁路局简称
哈尔滨铁路局	哈	南宁铁路局	南
沈阳铁路局	沈	成都铁路局	成
北京铁路局	京	兰州铁路局	兰
呼和浩特铁路局	呼	乌鲁木齐铁路局	乌
郑州铁路局	郑	昆明铁路局	昆
济南铁路局	济	青藏铁路公司	青
上海铁路局	上	武汉铁路局	武
南昌铁路局	昌	西安铁路局	西
广州铁路（集团）公司	广	太原铁路局	太

2. 托运人名称、住址、电话栏及收货人名称、住址、电话栏的填写

本栏填写时应详细填写托运人和收货人的单位全称；若为个人，则应详细填写托运人

和收货人所在省、自治区、市城镇街道和门牌号码或乡、村名称。

3. “货物名称”栏的填写

本栏填写要按《铁路货物运价规则》中的“铁路货物运输品名检查表”内所列的品名填写。当按一批托运的货物，不能逐一将品名在运单内填记时，需另附物品清单一式三份。

4. “包装”栏的填写

本栏填写有关的包装种类，如“木箱”“麻袋”“铁桶”等，按件承运的无包装货物填写“无”。

5. “件数”栏的填写

本栏按货物名称与包装种类分别填写。承运人只按重量承运的货物，则在本栏填记“堆”“散”“罐”字样。

6. “货物价格”栏的填写

本栏应填写该项货物的实际价格。全批货物的实际价格为确定货物保价运输报价金额或货物保险运输保险金额的依据。

7. “托运人确定重量”栏的填写

本栏应按货物名称及包装种类，分别将货物实际重量用“千克”注明，并在合计重量栏填记该批货物的总重量。

8. “托运人记载事项”栏的填写

本栏填写需要由托运人声明的事项，包括如下内容。

（1）货物状态有缺陷，但不影响货物安全运输，应将其缺陷具体注明。

（2）需要凭证明文件运输的货物，应将证明文件名称、号码及填发日期注明。

（3）托运易腐货物或放射性货物时，应注明容许运输期限。需要加冰运输的易腐货物，途中不需要加冰时，应注明“途中不需要加冰”。

（4）按规定其他需要由托运人在运单内注明的事项。

9. “托运人盖章或签字”栏的填写

托运人在运单填记完毕并确认无误后，在本栏盖章或签字。

10. “领货凭证”各栏的填写

托运人填写本栏时（包括印章加盖与签字）应与运单相应各栏记载内容保持一致。

任务准备 3：《铁路货运单》承运人填写部分

1. “货物指定 × 月 × 日搬入”栏的填写

发站对托运人提出的《货物运单》详细检查后，若符合规定，则应在“货物指定 × 月 × 日搬入”栏内填写搬入日期，零担货物应填记运输号码，由经办人签字或盖章，交还托运人作为凭证，将货物搬入车站，办理托运手续。

2. “运到期限”栏的填写

填写按规定计算的货物运到期限日数。

3. “货票第 × 号”栏的填写

本栏根据该批货物所填发的货票号码填写。

4. “经由”栏的填写

按货物运价里程最短路径计算运费时，本栏可不填；按绕路计算运费时，本栏应填写绕路经由的结算站名或线名。

5. “运价里程”栏的填写

本栏填写始发站至到站间最短路径的里程，但绕路运输时，应填写绕路经由的里程。

6. “承运人确定重量”“计费重量”栏的填写

本栏零担货物填记按规定处理尾数后的重量或起码重量。

7. “运价号”栏的填写

本栏按“货物运价分类表”规定的该货物运价号填写。

8. “运价率”栏的填写

本栏根据查询到的运价号，从“铁路货物运价率表”查询得到该项货物适用的运价率并进行填写。

9. 承运人记载事项栏的填写

本栏填记须由承运人记明的事项。例如：

（1）货车代用，记明批准的代用命令；

（2）轻重配装，记明有关计费事项；

（3）货物运输变更，记明有关计费事项；

（4）途中装卸的货物，记明计算运费的起讫站名；

（5）需要限速运行的货物和自有动力行驶的机车，记明铁路分局承认命令；

（6）需要由承运人记明的其他事项。

任务准备 4：货票各联的填写

根据货物运单记载的内容填写货票各联，金额不得涂改，如果填写错误则要按作废处理。货票各联，包括甲、乙、丙、丁四联，都要按照相关规定进行填写及留存。

1. 运单上所附的领货凭证

领货凭证由始发站加盖承运日期戳后，连同货物丙联一并交给托运人。

2. 货票丁联“收货人盖章或签字”栏的填写

货票丁联“收货人盖章或签字”栏由收货人在领取货物时盖章或签字。

3. 货票丁联“卸货时间”栏的填写

根据卸车完毕的日期填写“卸货时间”;“到货通知时间”按发出到货催领通知的时间填写。

任务执行

步骤 1：以托运人身份填写《货物运单》《货票》

根据任务展示，以托运人身份，按项目先后填写：

（1）“发站栏”和“到站（局）栏”；

（2）托运人、收货人名称、住址及电话栏；

（3）“货物名”称栏；

（4）“包装”栏；

（5）“件数”栏；

（6）“货物价格”栏；

（7）“托运人确定重量”栏；

（8）“托运人记载事项”栏。

步骤 2：以承运人身份填写《货物运单》《货票》

根据任务展示，以承运人身份，按项目先后填写：

（1）“货物指定 × 月 × 日搬入”栏；

（2）“运到期限”栏；

（3）“货票第 × 号”栏；

（4）“经由”栏；

（5）“运价里程”栏；

（6）“承运人确定重量”“计费重量”栏；

（7）“运价号”栏；

（8）“运价率”栏；

（9）“承运人记载事项”栏；

（10）“收货人盖章或签字”栏；

（11）《货票》的“金额”栏。

步骤 3：各小组组内分享

各小组成员分别以托运人、承运人身份填写《货物运单》《货票》后，在组内分享，确认答案正确后，以小组为单位上交。

任务评价

在完成上述任务后，教师组织学生共同进行三方评价，并对任务实施过程进行点评，由教师指出各小组任务实施过程中的优点和缺点。学生完成表 3-5 任务评价表的填写。

表 3-5　任务评价表

组　别			组　员			
任务名称		缮制铁路运输单证				
考核内容		评价标准	参考分值	考核得分		
				自　评	互　评	教　师　评
职业素养	1	良好的沟通能力	5			
	2	良好的团队合作精神	5			
	3	良好的专业行为规范	5			
知识素养	1	了解铁路运单的重要性	10			
	2	了解铁路货票的意义	10			
	3	掌握《货物运单》《货票》栏目填写要求	15			
	4	了解领货凭证流转流程	10			
职业技能	1	《货物运单》填写无误	20			
	2	《货票》填写无误	20			
小　计			100			
合计 = 自评 20%+ 互评 30%+ 教师 50%			组长签字			

任务四　核算铁路运输运费

任务展示

铁路运输项目部现接到以下几批业务，现为以下各业务计算运费。

（1）广州站发长沙站木材一批，钢材重 48 吨，使用 60 吨敞车装运。

（2）乌鲁木齐站发广州站冻肉一车，重 28 吨，使用 B18 型机械冷藏车装运。

（3）郑州站发往昆明站货物一批，其中石料 3 箱，化妆品 2 件，总重 660 千克，总体积 0.65 立方米，按总重量托运。

（4）福州站发贵阳站 1000 箱手机配件，使用 4 个 6 吨集装箱装运。

（5）南京站发广州站 6 个 5 吨集装箱，到站后广州站回送南京站，计算回空运费。

任务准备

任务准备 1：铁路运费计算公式

以下介绍几个铁路运费的常用公式。

（1）整车货物（按重量计费）运费计算公式如下。

运费 =（发到基价 + 运行基价 × 运行里程）× 计费重量

（2）零担货物运费计算公式如下。

运费 =（发到基价 + 运行基价 × 运行里程）× 计费重量 ÷10

（3）集装箱货物运费计算公式如下。

运费 =（发到基价 + 运行基价 × 运行里程）× 箱数

任务准备 2：计算步骤

步骤一　查找运价号

根据任务展示中的货物名称和铁路货物运输发运方式，查找《铁路货物运输品名分类与代码表》和《铁路货物运输品名检查表》，确定适用的运价号。常见的货物运价号如表 3-6 所示。

表 3-6　常见的货物运价号

货物品名	运价号	
	整车	零担
磷矿石、磷精矿、磷矿粉	1	21
矿渣、铝矾土、砂、石料、砖、水渣、铁矿石、石棉、石膏、草片、石灰石、耐火黏土、金属矿石	2	21

续表

货物品名	运价号	
	整　车	零　担
粮食、稻谷、大米、大豆、粮食种子、食用盐、非食用盐、小麦粉、拖拉机、盐卤	2	22
麻袋片、化学农药、籽棉、石棉制品	2	24
活（禽、猪、羊、狗、牛、马）蜜蜂、养蜂器具	3	22
棉胎、絮棉、旧棉、木棉	3	24
煤炭、焦炭、生铁	4	21
氧化铝、氢氧化铝、酱腌菜	4	23
鲜冻肉、鲜冻水产品、鲜蔬菜、树苗、烟叶、干蔬菜、电极糊、放射性矿石	4	24
钢锭、钢坯、钢材、钢轨、有色金属、水泥、水泥制品、金属结构及构件	5	22
石制品、玻璃、装饰加工板、胶合板、树脂、塑料、食糖、鲜冻蛋、鲜冻奶、死禽、死畜、死兽、鲜瓜果、奶制品、肉制品、蛋制品、罐头、花卉、油漆、颜料、涂料、橡胶轮胎、调味品、酒、膨化食品、卷烟、纸及纸板、中成药	6	24
金属工具、塑料薄膜、洗衣粉、牙膏、搪瓷制品、肥皂、化妆品	7	24
洗衣机	8	22
电冰箱、电子计算机及其外部设备	8	23
工业机械、医疗器械、自行车、汽车、仪器、仪表、电力设备、灯泡、灯管、电线、电缆、电子管、显像管、磁带、电视机、钟、表、定时器、衡器	8	24
原油、汽油、煤油、柴油、润滑油、润滑脂	8+20%	24
挂运与自行的铁道机车、车辆及轨道机械	9	

步骤二　根据运价号确定发到基价、运行基价

（1）整车货物按适用的货物运价号在如表 3-7 所示的《铁路货物运价率》中查找适用的发到基价和运行基价。

（2）零担货物按适用的货物运价号在如表 3-7 所示的《铁路货物运价率》中查找适用的发到基价和运行基价；若发到基价和运行基价不同的零担货物在一个包装内或按总重量托运时，则按该批货物中发到基价和运行基价最高的计费。

（3）集装箱货物根据箱型在如表 3-7 所示的《铁路货物运价率》中查找适用的发到基价和运行基价。需注意的特殊情况如下。

① 危险货物集装箱的运价率，按铁路货物运价率表的规定再增加 30% 计算。

② 罐式集装箱的运价率，按铁路货物运价率表的规定再增加 30% 计算。

③ 其他铁路专用集装箱的运价率，按铁路货物运价率表的规定再增加 20% 计算。

④ 自备集装箱空箱运价率按其适用重箱运价率的 50% 计算。

小贴士：

运价率是指发到基价、运行基价。

⑤ 承运人利用自备集装箱回空捎运货物时，需在货物运单承运人记载事项栏内注明，并免收自备集装箱箱主的回空运费。

（4）保温车 / 冷藏车根据冰保、机保不同车种，在如表 3–7 所示的《铁路货物运价率》中查找适用的发到基价和运行基价。

表 3–7　铁路货物运价率

办理类别	运价号	发到基价		运行基价	
		单位	标准	单位	标准
整车	1	元 / 吨	4.60	元 / 吨千米	0.0212
	2	元 / 吨	5.40	元 / 吨千米	0.0243
	3	元 / 吨	6.20	元 / 吨千米	0.0284
	4	元 / 吨	7.00	元 / 吨千米	0.0319
	5	元 / 吨	7.90	元 / 吨千米	0.0360
	6	元 / 吨	8.50	元 / 吨千米	0.0390
	7	元 / 吨	9.60	元 / 吨千米	0.0437
	8	元 / 吨	10.70	元 / 吨千米	0.0490
	9			元 / 轴千米	0.1500
	冰保	元 / 吨	8.30	元 / 吨千米	0.0455
	机保	元 / 吨	9.80	元 / 吨千米	0.0675
零担	21	元 /10 千克	0.087	元 /10 千克千米	0.000365
	22	元 /10 千克	0.104	元 /10 千克千米	0.000438
	23	元 /10 千克	0.125	元 /10 千克千米	0.000526
	24	元 /10 千克	0.150	元 /10 千克千米	0.000631
集装箱	1 吨箱	元 / 箱	7.40	元 / 箱千米	0.0329
	5、6 吨箱	元 / 箱	57.00	元 / 箱千米	0.2525
	10 吨箱	元 / 箱	86.20	元 / 箱千米	0.3818
	20 英尺箱	元 / 箱	161.00	元 / 箱千米	0.7128
	40 英尺箱	元 / 箱	314.70	元 / 箱千米	1.3935

步骤三　确定运价里程

根据任务背景中的始发站和到站，按如表 3–8 所示的《全国铁路主要站间货运里程》计算始发站至到站的运价里程。计算货物运费的基础里程为 100 千米。

步骤四　确定计费重量

1. 整车货物计费重量的确定

整车货物除特殊情况外，均按货车标记载重量计费（特殊情况规定的计费重量和冷藏车规定的计费重量见表 3–9 和表 3–10）；货物超过货车标记载重量时，按货物重量计费。简单来说，货车标记载重量与货物重量“择大计费”。

表 3-8　全国铁路主要站间货运里程

单位：公里

北京	北京																											
天津	137	天津																										
沈阳	741	707	沈阳																									
长春	1046	1012	305	长春																								
哈尔滨	1288	1354	547	242	哈尔滨																							
济南	497	360	1067	1372	1614	济南																						
合肥	1074	973	1680	1985	2227	613	合肥																					
南京	1160	1023	1730	2035	2277	663	312	南京																				
上海	1463	1326	2033	2335	2577	966	615	303	上海																			
杭州	1589	1452	2159	2464	2706	1092	451	429	201	杭州																		
南昌	1449	1444	2151	2456	2689	1137	478	838	837	636	南昌																	
福州	2334	2197	2904	3209	3451	1837	1196	1174	1173	972	622	福州																
石家庄	277	419	1126	1431	1673	301	914	964	1267	1393	1293	1915	石家庄															
郑州	689	831	1538	1843	2085	666	645	695	998	1124	927	1549	412	郑州														
武昌	1225	1367	1972	2277	2519	1202	1181	1231	1230	1029	391	1013	948	536	武昌													
长沙	1583	1725	2330	2635	2877	1560	1222	1200	1199	998	418	984	1306	894	358	长沙												
广州	2289	2431	3036	3341	2928	2151	1826	1804	1803	1602	1022	1588	2012	1600	1064	706	广州											
南宁	2561	2703	3411	6313	3855	2538	2098	2076	2075	1874	1294	1860	2282	1870	1336	978	1334	南宁										
西安	1159	1301	1906	2211	2453	1177	1156	1206	1509	1635	1412	2389	923	511	1047	1405	2111	2383	西安									
兰州	1811	1948	2552	2962	3099	1853	1832	1182	2185	2311	2088	3065	1599	1187	1723	2081	2787	3059	676	兰州								
西宁	2092	2235	2839	3144	3386	2069	2048	2098	2401	2527	2304	3281	1815	1403	1939	2297	3003	3275	892	216	西宁							
乌鲁木齐	3768	3911	4515	4820	5062	3745	3724	3774	4077	4065	4391	4957	3491	3079	3615	3973	4679	4951	2568	1892	2108	乌鲁木齐						
成都	2042	2185	2789	3094	3336	2019	1998	2048	2351	2552	2239	2805	1765	1353	1737	1923	2527	1832	842	1172	1388	3026	成都					
贵阳	2539	2681	3286	3591	3833	2516	2076	2054	2053	1852	1272	1838	2262	1850	1314	956	1560	865	1809	2139	2355	3993	967	贵阳				
昆明	3178	3320	3925	4230	4472	3119	3098	2693	3069	2868	1911	2477	2901	2489	1953	1595	2199	1504	1942	2272	2488	4126	1100	639	昆明			
太原	514	650	1255	1560	1802	532	1145	1195	1498	1624	1944	2521	231	577	1179	1537	2243	2515	651	1327	1543	3219	1493	2460	2593	太原		
呼和浩特	667	804	1408	1713	1955	1164	1777	1827	2130	2256	2674	3303	871	1362	1898	2256	2962	3234	1291	1144	1360	3036	2133	3100	3233	640	呼和浩特	
银川	1343	1480	2084	2389	2631	1840	2002	2052	2355	2481	2258	3235	1547	1357	1893	2251	2957	3229	846	468	684	2008	1342	2309	2442	1316	676	银川

注：本里程表系根据铁路货运运价里程表规定的接算站计算。但两站有两条以上径路时，选择最短的径路或直通快车运行的径路计算。

表 3-9 整车货物特殊情况规定的计费重量

项目	计费重量（吨）
使用标重不足 30 吨的家畜车	30
使用矿石车、平车、砂石车，经局批准装运 01（煤）、0310（焦炭）、04（金属矿石）、06（非金属矿石）、081（土、砂、石灰）、014（盐）类货物	40
标重低于 50 吨，车辆全长小于 16.5 米的自备罐车	50
SQ1（小汽车专用平车）	85
QD3（凹底平车）	70
GY95S、GY95（GY40、GH40、GY95/22、GH95/22）（石油液化气罐车）	65
GY100S、GY100（石油液化气罐车）	70

表 3-10 冷藏车规定的计费重量

车种	车型	计费重量（吨）	备注
机械冷藏车	B18	32	8 辆装货
	B19	38	4 辆装货
	B20	42	8 辆装货
	B21	42	4 辆装货
	B10、B10A	48	——
	B22、B23	48	4 辆装货
冷板冷藏车	BSY	40	——
加冰冷藏车	B6、B6N、B6A、B7	38	不加冰运输按标重 45 吨
自备冷藏车		60	——

2. 零担货物计费重量的确定

零担货物的计费单位是 10 千克，不足 10 千克的进为 10 千克。按一批办理的零担货物基础计费重量为 100 千克。

3. 集装箱货物计费重量的确定

集装箱货物的运费按照使用的箱数和《铁路货物运价率》中规定的集装箱运价率计算，但危险货物集装箱、罐式集装箱、其他铁路专用集装箱的运价率，按《铁路货物运价率》的规定分别加成 30%、30%、20% 计算。

步骤 5：确定其他费用

1. 附加费

除正常运费外，一般均收取附加费。附加费的种类主要有电气化附加费、新路新价均摊运费和铁路建设基金。

2. 杂费

杂费种类繁多，具体按《铁路货物运价规则》征收。

任务执行

步骤 1：确定发运类型，选择公式

根据任务展示中的内容，分析任务内容，开展小组谈论，确定发运类型，选择公式，将讨论结果填入表 3-11 中。

表 3-11　发运类型及选择公式

题　目	发运类型	公　式
广州站发长沙站钢材一批，钢材重 48 吨使用 60 吨敞车装运		
乌鲁木齐站发广州站冻肉一车，重 28 吨，使用 B18 型机械冷藏车装运		
郑州站发往昆明站货物一批，其中石料 3 箱，化妆品 2 件，总重 660 千克，总体积 0.65 立方米，按总重量托运		
福州站发贵阳站 1000 箱手机配件，使用 4 个 6 吨集装箱装运		
南京站发广州站 6 个 5 吨集装箱，到站后广州站回送南京站，计算回空运费		

步骤 2：根据运价号查出发到基价和运行基价

根据任务展示，在表 3-12 中填入适当的发到基价和运行基价。

表 3-12　查表填写发到基价和运行基价

题　目	发到基价	运行基价
广州站发长沙站钢材一批，钢材重 48 吨使用 60 吨敞车装运		
乌鲁木齐站发广州站冻肉一车，重 28 吨，使用 B18 型机械冷藏车装运		
郑州站发往昆明站货物一批，其中石料 3 箱，化妆品 2 件，总重 660 千克，总体积 0.65 立方米，按总重量托运		
福州站发贵阳站 1000 箱手机配件，使用 4 个 6 吨集装箱装运		
南京站发广州站 6 个 5 吨集装箱，到站后广州站回送南京站，计算回空运费		

步骤 3：确定运价里程

分析任务背景，确定始发站和到站，在表 3-8《全国铁路主要站间货运里程》中查找出运价里程，将结果填入表 3-13 中。

表 3-13　发站、到站及运价里程

题　目	发　站	到　站	运价里程
广州站发长沙站钢材一批，钢材重 48 吨使用 60 吨敞车装运			
乌鲁木齐站发广州站冻肉一车，重 28 吨，使用 B18 型机械冷藏车装运			
郑州站发往昆明站货物一批，其中石料 3 箱，化妆品 2 件，总重 660 千克，总体积 0.65 立方米，按总重量托运			
福州站发贵阳站 1000 箱手机配件，使用 4 个 6 吨集装箱装运			
南京站发广州站 6 个 5 吨集装箱，到站后广州东站回送南京站，计算回空运费			

步骤 4：确定计费重量

确定计费重量并将结果填入表 3-14 中。

表 3-14　计费重量

题　目	计费重量 / 箱数
广州站发长沙站钢材一批，钢材重 48 吨使用 60 吨敞车装运	
乌鲁木齐站发广州站冻肉一车，重 28 吨，使用 B18 型机械冷藏车装运	
郑州站发往昆明站货物一批，其中石料 3 箱，化妆品 2 件，总重 660 千克，总体积 0.65 立方米，按总重量托运	
福州站发贵阳站 1000 箱手机配件，使用 4 个 6 吨集装箱装运	
南京站发广州站 6 个 5 吨集装箱，到站后广州站回送南京站，计算回空运费	

步骤 5：代入公式，计算运费

根据任务要求，将前面所得数据代入公式并计算运费，结果填入表 3-15 中。

表 3-15　代入公式并计算运费

题　目	将所得数字代入公式	运费（单位：元）
广州站发长沙站钢材一批，钢材重 48 吨使用 60 吨敞车装运		
乌鲁木齐站发广州站冻肉一车，重 28 吨，使用 B18 型机械冷藏车装运		
郑州站发往昆明站货物一批，其中石料 3 箱，化妆品 2 件，总重 660 千克，总体积 0.65 立方米，按总重量托运		
福州站发贵阳站 1000 箱手机配件，使用 4 个 6 吨集装箱装运		
南京站发广州站 6 个 5 吨集装箱，到站后广州站回送南京站，计算回空运费		

任务评价

在完成上述任务后，教师组织学生共同进行三方评价，并对任务实施过程进行点评，由教师指出各小组任务实施过程中的优点和缺点。学生完成表 3-16 任务评价表的填写。

表 3–16 任务评价表

组别			组员			
任务名称		核算铁路运输费用				
考核内容		评价标准	参考分值	考核得分		
				自评	互评	教师评
职业素养	1	良好的沟通能力	5			
	2	良好的团队合作精神	5			
	3	良好的专业行为规范	5			
知识素养	1	学会根据货物查找运价号	10			
	2	学会查找发到基价、运行基价	10			
	3	学会根据始发站、到站确定运价里程	10			
	4	学会确定计费重量 / 箱数	10			
	5	掌握铁路运费计算	20			
职业技能	1	正确查找铁路运费计算各项数据	10			
	2	正确计算各种类型铁路运费	15			
小计			100			
合计 = 自评 20%+ 互评 30%+ 教师 50%			组长签字			

项目四

航空运输操作

随着我国改革开放的不断深入及国际贸易的不断扩大，我国的国际航空货物运输业务量也迅速增长，因此中国民航业急需一批航空货运方面各个层次的技能型人才，让我们一起来了解航空运输相关操作吧。

任务一 认识航空运输

任务展示

福州商贸集团的王萌有一批样品需要从福建运给青岛的陈阳，客户要求一天之内到达。样品资料如下。

物品：手袋　　原料：100% 棉、梭织

箱数：10 箱　　数量：6 个 / 箱

单价：2000 元 / 个　　尺寸：30 厘米 × 40 厘米 × 60 厘米

毛重：5 千克 / 箱

请根据以上资料完成以下任务。

（1）为该批货物选择合适的运输方式。

（2）在为该批货物所选运输方式中选择一种合适的经营方式。

任务准备

任务准备 1：航空器

航空器主要是指飞机。按照用途可以把飞机分为客机、货机和客货混合机。

1. 主要的客机型号

国内航空飞机主要有波音系列、麦道系列和空客系列。美国波音公司和欧洲空客公司是世界上最大的两个飞机制造商。1997 年波音公司和麦道公司合并，主要生产波音系列的 747、777、767、757 和麦道系列的 M11 等型号的客机。欧洲空客公司成立于 1970 年，如今已成为美国波音飞机公司在世界民用飞机市场上的主要竞争对手，其主要生产空客系列的 340、300、310、330 等型号的飞机。

2. 主要的货机型号

货机是指以包机或定期航班的形式专门运输货物的飞机。很多干线飞机都有专门的货机型号，如 B747-400F、B757-600F、A300-600F、A330-200F 等都是全货机机型。全货机一般设计微集装设备型的货舱，飞机货舱底部均设置滚轴及固定系统，可以放置集装板和集装箱。其中，B747-400F 货机可以放下 39 个集装板，A300-600F 货机可以装载 50 吨货物，放 21 个集装板和 23 个集装箱。

任务准备 2：航空港的构成

航空港又称机场，是供飞机起飞、降落或停放及组织保障航空客货业务，保养维修飞机的场所，主要由飞行区、航站区及进出航空港的地面交通系统构成（如图 4-1 ～图 4-5 所示）。

1. 飞行区

飞行区是航空港内用于飞机起飞、着陆和滑行的区域（包括用于飞机起降的空域）。飞行区由跑道系统、滑行道系统和航空港净空区构成，相应设施有目视助航、通信导航。

图 4-1 航空港鸟瞰

2. 航站区

航站区是飞行区与航空港其他部分的交接区域，包括旅客航站楼、站坪（停机坪）、车道、站前停车设施（停车场或停车楼）等。

3. 交通系统

进出航空港的地面交通系统通常是公路，也包括铁路、地铁（或轻轨）和水运码头等。其功能是把航空港和附近城市连接起来，将旅客和货邮及时运进或运出航站楼。

其他设施还包括供油设施、应急救援设施、动力与电信系统、环保设施、旅客服务设施、保安设施、货运区及航空公司区等。

图 4-2 航站大楼和登机桥

图 4-3 机场跑道

图 4-4 旅客登机楼梯

图 4-5 行李传送带

任务准备 3：航线

1. 航线的含义

航空器在空中飞行，必须有适合航空器航行的通路。经过批准开辟的连接两个或几个地点，进行定期和不定期飞行、经营运输业务的航空交通线为航线。

2. 世界主要的货运机场

法国戴高乐机场（如图 4-6 所示）、德国的法兰克福机场、荷兰阿姆斯特丹的斯希普霍尔机场、英国的希思罗机场、美国的芝加哥机场、日本的成田机场、中国香港国际机场货运站（如图 4-7 所示）等，都是现代化、专业化程度较高的大型国际货运空中枢纽，每年的货运量都在数 10 万吨以上。

图 4-6　法国戴高乐机场

图 4-7　中国香港国际机场货运站

任务准备 4：航空运输的经营方式

1. 班机运输

班机是指在固定的航线上定期航行的航班，包括固定始发站、目的站和途经站的飞机。班机的航线基本固定，而且定期开航，收、发货人可以准确地掌握起运和到达时间，保证了货物安全迅速地运达目的地，有利于运送鲜活、易腐烂的货物及贵重货物。班机的不足之处是舱位有限，不能满足大批量货物及时出运的需求。

2. 包机运输

包机运输可分为整架包机和部分包机。

整架包机指航空公司或包机代理公司，按照与租机人方事先约定的条件和运价，将整架飞机租给租机人，从一个或几个航空站装运货物至指定目的地的运输方式。包机的运费随国际航空运输市场的供求情况而变化。

小贴士：航空运输的由来

航空运输始于 1871 年，当时普法战争中的法国人用气球把政府官员和物资、邮件等运出被普军围困的巴黎。1918 年 5 月 5 日，飞机运输首次出现，航线为纽约—华盛顿—芝加哥。同年 6 月 8 日，伦敦与巴黎之间开始定期邮政航班飞行。

部分包机指多家航空货运代理公司联合包租一架飞机，也可以由航空公司或包机代理公司把一架飞机的舱位分给多家航空运货代理公司，适合1吨以上但不足装一整架飞机的货物，其运费比包机低，但运送时间比包机要长。

3. 集中托运

集中托运是指航空货运代理公司把若干批单独发运的、发往同一方向的货物集中起来，组成一票货，向航空公司办理托运，采用一份总运单集中发运到同一站，由航空货运代理公司在目的地指定代理人收货、报关并分拨给各实际收货人的运输方式。集中托运比较普遍，是航空货运代理的主要业务之一。采用集中托运的方式时，货主所付的运价较低。

小贴士：集中托运的限制

（1）集中托运只适合办理普通货物，对于等级运价的货物，如贵重物品、危险物及文物等不能办理集中托运。

（2）目的地相同或邻近的才可以办理。例如，不能把去日本和欧洲的货物办理集中托运。

4. 航空快递

航空快递是航空货运代理公司或航空速递公司派专人以最快的速度在货主、机场和用户之间运送和交接货物的快速运输方式。航空快递业务是由空运代理公司通过航空公司进行的，是最快捷的一种运输方式。

航空快递业务的主要形式有以下几种。

（1）“门到门”服务。

“门到门”服务是指发货人需要发货时，打电话给快递公司。快递公司派人到发货人所在地取件，然后将快件根据不同的目的地进行分拣、整理、核对、制单、报关，利用最近的航班，通过航空公司将快件运往世界各地。发件地的快递公司将所发快件的有关信息通告中转站或目的站的快件公司。快件到达中转站或目的地机场后，由中转站或目的地的快件公司负责办理清关、提货手续，将快件及时送到收货人手中，并将有关信息反馈到发件地的快递公司。

（2）“门到机场”服务。

“门到机场”服务是指快件到达目的地机场后，当地快件公司及时将有关到货信息告知收货人，清关、提货手续可由收货人自己办理，也可委托快件公司或其他代理公司办理，适用于货物价值较高或目的地海关当局对货物或物品有特殊规定的快件。

（3）“专人派送”服务。

“专人派送”服务是指发件的快递公司指派专人携带快件，在最短的时间内，采用最快捷的交通方式，将快件送到收货人手中。

“门到门”服务是最方便、最快捷、最普遍使用的方式；“门到机场”服务简化了发件人的手续，但需要收货人安排清关、提货手续；“专人派送”服务是一种特殊服务，费用较高，使用较少。

小贴士：UPS 的起源

UPS 的创始人是一个美国青年 James E.Casey，又名 Jim（吉姆）。1907 年 8 月的一天，年仅 18 岁的吉姆向朋友借了 100 美元，在华盛顿州的西雅图市创建了美国信使公司。当时，由于商业发展的需求，在美国已有多家信使服务公司，吉姆就曾在一家信使公司任过职。吉姆的合作伙伴叫 Claude Ryan，创业之初他们在街面租了一间简陋的办公室，并请来了十几位年轻人（其中包括吉姆的弟弟），他们负责接听客户的电话，指派距离最近的信使前去收件（有包裹、信件、请柬、食物等），然后按时送到。他们的运送方式有三种：客户较近时，就一路小跑（步行）；稍远一点的，就用自行车；重一些的货物，就用四轮马车。

任务执行

步骤 1：熟悉航空货运的概念、特点及分类

各小组轮流互考，并记录完成的情况，记录形式不限。

步骤 2：熟悉航空港

各小组请列出航空港的基本构成要素。

航空港 → ________ → ________
航空港 → ________ → ________
航空港 → ________ → ________

步骤 3：熟悉航空货运机场

各小组查找资料并分享你们所熟悉的航空货运机场。

步骤 4：熟悉航空货运经营方式

各小组思考讨论，分析各种航空运输方式的特征及适用范围。

任务评价

在完成上述任务后教师组织学生共同进行三方评价，并对任务实施过程进行点评，由教师指出各小组任务实施过程中的优点和缺点。学生完成表 4-1 任务评价表的填写。

表 4-1　任务评价表

<table>
<tr><td colspan="2">组　别</td><td></td><td>组　员</td><td colspan="3"></td></tr>
<tr><td colspan="2">任务名称</td><td colspan="5">认识航空运输</td></tr>
<tr><td colspan="2" rowspan="2">考核内容</td><td rowspan="2">评价标准</td><td rowspan="2">参考分值</td><td colspan="3">考核得分</td></tr>
<tr><td>自　评</td><td>互　评</td><td>教师评</td></tr>
<tr><td rowspan="3">职业素养</td><td>1</td><td>良好的沟通能力</td><td>5</td><td></td><td></td><td></td></tr>
<tr><td>2</td><td>良好的团队合作精神</td><td>5</td><td></td><td></td><td></td></tr>
<tr><td>3</td><td>良好的专业行为规范</td><td>5</td><td></td><td></td><td></td></tr>
<tr><td rowspan="4">知识素养</td><td>1</td><td>了解航空器的概念</td><td>10</td><td></td><td></td><td></td></tr>
<tr><td>2</td><td>理解航空港的构成</td><td>15</td><td></td><td></td><td></td></tr>
<tr><td>3</td><td>了解航线的概念</td><td>10</td><td></td><td></td><td></td></tr>
<tr><td>4</td><td>掌握航空运输的经营方式</td><td>20</td><td></td><td></td><td></td></tr>
<tr><td rowspan="2">职业技能</td><td>1</td><td>识别航空构成要素</td><td>10</td><td></td><td></td><td></td></tr>
<tr><td>2</td><td>正确选择航空经营方式</td><td>20</td><td></td><td></td><td></td></tr>
<tr><td colspan="3">小　计</td><td>100</td><td></td><td></td><td></td></tr>
<tr><td colspan="2">合计 = 自评 20%+ 互评 30%+ 教师 50%</td><td></td><td colspan="2">组长签字</td><td colspan="2"></td></tr>
</table>

任务二 航空运输流程

任务展示

广州商贸集团的刘浩有一批样品要通过必达迅雷物流公司寄往国外，时间紧急，客户要求采用航空运输。

请根据情况，完成如下任务。

（1）判断该批业务应该适用进口流程还是出口流程。

（2）合理组织该业务。

任务准备

任务准备 1：航空货物出口操作流程

航空货物出口流程是指航空货运公司从发货人手中接货到将货物交给航空公司承运的过程，以及在这一过程中所办理手续及填写的必备的单证等的全过程，其流程如图 4-8 所示。

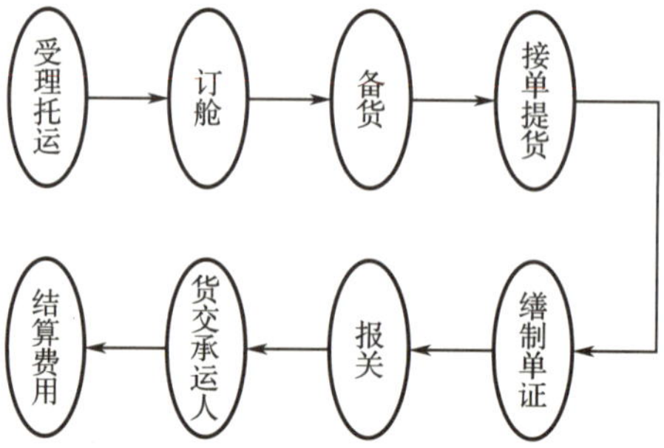

图 4-8 航空货物出口操作流程

1. 受理托运

托运人（发货人）在货物出口地找合适的航空货运公司，为其代理空运订舱、报关和托运业务；航空货运公司根据自己的业务范围、服务项目等接受托运人委托，并要求其填制航空货运委托书，以此作为委托与接受委托的依据。托运人应对托运书上所填内容及所提供的运输文件的正确性和完备性负责。

2. 订舱

航空货运公司根据发货人的要求及货物本身的特点，填写民航部门要求的订舱单，注明货物的名称、体积、质量、件数、目的港和时间等信息，要求航空公司根据实际情况安排航班和舱位，也就是航空货运公司向航空公司申请运输并预订舱位。

3. 备货

航空公司客服人员根据航空货运公司填写的订舱单安排航班和舱位，并由航空货运公司及时通知发货人备单、备货，如图 4-9 所示。

图 4-9 客服人员受理订舱

4. 接单提货

代理人在收运国际货物时，应重点检查货物是否符合运输要求，货物的包装是否牢固，体积是否受到机型限制，海关手续是否办妥，委托其报关时提供的单据是否齐全。托运人填写托运书，应协助其重点检查货物品名称是否准确，收货人姓名和地址是否具体、准确，还应和托运人明确运费。

5. 缮制单证

航空货运公司审核托运人提供的单证，绘制报关单，报海关初审，缮制航空货运单，并将收货人提供的货物随行单据装订在运单的后面。如果是集中托运的货物，则要填写集中托运清单和航空分运单，一并装入一个信袋，并装订在运单后面。

6. 报关

持缮制完的航空运单、报关单、装箱单和发票等相关单证到海关报关放行。海关将在报关单、运单正本和出口收汇核销单上盖放行章，并在出口产品退税的单据上盖验讫章。

7. 货交承运人

将盖有海关放行章的航空运单与货物一起交给航空公司，由其安排航空运输，随附航空运单正本、发票、装箱单、产地证明、品质鉴定书等。航空公司验收单、货无误后，在交接单上签字。货物发出后，航空货运公司及时通知航空代理收货，通知内容包括航班号、运单号、品名、数量、质量及收货人相关资料等。

8. 结算费用

结算费用主要涉及航空货运公司、承运人和国外代理三方与发货人的结算，即向发货人收取航空运费、地面运费及各种手续费、服务费。向承运人支付航空运费，同时向其收取佣金，可按协议与国外代理结算到付运费及利润分成。

小贴士：运费的支付方式

航空运费可以由寄件人支付、收件人支付或第三方支付。所谓第三方支付，是指非寄件人或收件人的第三人支付运费。

在实际操作中，除寄件人预付运费的方式外，其他付费方式都可能让物流公司承担不同程度的坏账。为了把相关风险降到最低，不同的物流公司会采取不同的支付方式。例如，通过协议约束寄件人必须确认收件人最终会支付运费，否则所有费用由寄件人承担。无论是哪一方支付运费，结算的方式都是比较灵活的，主要有现金支付、月结、信用卡支付和支票支付（如图 4-10 所示）。

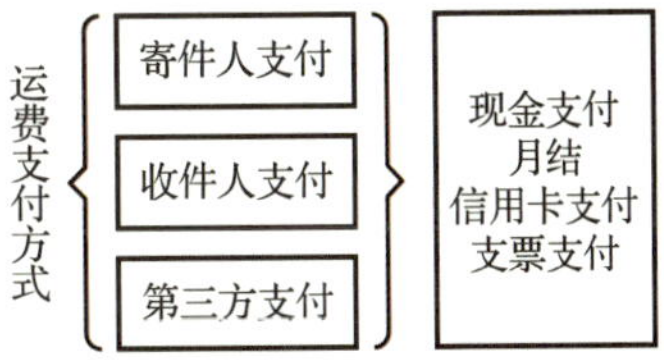

图 4-10 航空运费的支付

任务准备 2：航空货物进口操作流程

航空货物进口流程是指航空货物从入境到提取或转运和整个过程中所需通过的环节，以及所需办理的手续及填写必备单证的过程。航空货物入境后，要经过多个环节才能提出海关监管场所，而每经过一个环节都要办理相应的手续，并需出具相关的单证。航空货物进口操作流程如图 4-11 所示。

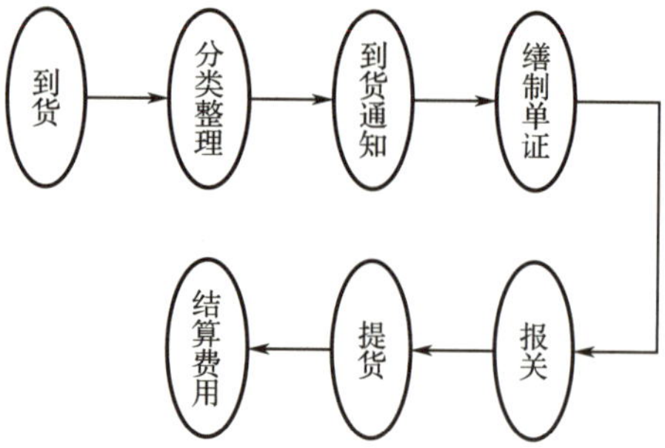

图 4-11 航空货物进口操作流程

1. 到货

航空货物入境后，将处于海关监管之中，货物存于海关监管仓库内。同时，航空公司向运单上的收货人发出到货通知。若运单上的第一收货人是航空公司，则航空公司会把有关货物运输单据交给航空货运公司。

2. 分类整理

航空运货公司在取得运单后，根据自己的习惯进行分类整理，区分集中托运货物和单票货物、运费预付和运费到付货物。集中托运货物需对总运单项下的货物进行分拨，按每一份运单的货物分别处理。分类整理后，航空货运公司编写公司内部的编号，以便用户查询和内部统计。

3. 到货通知

航空货运公司根据收货人资料寄发到货通知，催促其速办报关、提货手续。

4. 缮制单证

根据运单、发票及证明货物合法进口的有关批文缮制报关单，并在报关单的右下角加盖报关单位的报关专用章。

5. 报关

将制作好的报关单连同货物装箱单、发票、运单等的正本递交海关，向海关提出办理进口货物报关手续。海关在经过初审、审单、征税等环节后，放行货物。只有经过海关放行后的货物才能提出海关监管场所。

6. 提货

凭借盖有海关放行章的运单正本到海关监管场所提取货物并送货给收货人，收货人也可自行提货。

7. 结算费用

货主在委托收货时，应结清各种费用。

任务执行

广州商贸集团的刘浩有一批样品，要从广州运给美国的李昂，李昂急需该批货物，要求采用航空运输。

货物详细资料如下。

物品：手袋　　原料：100% 棉

箱数：10 箱　　数量：6 个 / 箱

单价：2000 元 / 个　尺寸：30 厘米 × 40 厘米 × 60 厘米

毛重：5 千克 / 箱

请各小组进行角色扮演（扮演的角色有托运人、营业员、仓储员等），模拟航空货运公司受理该批货物的运输工作。

任务评价

在完成上述任务后，教师组织进行三方评价，并对任务实施过程进行点评，指出各小组任务实施过程中的优点和缺点。学生完成表 4-2 任务评价表的填写。

表 4-2　任务评价表

组别			组员			
任务名称		航空运输流程				
考核内容		评价标准	参考分值	考核得分		
				自评	互评	教师评
职业素养	1	良好的沟通能力	10			
	2	良好的团队合作精神	10			
	3	良好的专业行为规范	10			
知识素养	1	航空货物出口操作流程	20			
	2	航空货物进口操作流程	20			
职业技能	1	正确选择航空业务流程	15			
	2	了解航空业务流程规范	15			
小计			100			
合计 = 自评 20%+ 互评 30%+ 教师 50%			组长签字			

任务三 核算航空货物运输运费

任务展示

广州商贸集团的陈红有一批样品从广州运给上海的王明，王明要求样品一天之内到达。货物的详细情况如下。

物品：手袋　　原料：100% 棉、梭织

箱数：10 箱　　数量：6 个 / 箱

单价：2000 元 / 个　　尺寸：30 厘米 × 40 厘米 × 60 厘米

毛重：5 千克 / 箱

根据以上信息，完成以下任务。

（1）为此次托运选择适用运价。

（2）计算运费。

任务准备

任务准备 1：航空运价

航空运价是指出发地机场至目的地机场之间的航空运输价格，不包括机场与市区间的地面运输及其他费用。

1. 航空运价的种类

（1）普通货物运价。这种运价适用于各种货物，以货物的重量计算费用。航空公司通常对普通货物设置货物重量等级，根据不同的货物重量等级采用不同的运输价格，货物重量越大，运价越优惠。

① 基础运价（N 级）。民航总局统一规定各行段货物基础运价，基础运价为 45 千克以下的普通货物运价，金额以元为单位。

② 重量分界点运价（Q 级）。国内航空货物运输分为 45 千克以上、100 千克以上和 300 千克以上 3 级重量分界点及运价（示例见表 4-3）

表 4-3　珠峰运输公司航空货物运价（从广州出发节选）

目　的　地	普通货物运价（单位：元）				
	M	N	45 千克	100 千克	300 千克
上海	30	3.5	3	2.5	2
巴黎	400	45	35	30	25
亚特兰大	300	35	25	23	20

（2）指定物品运价（C 级）。指定物品运价适用于某一航线上明确分类的特定物品的运价，如一些批量大、季节性强、单位价值低的货物。许多指定物品运价还包括对大宗货物运价的折扣。

指定物品运价因航线而异，航空公司通过提供指定物品运价来鼓励客户采用航空运输，以达到充分利用吨位、解决方向性运输不平衡的问题，从而提高运载率、降低运输成本。

（3）等级运价（S 级）。等级运价是指航空公司对某些特定货物提供的折扣运价或额外运价。例如，航空公司对发行的报纸提供普通运价 50% 的折扣运价；对急件、生物制品、珍贵植物和植物制品、活体动物、骨灰、灵柩、鲜活易腐物品、贵重物品、枪械、弹药、押运货物等特种货物实行额外运价，按机场运价的 150% 计收运费。

（4）最低运价（M 级）。每票国内航空货物最低价为 30 元人民币。

（5）集装运价。该运价适用于采用集装箱运输的货物，以集装箱 / 集装板作为一个运输单位。

（6）协议运价。该运价指航空公司与托运人签订协议，托运人保证每年向航空公司交运一定数量的货物，航空公司则向托运人提供一定数量的运价折扣，具体形式有长期协议（一般为一年左右）和短期协议（一般为半年左右）。

（7）联运运价。如果在始发站和目的站之间需要多个航空公司承运，则采用联运运价。联运运价一般是国家颁布的价格。

（8）预定舱位运价。如果客户优先预定舱位，则采用预定舱位运价。

（9）其他特殊运价。如危险品等需要特殊服务的物品运输，则采用特殊运价。

练一练

A 点至 B 点，普通货物 5 千克，最低运价（M 级）运价 35.50 元，而 45 千克以下基础（N 级）运价 7.50 元，求运费。

解：运费计算为 7.50 × 5=37.50（元）

因 37.50 元大于最低运价 35.50 元，所以应收运费 37.50 元。

任务准备 2：计费重量的确定

计费重量是指计算货物航空运费的重量。航空公司规定，计费重量一般在货物的实际毛重与货物的体积重量中取高者。当货物体积小、重量大时，按实际毛重计算计费重量；当货物体积大、重量小时，按体积计算计费重量。在集中托运时，一批货物由几件不同的货物组成，有轻泡货物也有较重货物，其计费重量则采用整批货物的毛重或总的体积重量，按两者之中较高的一个计算。

1. 实际毛重

包括货物包装在内的货物重量称为货物的实际毛重。对于高密度货物，应考虑采用实际毛重作为计费重量。

2. 体积重量

将货物的体积按一定的比例折合为重量，此重量称为体积重量。每千克货物的体积超过 6000 立方厘米时，就以体积重量作为计费重量。体积重量的计算方法如下。

（1）测量出货物的最长、最宽和最高部分的尺寸（单位为厘米），三者相乘算出体积，尾数四舍五入。在货运站测量货物的外包装时，要比箱子实际尺寸多出 1～2 厘米，如果箱子有凸出部分，则按凸出部分的长度来计算。

（2）将体积折算成重量。轻泡货以每 6000 立方厘米折合为 1 千克计算，计算公式为：体积重量（千克）= 长（厘米）× 宽（厘米）× 高（厘米）÷6000（厘米^3/ 千克）。

练一练：

一批货物的体积为 13 500 立方米，其体积重量为多少？

解：按体积计算的重量为 13 500 ÷ 6000 × 1=2.3（千克）。

答：体积重量为 2.3 千克。

小贴士：运费的计算公式

计算运费：

运价 = 运价率 × 计费重量

运费 = 运价 + 其他费用

任务准备 3：计费事项

国内航空货物运输计费规则如下。

（1）运费计算以元为单位，元以下四舍五入。

（2）确定最低运价时，将按重量计算的运价与最低运费相比，取较高者。

（3）按实际重量计得的运费与按较高重量分界点运价计得的运费相比，取较低者。

（4）分段相加组成运价时，不考虑实际运输路线，将不同的运价组成点所组成的运价相比，取较低者。

任务执行

动动手

（1）从上海空运运至广州一批电子产品，计费重量为 50 千克，地面运费为 0.2 元 / 千克，燃油附加费为 0.2 元 / 千克，计算该批货物的运费。

（2）珠峰运输公司将一份样品目录通过航空从上海寄往大连，该目录实际毛重为 2 千克，体积为 60 厘米 × 30 厘米 × 5 厘米，不考虑其他费用，计算运费（货物运价参见表 4-3）。

（3）从北京往罗马空运一批书籍，毛重 980 千克，工装 20 包，每包尺寸为 70 厘米 ×

50 厘米 × 40 厘米，请根据运价表计算运费（见表 4-4）。

表 4-4　北京到罗马普通货物运价

出发地—目的地	普通货物运价（单位：元）					
	M	N	45 千克	100 千克	500 千克	1000 千克
北京—罗马	320.00	45.72	36.98	36.00	31.26	28.71

参考答案

1. 计费重量为 50 千克，查阅运价表“45 千克以上”列，运价率为 5.1 元 / 千克，则：

运费 =50 × 5.1+50 ×（0.2+0.2）=275（元）

所以该批货物的运费为 275 元。

2. 体积重量：60 × 30 × 5÷6000=1.5（千克）< 毛重 2 千克

所以计费重量按毛重 2 千克计算。

查阅运价表“N”列，运价率为 3.5 元 / 千克，则：

运费 =2 × 3.5=7（元）< 最低运价 30 元

所以该批货物的运费为 30 元。

3. 体积 =70 × 50 × 40 × 20=2 800 000（立方厘米）

体积重量 =2 800 000/6000=466.67（千克）

比较毛重和体积重量

980.00 千克 >466.67 千克

所以计费重量为毛重 980 千克。

查表可知，从北京运到罗马的印刷品运价为普通运价的 50%。

运费 =50% × 31.26 × 980=15 317.40（元）

所以此批书籍的运费是 15 317.40 元。

任务评价

在完成上述任务后，教师组织进行三方评价，并对任务实施过程进行点评，指出各小组任务实施过程中的优点和缺点。学生完成表 4-5 任务评价表的填写。

表 4-5 任务评价表

<table>
<tr><td colspan="2">组 别</td><td></td><td>组 员</td><td colspan="3"></td></tr>
<tr><td colspan="2">任务名称</td><td colspan="5">核算航空货物运费</td></tr>
<tr><td colspan="2" rowspan="2">考核内容</td><td rowspan="2">评价标准</td><td rowspan="2">参考分值</td><td colspan="3">考核得分</td></tr>
<tr><td>自 评</td><td>互 评</td><td>教 师 评</td></tr>
<tr><td rowspan="3">职业素养</td><td>1</td><td>良好的沟通能力</td><td>5</td><td></td><td></td><td></td></tr>
<tr><td>2</td><td>良好的团队合作精神</td><td>5</td><td></td><td></td><td></td></tr>
<tr><td>3</td><td>良好的专业行为规范</td><td>5</td><td></td><td></td><td></td></tr>
<tr><td rowspan="4">知识素养</td><td>1</td><td>理解航空运价的种类</td><td>10</td><td></td><td></td><td></td></tr>
<tr><td>2</td><td>掌握重量分界点运价</td><td>10</td><td></td><td></td><td></td></tr>
<tr><td>3</td><td>掌握计费重量的确定</td><td>15</td><td></td><td></td><td></td></tr>
<tr><td>4</td><td>了解计费注意事项</td><td>10</td><td></td><td></td><td></td></tr>
<tr><td rowspan="2">职业技能</td><td>1</td><td>选用合适的航空运价</td><td>20</td><td></td><td></td><td></td></tr>
<tr><td>2</td><td>正确计算航空货物运费</td><td>20</td><td></td><td></td><td></td></tr>
<tr><td colspan="3">小 计</td><td>100</td><td></td><td></td><td></td></tr>
<tr><td colspan="2">合计 = 自评 20%+ 互评 30%+ 教师 50%</td><td></td><td colspan="2">组长签字</td><td colspan="2"></td></tr>
</table>

任务四 缮制航空货物运输单证

任务展示

广州商贸集团的陈红有一批货物，要从广州运给上海的王明。王明急需货物，要求用最短的时间送达。

发货人及收件人的资料如下。

发货人姓名：陈红

地址：广州市天河区明镜路 × 号

联系电话：020-××××0082

收货人姓名：王明

地址：上海市七浦路 38 号商贸集团

联系电话：021-××××4567

货物的详细资料如下。

物品：手袋　　原料：100% 棉、梭织

箱数：10 箱　　数量：6 个 / 箱

单价：2000 元 / 个　　尺寸：30 厘米 × 40 厘米 × 60 厘米

毛重：5 千克 / 箱

请根据以上内容，完成如下任务。

模拟航空货运站的营业员填写航空货物托运单。

任务准备

任务准备 1：航空运单

航空运单是指承运人与托运人之间签订的运输合同。航空运单不是物权凭证，不能通过背书转让。收货人提货不是凭借航空运单，而是凭借航空公司的提货通知单。

任务准备 2：国内航空运单的格式

国内航空运单的格式见表 4-6。

表 4-6　国内航空运单

出 发 站		到达站	
收货人姓名		电话	
收货人地址			
发货人姓名			

续表

<table>
<tr><td>发货人地址</td><td colspan="4"></td></tr>
<tr><td>空陆转运</td><td colspan="2">自　至</td><td>运输方式</td><td></td></tr>
<tr><td rowspan="2">货物品名</td><td rowspan="2">件数及包装</td><td colspan="2">重量</td><td>价值</td></tr>
<tr><td>计费</td><td>实际</td><td></td></tr>
<tr><td></td><td></td><td></td><td></td><td></td></tr>
<tr><td>航空运费:(每千克¥　　)</td><td>¥</td><td colspan="2">储运注意事项</td><td></td></tr>
<tr><td>地面运输费:</td><td>¥</td><td colspan="2" rowspan="4"></td><td rowspan="5">收运站
日期
经手人</td></tr>
<tr><td>空陆转运费:(每千克¥　　)</td><td>¥</td></tr>
<tr><td>中转费:</td><td>¥</td></tr>
<tr><td>其他费用:</td><td>¥</td></tr>
<tr><td>合计</td><td>¥</td><td></td><td></td></tr>
</table>

任务准备 3：国内航空运单各联的用途

航空运单一式八联。其中，正本三联，副本五联。三联正本具有同等法律效力，正本三联主要包括托运人联、财务联和收货人联；副本五联主要包括第一承运人联、货物交付联、目的站联、第二承运人联和代理人联（存根联）。

任务准备 4：航空运单的填写

航空运单由托运人填写，连同货物交给承运人。如果承运人依据托运人提供的托运委托书填写托运单并经托运人签字，则该托运单视为代托运人填写。托运人应当对托运单上所填关于货物的说明或声明的正确性负责。

（1）“出发站”“到达站”栏填写

这两栏填写出发站机场和到达站机场的全称。若不知道到达机场的全称，则可填写城市名称。如果某城市名称用于两个及以上国家时，应加上国名。例如，LONDON UK（伦敦，英国）；LONDON KY US（伦敦，肯塔基州，美国）；LONDON ON CA（伦敦，安大略省，加拿大）。

小贴士：国内航空公司的名称和代号（见表 4-7）

表 4-7　国内航空公司的名称和代号

航空公司名称	代　号	航空公司名称	代　号
中国国际航空公司	CA	中国东方航空公司	MU
中国新华航空公司	XW	厦门航空有限公司	MF
中国西北航空公司	WH	新疆航空公司	XQ
中国南方航空公司	CZ	云南航空公司	3Q
中国西南航空公司	SZ	四川航空公司	3U
中国北方航空公司	CJ	上海航空公司	FM

续表

航空公司名称	代　号	航空公司名称	代　号
通用航空公司	GP	长城航空公司	G8
中原航空公司	Z2	武汉航空公司	WU
海南航空公司	HU	贵州航空公司	G4
长安航空公司	2Z	深圳航空公司	4G
南京航空公司	3W	福建航空公司	IV
山东航空公司	SC		

（2）收货人、发货人的姓名、地址、电话等栏的填写

这几栏填写单位或个人的全称、详细地址和电话。保密单位应写邮政信箱号码或单位代号。

（3）“件数及包装”栏的填写

本栏填写实际的件数及包装种类。包装种类有包裹、纸板盒、盒、半条箱、袋、卷等，如货物没有包装，则应注明为散装。

（4）“货物品名”栏的填写

本栏填写货物的具体品名而非表示货物类别的笼统名称及包装材料。

（5）“储运注意事项”栏的填写

本栏填写货物特征和储运注意事项，如“易碎”“防潮”等；货物到达后的提取方式；个人托运物品的详细内容和数量等。

（6）其他注意事项

填制托运单后，如遇运价调整，运费多不退、少不补。托运人如有异议，可将货物退运，按新运价重新托运。

任务执行

动动手

王小兰将一批仪器交由中国北方航空公司北京分公司托运，出发站为北京，到达站为广东珠海，收货人为赵兴。该批货物属于普通货物，纸箱包装，共 10 件，每件价值 500 元，每件尺寸为 50 厘米 × 60 厘米 × 80 厘米，实际重量为 50 千克，航空运价率为 6.4 元 / 千克，地面运费为 10 元，其他费用为 30 元。货物运输过程必须注意防潮。

寄件人资料如下。

公司名称：北京 ×× 仪器有限公司

公司地址：北京市 ×× 区 ×× 大厦 ×× 室

公司邮编：11000××　　　公司电话：010-××××4728

寄件人姓名：王小兰

收件人资料如下。

公司名称：珠海市特区 ×× 电子仪器厂
公司地址：广东省珠海市 ×× 路 ×× 号
公司邮编：5190××　　　公司电话：0756-××××3322
收件人姓名：赵兴
请根据以上信息填写航空托运单（见表 4-8）。

表 4-8　航空托运单

<table>
<tr><td>出 发 站</td><td colspan="2"></td><td>到达站</td><td></td></tr>
<tr><td>收货人姓名</td><td colspan="2"></td><td>电话</td><td></td></tr>
<tr><td>收货人地址</td><td colspan="4"></td></tr>
<tr><td>发货人姓名</td><td colspan="4"></td></tr>
<tr><td>发货人地址</td><td colspan="4"></td></tr>
<tr><td>空陆转运</td><td colspan="2">自　至</td><td>运输方式</td><td></td></tr>
<tr><td rowspan="2">货物品名</td><td rowspan="2">件数及包装</td><td colspan="2">重量</td><td>价值</td></tr>
<tr><td>计费</td><td>实际</td><td></td></tr>
<tr><td></td><td></td><td></td><td></td><td></td></tr>
<tr><td>航空运费:(每千克¥　　)</td><td>¥</td><td colspan="2">储运注意事项</td><td></td></tr>
<tr><td>地面运输费:</td><td>¥</td><td colspan="2" rowspan="4"></td><td rowspan="5">收运站
日期
经手人</td></tr>
<tr><td>空陆转运费:(每千克¥　　)</td><td>¥</td></tr>
<tr><td>中转费:</td><td>¥</td></tr>
<tr><td>其他费用:</td><td>¥</td></tr>
<tr><td>合计</td><td>¥</td><td></td><td></td></tr>
</table>

任务评价

在完成上述任务后，教师组织进行三方评价，并对任务实施过程进行点评，指出各小组任务实施过程中的优点和缺点。学生完成表 4-9 任务评价表的填写。

表 4-9　任务评价表

<table>
<tr><td colspan="2">组　别</td><td></td><td colspan="2">组　员</td><td colspan="2"></td></tr>
<tr><td colspan="2">任务名称</td><td colspan="5">缮制航空货物运输单证</td></tr>
<tr><td colspan="2" rowspan="2">考核内容</td><td rowspan="2">评价标准</td><td rowspan="2">参考分值</td><td colspan="3">考核得分</td></tr>
<tr><td>自　评</td><td>互　评</td><td>教师评</td></tr>
<tr><td rowspan="3">职业素养</td><td>1</td><td>良好的沟通能力</td><td>5</td><td></td><td></td><td></td></tr>
<tr><td>2</td><td>良好的团队合作精神</td><td>5</td><td></td><td></td><td></td></tr>
<tr><td>3</td><td>良好的专业行为规范</td><td>5</td><td></td><td></td><td></td></tr>
<tr><td rowspan="4">知识素养</td><td>1</td><td>了解航空运单</td><td>10</td><td></td><td></td><td></td></tr>
<tr><td>2</td><td>理解国内航空运单的格式</td><td>15</td><td></td><td></td><td></td></tr>
<tr><td>3</td><td>了解国内航空运单的用途</td><td>10</td><td></td><td></td><td></td></tr>
<tr><td>4</td><td>掌握航空运单的填写</td><td>20</td><td></td><td></td><td></td></tr>
<tr><td rowspan="2">职业技能</td><td>1</td><td>区别航空运单各联的用途</td><td>10</td><td></td><td></td><td></td></tr>
<tr><td>2</td><td>航空运单的各栏目填写正确</td><td>20</td><td></td><td></td><td></td></tr>
<tr><td colspan="3">小　计</td><td>100</td><td></td><td></td><td></td></tr>
<tr><td colspan="2">合计 = 自评 20%+ 互评 30%+ 教师 50%</td><td></td><td colspan="2">组长签字</td><td colspan="2"></td></tr>
</table>

项目五

水路运输操作

我国的水路运输发展迅速，特别是近 30 多年来，水路客、货运量均增加了 16 倍以上。目前，我国的商船已航行至世界 100 多个国家和地区的 400 多个港口，已基本形成一个具有相当规模的水运体系。在相当长的历史时期内，我国水路运输对我国的经济、文化发展和外贸易交流起着十分重要的作用。

通过本项目的学习，应掌握水路运输的概念、特点等相关知识，熟悉水路运输业务基本流程，熟悉并能够缮制水路运输单证，熟悉水路运输费用的核算方法并能够核算水路运输费用。

任务一 认识水路运输

任务展示

水路运输是各类运输方式中兴起最早、历史最长的运输方式。在汽车、铁路、航空等运输方式出现之前，水路运输同以人力、畜力为动力的陆上运输相比，无论是运输能力、运输成本，还是方便程度等各个方面都处于优势地位。

为了更好、更深入地了解水路运输，本项目从水路运输的含义、优劣势、分类等基本内容入手，使学生能够形成一个较全面的认知，以便为掌握水路运输业务相关知识打下良好的基础。

任务准备

任务准备 1：水路运输的概念

水路运输简称水运，是指利用船舶、排筏和其他浮运工具，在江、河、湖泊、人工水道及海洋上，完成旅客和货物运送的一种运输方式。

水路运输以船舶作为主要运输工具，以港口或港站作为运输基地，以水域（包括海洋、河流和湖泊）作为运输活动范围。水路运输是世界上许多国家重要的运输方式之一。

任务准备 2：水路运输的特点

1. 水路运输的优点

（1）在所有的运输方式中，水运能力最大，并且其平均运输距离长。

（2）在运输条件良好的航道，水运的通过能力基本不受限制。

（3）水运的通用性能较好，既可运送旅客又可运送货物，尤其是运送大体积和大重量的货物。

（4）水运建设投资小，运输成本低，可以长距离、大批量运送货物。一方面，海上运输的航道均是天然形成，港口设施一般由政府修建，不像公路或铁路运输那样需大量投资用于修筑公路或铁路；另一方面，船舶运载量大、使用时间长、运输里程远，与其他运输方式相比，水运的单位运输成本较低。

2. 水路运输的缺点

（1）受自然条件，如水域、水位、气候等影响较大，易中断运输。

（2）运送速度慢，运送速度多为每小时 10 ～ 20 千米，最先进的集装箱船速度为每小时 35 千米，且水运时需要与其他运输方式配合衔接使用。

（3）安全性较低。水路运输受自然条件和气候的影响较大，因此遇险的可能性也大。每年全世界遇险的船舶约 300 艘。

总之，水路运输综合优势较为突出，适宜运距长、运量大、时间性要求不太强的各种大宗物资运输。

任务准备 3：水路运输的分类

水路运输可分为海运和河运两种，它们分别以海洋和河流作为交通线。但是，并不是所有的河流、湖泊都可以成为能直接使用的水路。例如，需要使用通航吨位较高的船舶时，河道窄的要加宽，浅的要挖深，有时还必须开挖沟通河流与河流之间的运河，才能为大型内河船舶提供四通八达的航道网。海运是使用船舶等水运工具经，海上航道运送货物和旅客的一种运输方式，它具有运量大、成本低等优点，但运输速度慢，且受自然条件影响大。河运特指内河运输，是使用船舶和其他水运工具，在国内的江、河、湖泊、水库等天然或人工水道运送货物和旅客的一种运输方式，它具有成本低、耗能少、投资省、少占或不占农田等优点，但受自然条件限制较大、速度较慢、连续性差。

水路运输具体分为以下四种形式。

（1）沿海运输。沿海运输是使用船舶，通过大陆附近的沿海航道运送客 / 货的一种方式，一般使用中、小型船舶。

（2）近海运输。近海运输是使用船舶，通过大陆邻近国家的海上航道运送客 / 货的一种方式，视航程既可使用中型船舶，也可使用小型船舶。

（3）远洋运输。远洋运输是使用船舶跨大洋长途运输的形式，主要使用运量大的大型船舶。

（4）内河运输。内河运输是使用船舶，在陆地内的江、河、湖、川等水道进行运输的一种方式，主要使用中、小型船舶。

任务准备 4：水路运输的设施设备（基本条件）

1. 船舶

水路运输的工具包括船、舶、舟、筏。船和舶是现代化水路运输工具的核心。船是指装有原动力的，而舶则是指没有动力装置的。

货船是指用于载运货物的船舶。货船按载运的货物种类和装卸方式可分为以下几类。

（1）干货船：以运载干燥货物为主，也可装运桶装液体货物的货船，包括杂货船、散货船和多用途船三大类。

杂货船以运载成包、成捆、成桶等件杂货为主，也可装运某些散装货，最小载量为几十千克，最大载量可达几百吨，如图 5-1 所示。

图 5-1 杂货船

散货船是指专运散装货的干货船，如运输谷物、矿砂、煤炭等大宗散货等，如图 5-2 所示。它具有运货量大、运价低等特点，目前在各类船舶的总吨位中占据第二位。

多用途船是指可运载集装箱、木材、矿砂、谷物或其他杂货等各种货物的干货船，如图 5-3 所示。

图 5-2　散货船

图 5-3　多用途船

（2）液货船。液货船是用于运载散装液态货物的货船统称，可用于运输石油、水、植物油、酒、氨水及其他化学液体和液化气体，主要包括原油船、成品油船、液体化学品船、液化石油气船、液化天然气船等，如图 5-4 所示。

图 5-4　液货船

（3）集装箱船。集装箱船是以标准集装箱为货运单元的货船（如图 5-5 所示）。这种船航速高，航线固定，利用港口专用设备进行快速装卸。船形削瘦，单层连续甲板、功率大、航速快、稳定性好；货舱开口大（可占船宽的 70% ～ 80%），尺寸规格化，平均吨位大。

（4）滚装船。滚装船类似汽车与火车渡船，是一种运载装货车辆或以滚动方式在水平方向装卸的货船（如图 5-6 所示）。它将载货的车辆连货带车一起装船，到港后一起开出船外。滚装船将传统的垂直装卸工艺改为水平装卸工艺，通过“滚上”或“滚下”的方式提升装卸速度，从而减少船舶在港停留时间。这种船适用于装卸繁忙的短程航线，但也有向远洋运输发展的趋势。

图 5-5 集装箱船

图 5-6 滚装船

（5）冷藏船。冷藏船是指运送保鲜蔬菜和易腐货物的货船（如图 5-7 所示），大多以定期班轮的方式营运，航速可达每小时 20 ～ 22 千米。为防止运输的货物被压坏，冷藏船常常设置多层甲板，且具有良好的阻热和保湿功能。按照冷藏形式的不同，冷藏船又分为冷藏舱船和冷藏集装箱船。前者将货舱做成冷藏舱，舱壁有良好的隔热功能，货物以托盘或篓筐形式置于舱内。后者将货物装于集装箱中，集装箱有两种，一种为内藏式冷藏箱，自带冷冻机；另一种为离合式冷藏箱，不带冷冻机，通过船上冷冻机将低温冷空气注入集装箱内。

图 5-7 冷藏船

（6）载驳船。载驳船俗称子母船，是一种专运货驳的船（如图 5-8 所示），其驳船收放方式分为吊运和浮移两种。母船到达锚地时，驳船从母船卸到水中，由拖船或推船将其带走；母船则再装载另一批驳船后开航。载驳船具有船舶停港时间短，装卸速度快且不受港口水深限制和码头拥挤影响，有利于江海联运等优点。普通载驳货船又称拉希式载驳货船（Lighter Aboard Ship，LASH），它与全集装箱船一样，也是一种分格结构的船，舱内设有许多驳格，每一驳格内可装四层驳船，甲板上可堆装两层驳船。

图 5-8 载驳船

（7）驳船。驳船是指本身无动力或只设置简单的推进装置，依靠拖船或推船带动或由载驳船运输的平底船（如图 5-9 所示），一般无装卸货设备，那些自己有动力装置的驳船称为自航驳。

驳船主要用于沿海、内河或港内驳运货物，往往用于转驳那些由于吃水深度等原因不便进港靠泊的大型货船的货物，或者组成驳船队运输货物。驳船具有结构简单、造价低廉、管理维护费用低、可航行于浅水道、编组灵活等特点，在内河运输中占重要地位。

图 5-9　驳船

2. 港口

港口指具有船舶进出、停泊、靠泊、旅客上下、货物装卸、驳运、储存等功能，还具有相应码头设施的由一定范围的水域和陆域组成的区域（如图 5-10 所示）。港口是位于沿海、内湖或河口的水陆运输转运的场所，一方面为船舶服务，另一方面为陆运工具服务，是国内外贸易的集散地，是海运的始点和终点。港口必须有安全停泊船舶的海面，称为港湾；还必须有可供船舶泊靠、旅客上下船的泊位和码头；同时应有货物装卸储转、船舶修理、油水供应和航行标识等设备。

港口是水运工作的一个重要设施，其最基本的功能就是为船舶进行装卸搬运工作提供场地。船舶的装卸、补给、修理工作和船员的修整等都要在港口进行。因此，港口是水运工作的关键所在。

图 5-10　港口

3. 航道

现代的水上航道已不再仅指天然航道，而是指包括人工航道、进出港航道及保证航行安全的航行导标系统和现代通信导航系统在内的工程综合体。

4. 航标

航标即助航标志，是用以帮助船舶定位、引导船舶航行、警告和指示碍航物的人工标志（如图 5-11 所示）。为了保证进出口船舶的航行安全，每个港口、航线附近的海岸均有各种助航设施。永久性航标的位置、特征、灯质、信号等已载入各国出版的航标和海图。

（a）灯塔　（b）灯船　（c）浮标

图 5-11　航标

航标的主要功能是如下。

① 定位——为航行船舶提供定位信息。

② 警告——提供碍航物及其他航行警告信息。

③ 交通指示——根据交通规则指示航行方向。

④ 指示特殊区域——如锚地、测量作业区、禁区等。

任务执行

步骤 1：熟悉水路货运的概念、特点及分类

各小组轮流互相提问，并记录完成情况。记录形式不限，默写、口答均可。

步骤 2：熟悉水路货运船舶

按类别默写水路货运船舶名称，或者根据图片判断货运船舶类别。

步骤 3：熟悉港口

各小组以结构图、关系图形式列出港口的基本构成要素。

____

____

____

步骤 4：熟悉航道

各小组举例说明航道的种类。

____

____

____

任务评价

在完成上述任务后，教师组织学生共同进行三方评价，并对任务实施过程进行点评，由教师指出各小组任务实施过程中的优点和缺点，由学生完成表 5-1 任务评价表的填写。

表 5-1 任务评价表

组别			组员			
任务名称		认识水路运输				
考核内容		评价标准	参考分值	考核得分		
				自评	互评	教师评
职业素养	1	良好的沟通能力	5			
	2	良好的团队合作精神	5			
	3	良好的专业行为规范	5			
知识素养	1	水路运输的概念	10			
	2	水路运输的特点	10			
	3	水路运输的种类	10			
	4	水路运输的基本条件	10			
职业技能	1	熟悉水路货运船舶种类	15			
	2	了解港口的构成要素	15			
	3	了解航道的分类	15			
小计			100			
合计 = 自评 20%+ 互评 30%+ 教师 50%			组长签字			

任务二　受理水路运输业务

任务展示

【任务 1】

（1）货物情况说明。

品名：矿砂；数量：182 686 吨；合同价值：USD4759490.12。

（2）船舶介绍。

船名：LOWLANDSGLOR；LOA（全长）：289 米；BEAM（宽）：45 米；DRAFT（吃水）：17.8 米；舱口：9 个。

（3）装货情况说明。

装货港：澳大利亚昆市州格拉德斯通市（GLADSTONE）；装载日期：2010 年 2 月 18 日；离港日期：2010 年 2 月 22 日；到达锚地日：3 月 7 日 22 点；靠泊日：3 月 10 日 14 点；离港日：3 月 15 日凌晨；运行时间：14 天。

（4）关税的综合税率为 19.81%；贸易条款：CIF QINGDAO。

要求：按照水路货运的流程模拟各步操作。

【任务 2】

上海运往肯尼亚蒙巴萨港口一批门锁，共计 100 箱，每箱体积为 20 厘米 × 30 厘米 × 40 厘米，毛重为 25 千克。

要求：确定应选择何种运输方式；确定如何组织运输全过程。

任务准备

任务准备 1：水路货物运输基本流程

水路货物运输基本流程包括确定航线、托运、承运与交接货物、办理保险、报关与通关等内容。水路货物运输基本流程如图 5-12 所示。

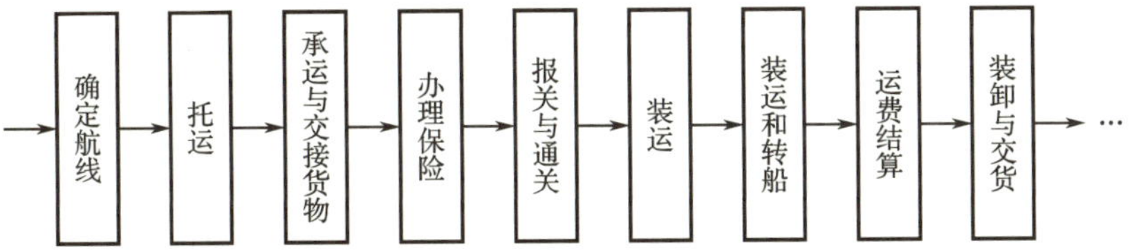

图 5-12　水路货物运输基本流程

一、确定航线

航线有广义和狭义之分。广义的航线是指船舶航行起讫点的线路。狭义的航线是指船舶航行在海洋中的具体航迹线，也包括在海图上的计划航线。

1. 设置航线时需考虑的因素

（1）有无保证船舶正常运营所需的充足且稳定的货源，并根据货源情况考虑基本舱位。

（2）地理环境、气候条件、航道的水深及沿途港口状况是否适合船舶安全航行。

（3）航线上各船舶公司的参与及竞争能力情况，国家的外交、经贸政策及航线所在地区政局的稳定情况。

2. 确定航线的步骤

（1）确定航线结构。

（2）选择挂靠港口。

（3）航线配船。

【知识链接】

航线配船是指将不同吨级（箱位）、类型的船舶配置到合适的航线上。这样做不仅能满足每条航线技术、营运方面的要求，而且能使船舶公司获得最好的经济效益。无论是新辟航线还是对原有航线进行调整，航线配船都是一项必不可少的工作。

二、托运

货物的托运阶段主要包括托运人或其代理人办理托运手续，以及承运人检验并承运两部分内容。托运人主要工作包括填写水路货物运单、提交托运的货物和支付费用。

1. 水路货物运单（运输合同）

在水运过程中，如果需要进行长期货运或大量货运，则承托双方应以签订水路货物运输合同的形式确立承运关系，见表 5-2；班轮运输则采用水路货运单的形式确立承运关系，见表 5-3。

表 5-2 水路货物运输合同（示范文本）

本合同经承运人签盖运输合同专用章后，具有月度运输合同效力，有关承运人与托运人、收货人之间的权利、义务关系和责任界限，按《水路货物运输规则》及运杂费用的有关规定办理。

月度运输合同号码： 货物交接清单号码： 编号：

船名：		航次：			起运港		到达港					约定装船日期：年 月 日		
托运人		全称			收货人		全称					约定运到期限：		
	地址、电话					地址、电话			费用结算方式					
	银行、账号					银行、账号			应收费用					
发货符号	货名	件数	包装	价值（元）	托运人确定		承运人确定		运费计算			费目	费率	金额
					重量（kg）	体积（m^3）	重量（kg）	体积（m^3）	等级	费率	金额			
											总计：			
											大写：			
											核算员：		收款章	
合计														
特约事项											复核员：			
装船日期：月 日 时至 月 日 时 运到时间：月 日 时 船舶签章					收货人签章 年 月 日				托运人签章 年 月 日			承运人签章 年 月 日		

表 5-3　水路货物运单（GF-91-0406）

本运单经承运人签盖运输合同专用章后，具有月度运输合同效力，有关承运人与托运人，收货人之间的权利、义务关系和责任界限，按《水路货物运输规则》及运杂费用的有关规定办理。

货物于____月____日

集中于________　交接清单号码________　运单号码________

<table>
<tr><td colspan="3">船名：　航次：</td><td colspan="2">起运港</td><td colspan="2"></td><td colspan="2">到达港</td><td colspan="2"></td><td colspan="2" rowspan="4">到达日期
（承运人章）</td><td colspan="2" rowspan="4">收货人
（章）</td></tr>
<tr><td rowspan="3">托运人</td><td colspan="2">全称</td><td colspan="3"></td><td>收货人</td><td colspan="2">全称</td><td colspan="2"></td></tr>
<tr><td colspan="2">地址电话</td><td colspan="3"></td><td></td><td colspan="2">地址电话</td><td colspan="2"></td></tr>
<tr><td colspan="2">银行电话</td><td colspan="3"></td><td></td><td colspan="2">银行账号</td><td colspan="2"></td></tr>
<tr><td rowspan="2">发货符号</td><td rowspan="2">货名</td><td rowspan="2">件数</td><td rowspan="2">包装</td><td rowspan="2">价值</td><td colspan="2">托运人确定</td><td colspan="2">计费重量</td><td rowspan="2">等级</td><td rowspan="2">费率</td><td rowspan="2">金额</td><td colspan="3">应收费用</td></tr>
<tr><td>重量（吨）</td><td>体积
长 × 宽 × 高（立方米）</td><td>重量（吨）</td><td>体积（立方米）</td><td>项目</td><td>费率</td><td>金额</td></tr>
<tr><td></td><td></td><td></td><td></td><td></td><td></td><td></td><td></td><td></td><td></td><td></td><td></td><td>运费</td><td></td><td></td></tr>
<tr><td></td><td></td><td></td><td></td><td></td><td></td><td></td><td></td><td></td><td></td><td></td><td></td><td>装船费</td><td></td><td></td></tr>
<tr><td></td><td></td><td></td><td></td><td></td><td></td><td></td><td></td><td></td><td></td><td></td><td></td><td></td><td></td><td></td></tr>
<tr><td></td><td></td><td></td><td></td><td></td><td></td><td></td><td></td><td></td><td></td><td></td><td></td><td></td><td></td><td></td></tr>
<tr><td></td><td></td><td></td><td></td><td></td><td></td><td></td><td></td><td></td><td></td><td></td><td></td><td colspan="2">总 计</td><td></td></tr>
<tr><td></td><td></td><td></td><td></td><td></td><td></td><td></td><td></td><td></td><td></td><td></td><td></td><td colspan="3">大写：</td></tr>
<tr><td></td><td></td><td></td><td></td><td></td><td></td><td></td><td></td><td></td><td></td><td></td><td></td><td rowspan="2">核算员：</td><td colspan="2" rowspan="3">收款章</td></tr>
<tr><td>合计</td><td></td><td></td><td></td><td></td><td></td><td></td><td></td><td></td><td></td><td></td><td></td></tr>
<tr><td colspan="2">特约事项</td><td colspan="6"></td><td colspan="4"></td><td>复核员：</td></tr>
<tr><td colspan="7">装船日期：　月　日　时至　月　日　时
运到日期：　月　日　时至　月　日　时
船舶签章</td><td colspan="3">收货人签章
年　月　日</td><td colspan="2">托运人签章
年　月　日</td><td colspan="3">承运人签章
年　月　日</td></tr>
</table>

注：

①货物的名称、件数、重量、体积、包装方式、识别标志等应当与运输合同的约定相符。

②对整船散装的货物，如果托运人在确定重量时有困难，则可要求承运人提供船舶水尺计量数作为其确定重量的依据。

③对单件货物重量或长度超过标准的，应当按照笨重、长大货物运输办理，在运单内载明总件数、重量和体积。

④水路货物运单一般为六联。

2. 提交托运的货物

（1）按双方约定的时间、地点，将托运货物运抵指定港口暂存或直接装船。

（2）需包装的货物应根据货物的性质、运输距离及中转等条件做好货物的包装。

（3）在货物外包装上粘贴或拴挂货运标志、指示标志和危险货物标志。

（4）散装货物按重量或船舶水尺计量数交接，其他货物按件数交接。

（5）散装液体货物由托运人装船前验舱认可，装船完毕由托运人同承运人对每处油舱和管道阀进行施封。

（6）运输活动物时，应用绳索拴好牲畜，备好途中饲料，派人随船押运照料。

（7）使用冷藏船运输易腐、保鲜货物时，应在运单内载明冷藏温度。

（8）运输木（竹）排等货物时应按约定编排，将木（竹）排的实际规格、托运的船舶或其他水上浮物的吨位，吃水，长、宽、高，以及抗风能力等技术资料在运单内载明。

（9）托运危险货物时，托运人应当按照有关危险货物运输的规定办理，并将其正式名称和危险性质，以及必要时应当采取的预防措施以书面形式通知承运人。

3. 支付费用

托运人按照约定向承运人支付运费。如果约定到达装运港口后在船上交货，则运费由收货人支付，并应当在运输单证中载明，在货物交付时向收货人收取。如果收货人约定指定目的地交货，则托运人应缴纳货物运输保险费、装运港口作业费等项费用。

三、承运与交接货物

（1）承运人和港口经营人应按《水路货物运输规则》中的有关规定，审查《货物运单》和《港口作业委托单》填制的各项内容。

（2）需要通过港口库场装船的货物，由港口经营人与作业委托人商定货物集中的时间和地点，并按《港口作业委托单》载明的内容负责验收。

（3）通过船边直接装船或托运人自理装船的货物，由承运人或其代理人按《货物运单》载明的内容负责验收。

四、办理保险

货主订妥舱位后，在货物集港之前，应向保险公司办理货物海洋运输保险事宜。

五、报关与通关

在国际货物运输时，承运进出口货物的运输工具负责人或代理人应按规定向海关申报，并在交验的《进出口载货清单》（舱单）或《装载清单》《交接单》《运单》上列明所载货物的资料，以办理报关手续。

任务准备 2：班轮运输业务

一、班轮运输（Liner Transport）

1. 定义

班轮运输又称定期船运输，是指由班轮运输企业按照事先制定的船期表，在特定的航线上，以既定的靠港顺序开展的航线上各港口间的货物运输。

班轮运输又细分为定线定期班轮和定线不定期班轮。

传统班轮运输的对象通常是件杂货，现在以集装箱为主。目前，班轮运输基本是指集装箱班轮运输。

2. 特点

（1）固定的航线、港口、船期和相对固定的费率（又称“四固定”）。

（2）班轮运价内包括装卸费用。货物由承运人负责配载、装卸，承运人和托运人之间不计算滞期费和速遣费。

（3）承运双方的权利义务和责任豁免以签发的提单为依据，并统一受国际公约制约。

（4）承运的品种和数量灵活。货运质量较有保证，且通常在码头仓库交接货物，为货主提供了便利的条件。

二、班轮运输业务中的主要关系方

在班轮运输中通常会涉及班轮公司、船舶代理人、无船（公共）承运人、海上货运代理人、托运人、收货人等有关货物运输的关系人。

1. 班轮公司

班轮公司是指运用自己拥有或自己经营的船舶，提供港口之间班轮运输服务，并依据法律规定设立的船舶运输企业。班轮公司应拥有自己的船期表、运价本、提单或其他运输单据。根据各国的管理规定，班轮公司通常应有船舶直接挂靠该国的港口。班轮公司又称远洋公共承运人。

2. 船舶代理人

船舶代理人是指船舶代理公司，是接受船舶所有人、船舶经营人或船舶承租人的委托，为船舶所有人、船舶经营人或船舶承租人的船舶及其所载货物或集装箱提供办理船舶进出港口手续、安排港口作业、接受订舱、代签提单、代收运费等服务，并依据法律规定设立的船舶运输辅助性企业。

3. 无船承运人

无船承运人也称无船公共承运人，通常是指经营无船承运业务的公司，是以承运人身份接受托运人的货载，签发自己的提单或其他运输单证，向托运人收取运费，通过班轮运输公司完成海上货物运输，承担承运人责任，并依据法律规定设立的提供海上货物运输服务的企业。无船承运人可以与班轮公司签订协议运价（国外称为服务合同 service contract，S.C）以从中获利，但是不能从班轮公司处获得佣金。

4. 海上货运代理人

海上货运代理人也称远洋货运代理人。他们接受货主的委托，代表货主的利益，为货主办理有关海上货物运输的相关事宜，并提供货代服务，可以从货主处获得代理服务佣金（2.5% ～ 4%），同时为班轮公司提供货载，并可以从班轮公司获得奖金。但其无法与班轮公司签订协议运价，因为这个协议运价肯定低于公布的运价。

5. 托运人

托运人是指货主企业，在运输合同中是指本人或委托他人，以本人名义或委托他人为本人与承运人订立海上货物运输合同的人，以及本人或委托他人以本人名义，或者委托他人为本人将货物交给与海上货物运输合同有关的承运人的人。托运人可以与承运人订立协议运价，获得优惠的运价，但不能从承运人处获得佣金。

6. 收货人

收货人是根据提单或其他相关运输单证，有权向承运人主张提取货物的人。

三、班轮运输业务流程

从事班轮运输的船舶按照预先公布的船期营运，通常能够及时地将货物从起运港迅速运输到目的港。班轮运输的运价相对固定，有利于货主在贸易谈判时掌握运输成本。班轮运输的流程主要包括以下内容（如图 5-13 所示）。

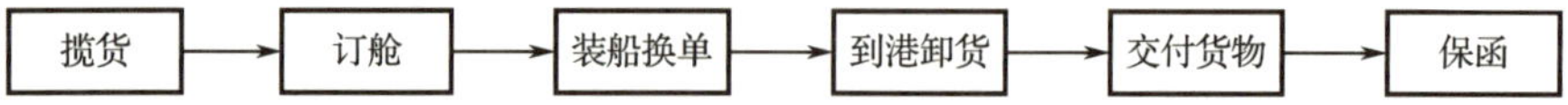

图 5-13 班轮运输的流程

1. 揽货

揽货是指从事班轮运输经营的船公司，为使自己所经营的班轮运输船舶能够充分利用载重量和舱容，力争做到“满舱满载”，以期获得最好的经营效益而从货主处争取货源的行为。

2. 订舱

订舱是指托运人或其代理人向承运人（班轮公司）、其他营业所或代理机构等申请货物运输，承运人对这种申请给予承诺的行为。订舱之后，船舶公司根据预订舱进行船舶配载。

承运人与托运人之间不需要签订运输合同，而是以口头或订舱函电进行预约。只要船舶公司对这种预约给予承诺，并在舱位登记簿上登记，即表明承托双方已建立有关货物的运输关系。

小贴士：班轮订舱应考虑的因素

（1）选择合适的承运人。
（2）船期。
（3）运费率。
（4）航线、停靠港口、是否转船。
（5）装货港口。
（6）集装箱种类、数量、规格。
（7）有无温度要求。
（8）目的港。
（9）货物是否属于危险品。
（10）班轮运行准确率。
（11）舱位紧张程度。
（12）信用证结算情况。

3. 装船换单

装船换单是指托运人应将其托运的货物送至码头承运船舶的船边并进行交接，然后将货物装到船上。如果船舶是在锚地或浮筒作业，那么托运人还应负责使用自己的或租用的驳船将货物装到船上，亦称直接装船。对一些特殊的货物，如危险品、冷冻品、鲜活货、贵重货多采用船舶直接装船。而在班轮运输中，为了提高装船效率，减少船舶在港停泊时间，不致延误船期，通常都采用集中装船的方式。集中装船是指由船舶公司在各装货港指定装船代理人，在各装货港的指定地点（通常为码头仓库）接收托运人送来的货物，办理交接手续后，将货物集中并按货物的卸货次序进行适当的分类后再进行装船。

托运人填制的托运联单包括托运单（B/N）、装货单（S/O）、收货单（M/R）等。托运人向承运人的代理人办理托运，代理人接受承运后将承运的船名填入托运联单内，留存托运单，其他联退还托运人。托运人凭这些单据到海关办理出口报关手续，海关同意放行后即在《装货单》上盖放行章。托运人凭《装货单》向港口仓库发货或直接装船后将装、收货单送交理货公司，船舶抵港后凭此理货装船。每票货物都装上船后，大副留存《装货单》，签署《收货单》。理货公司将《收货单》退还托运人，托运人凭借《收货单》向代理人换取《提货单》，托运人凭借《提货单》等到银行办理结汇，并将《提货单》寄交收货人。

4. 到港卸货

卸货是指将船舶所承运的货物在卸货港从船上卸下，将货物交给收货人或代其收货的人，并办理货物交接手续的过程。船舶公司在卸货港的代理人根据船舶发来的到港电报，一方面编制有关单证联系，安排泊位和准备办理船舶进口手续，约定装卸公司，等待船舶进港后卸货；另一方面还要把船舶预定到港的时间通知收货人，以便收货人及时做好接收货物的准备工作。在班轮运输过程中，为了使分属于众多收货人的各种不同的货物能在船舶有限的停泊时间内迅速卸完，通常采用集中卸货的办法，即由船舶公司所指定的装卸公司作为卸货代理人总揽卸货，然后向收货人交付货物。

小贴士：误卸

卸货时，船舶公司和装卸公司应根据载货清单和其他有关单证认真卸货，避免发生差错。然而，由于众多原因难免发生将本应在其他港口卸下的货物卸在本港，或本应在本港卸下的货物遗漏未卸的情况，通常将前者称为溢卸，后者称为短卸。溢卸和短卸统称为误卸。关于因误卸而引起的货物延迟损失或货物的损坏转让问题，一般在提单条款中都有规定。通常规定，因误卸发生的补送、退运的费用由船舶公司负担，但对因此而造成的延迟交付或货物的损坏，船舶公司不负赔偿责任。如果误卸是因标志不清、不全或错误及因货主的过失造成的，则所有补送、退运、卸货和保管的费用都由货主负担，船舶公司不负任何责任。

5. 交付货物

收货人收到提单后，将提单交给船舶公司在卸货港的代理人，经代理人审核无误后，签发提货单交给收货人，然后收货人再凭借提货单前往码头仓库，提取货物并与卸货代理人办理交接手续。交付货物的方式有仓库交付货物、船边交付货物、货主选择卸货港交付货物、变更卸货港交付货物和凭保证书交付货物等。

6. 保函

保函，即保证书，其作用包括凭保函交付货物、签发清洁提单和倒签预借提单等。在凭保函交付货物的情况下，收货人保证在收到提单后立即向船舶公司交回全套正本提单，承担应由收货人支付的运费及其他费用的责任；对因未提交提单而提取货物所产生的一切损失均承担责任，并表明对于保证内容由银行与收货人一起负连带责任。凭保函签发提单则使托运人能以《清洁提单》《已装船提单》顺利结汇。

任务准备 3：租船运输业务

一、租船运输

1. 定义

租船运输指没有固定的船舶班期，也没有固定的航线和挂靠港，按照货源的要求和货主对货物运输的要求，安排船舶航行计划，组织货物运输。

2. 特点

（1）无固定的航线、装卸港口和船期。租船人和船东洽商租船运输条件，以租船合同形式确定双方权利和义务。

（2）无固定运价，租金率或运费率由租船市场行情决定。船舶营运中有关费用的支出，取决于不同的租船方式，由船东和租船人分担，并在合同条款中写明。例如，装卸费用条款中若写明 FIO，则表示租船人负责装卸费；若写明 Liner Term，则表示船东负责装卸费。

（3）一般为整船洽租，多以装运货值较低、成交数量较多的大宗货物为主。因为运输量大，所以单位运输成本较低。

二、租船运输方式

租船运输又称不定期船运输，是相对于定期船（班轮运输）而言的另一种航运经营方式。租船形式主要有定期租船、航次租船、包运租船、光船租船等。

（一）定期租船

1. 概念

定期租船是一种以时间为基础的租船方式。由船舶出租人将船租给租船人使用一定期限，并在规定期限内由租船人自行调度和经营管理。租金按租期每月每吨若干金额计算。适用于租船市场上货源、货流比较稳定的货物。

2. 特点

租船人负担货物装卸费、理舱费、平舱费、船用燃料费、港口使用费等。其他费用，如船员工资、船舶维修保养等费用由船东负担。

（1）租赁期间，船舶经营管理由租船方负责。

（2）不规定航线和装卸港口，只规定航行区域。

（3）除特别规定外，可装运各种合法货物。

（4）船方负责船舶的维护、修理和机器的正常运转。

（5）不规定装卸期限或装卸率，不计算滞期费和速遣费，租金按租期每月每吨若干金额计算。

（6）租船双方的权利和义务以定期租船合同为准。

（二）航次租船

1. 概念

航次租船也称程租船。船东向租船人提供特定的船舶，以便在某两港或数港之间从事一定航次的承运方式。费用负担与定期租船基本相同。船东须按租船合同规定的航程完成货运任务，并负责船舶的经营管理及船舶在航行中的一切费用开支，租船人按约定支付费用。航次租船的形式有单航次租船、来回航次租船、连续单航次或连续来回航次租船。

2. 特点

（1）船舶的经营管理由船东负责。

（2）规定一定的航线和装运的货物种类、名称、数量及装卸港口。

（3）船东除对船舶航行、驾驶、管理负责外，还应对货物运输负责。

（4）多数情况下，运费按所运货物数量计算，规定一定的装卸期限或装卸率，并计算滞期费和速遣费。

（5）租船双方的权利和义务以航次租船合同为准。

（三）包运租船

包运租船是指船东提供给租船人一定吨位的船舶，在确定的港口之间，以约定的时间、航次周期和每航次较均等的货运量，完成运输合同规定的总运量的方式，是航次租船派生的一种特殊形式。

（四）光船租船

光船租船是指船东向租船人提供一艘特定的“裸船”，从交给租船人起，租船人负责船舶营运的全部责任。承租人负责配备船员、船舶调度，并负担一切营运费用。

三、租船运输作业程序

租船是通过租船市场进行的。在租船市场上，船舶所有人是船舶的供给方，而承租人则是船舶的需求方。

1. 租船询价

询价又称询盘。通常是指承租人根据自己对货物运输的需要或对船舶的特殊要求，通过租船经纪人在租船市场上要求租用船舶。询价主要以电报或电传等书面形式提出。承租人所期望得到的内容一般应包括需要承运的货物种类和数量、装货港和卸货港、装运期限、租船方式或期限、期望的运价（租金）水平及所需船舶的详细说明等。询价也可以由船舶所有人为承揽货载而通过租船经纪人向租船市场发出。由船舶所有人发出的询价内容应包括出租船舶的船名、国籍、船型、船舶的散装和包装容积、可供租用的时间、希望承揽的货物种类等。

【知识链接】

租船经纪人。在国际租船市场上，租船交易通常不是由船舶所有人和承租人亲自到场直接洽谈的，而是通过租船经纪人代为办理并签约的。租船经纪人一般都非常熟悉租船市场行情，精通租船业务，并且有丰富的租船知识和经验，在整个租船交易过程中起着桥梁和中间人的作用，对顺利成交起关键作用。

2. 租船报价

报价又称发盘。当船舶所有人从船舶经纪人那里得到承租人的询价后，经过成本估算或比较其他的询价条件，通过租船经纪人向承租人提出自己所能提供的船舶情况和运费率或租金率。报价的主要内容包括对询价内容做出的答复和提出的要求，还包括关于租金（运价）的水平，选定的租船合同范本，以及对范本条款的修改、补充条款。报价有“硬性报价”和“条件报价”之分，“硬性报价”是指报价条件不可改变的报价，并且需要在一定期限内做出接受订租的答复，超过有效期，这一报价即告失效。与此相反，“条件报价”是可以改变报价条件的报价。

3. 租船还价

还价又称还盘。在条件报价的情况下，承租人与船舶所有人之间对报价条件中不能接受的条件提出修改或增删内容称为还价。还价表示询价人对报价人报价的拒绝和新的报价开始。因此，船东对租船人的还价可能全部接受，也可能部分接受，对不同意的部分需提出再还价或新报价。这种对还价条件做出答复或再次做出新的报价的过程称为反还价（Recount Offer）或反还盘。

4. 租船报实盘

在一笔租船交易中，经过多次还价与反还价，如果双方对租船合同条款的意见一致，则一方可以以报实盘的方式要求对方做出是否成交的决定。报实盘时，要列举租船合同中的必要条款，将双方已经同意的条款和尚未最后确定的条件在实盘中加以确定。同时还要求对方在规定的有效期限内做出是否接受实盘的答复。若在有效期限内未做出答复，则所报实盘即告失效。同样，在有效期内，报实盘的一方对报出的实盘是不能撤销或修改的，也不能同时向其他第三方报实盘（Firm Offer）。

5. 接受订租

接受订租又称受盘，指双方当事人对实盘所列条件在有效期内明确表示承诺。至此，租船合同即告成立。原则上，接受订租是租船洽商的最后阶段。接受订租后，一项租船洽商即告结束。

6. 订租确认书

订租确认书是租船程序的最后阶段。双方当事人签署一份“订租确认书”（Fixture Note）。“订租确认书”无统一格式，但其内容应详细列出船舶所有人和承租人在洽租过程中承诺的主要条款。订租确认书经当事人双方签署后，需各保存一份备查。

7. 签订租船合同

租船是通过租船市场（Chartering Market）进行的。在租船市场上，船舶所有人是船舶的供给方，而承租人则是船舶的需求方。在当今通信技术十分发达的情况下，双方当事人从事的租船业务，绝大多数是通过电话、电传、电报或传真等现代通信手段洽谈的。

【知识链接】

租船合同范本的种类很多，标准航次租船合同的代表范本是“金康”（GENCON），定期租船合同的代表范本有“纽约土产”（NYPE），光船租船合同的代表范本有“光租”（BARECON）等。

表 5-4 是常见的包船运输合同。

表 5-4　包船运输合同

包船运输合同
托运方（甲）:________　　承运方（乙方）:________船运公司 地址:________　　地址:________ 邮码:________　　邮码:________ 电话:________　　电话:________ 法定代表人:________　　法定代表人:________ 职务:________　　职务:________ 乙方同意甲方托运________货物，经双方协商一致，签订本合同，共同遵守执行。 第一条　运输方法:乙方调派________吨船舶一艘，船名________，编号________，船舶有________吊装设备，应甲方要求由________港运至________港________号码头，按现行包船运输规定办理。 第二条　货物包装要求:乙方将货物用________材料包装，每包体积________立方米，重量________吨（或________型号包装集装箱）。 第三条　货物集中与接收时间:甲方应于________年____月____日至____月____日内将货物集中于______港______号码头。由乙方联系港口接收集货，货物由甲方看守。 第四条　装船时间:乙方于________年____月____日将船舶抵达港，靠好码头，于________年____月____日____时至____月____日____时将货物装完。 第五条　运到期限:乙方应于________年____月____日____时前将货物运达目的港码头。 第六条　起航联系:乙方在船舶装货完毕起航后，即发电报通知甲方做好卸货准备。如需领航时亦应通知甲方按时派引航员领航，费用________元由________方承担。 第七条　卸船时间:甲方保证乙方船舶抵达目的港码头，自下锚时起于________小时内将货物卸完。 第八条　运输质量:乙方装船时，甲方派人员监装，指导照章操作，保证安全装货，装完船封好舱，甲方派押运员押运，乙方保证原装押运。 第九条　运输费用:以船舶载重吨位计货物运费________元，空驶费按运费的____%计________元，全船运费为________元。 第十条　运费结算办法:本合同签订后，甲方应于________年____月____日前向乙方预付运输费用________元。乙方在船舶卸完后，甲方应于________年____月____日付清运输费用。 第十一条　甲方违约责任: 1. 甲方未按时集中货物，造成乙方船舶不能按时装货、按时起航，每延误一小时应向乙方偿付违约金________元。 2. 甲方未能按时卸货，每延迟一小时应向乙方偿付违约金________元。 3. 甲方未按时付清运输费用，每逾期一天，应向乙方偿付未付部分运输费用____%的违约金________元。 4. 甲方如不履行合同或擅自变更合同，应偿付乙方________元违约金。 第十二条　乙方违约责任: 1. 乙方未按期将货物运达目的码头，每逾期一天，应偿付甲方违约金________元。 2. 乙方船舶起航后未电报通知甲方准备卸船时间，所造成损失由乙方负责。 3. 乙方违章装、卸造成货物损坏，应赔偿实际损失，并向甲方偿付损失部分价款________%的违约金。 4. 乙方不履行合同或擅自变更合同，应偿付乙方________元违约金。 第十三条　不可抗力: 1. 在装、卸货物过程中，因气候影响装、卸作业时间，经甲乙双方签证，可按实际时间扣除。 2. 因________级以上风暴影响，不能按期履行合同，双方均不负违约责任。 第十四条　本合同执行中如发生争议，先由双方协商解决，若协商不能解决，双方可按下列第________项解决: 1. 申请仲裁机关裁决。 2. 向人民法院起诉。 第十五条　本合同一式二份，甲乙双方各执一份。 甲方:________　　乙方:________ 代表人:________　　代表人:________ 年　　月　　日

小贴士：租船应注意的问题

（1）与船方签订运输合同时，必须注意租船合同与进出口合同有关装运时间的一致性。

（2）了解装卸港口的地理位置。

（3）选择租船龄较小，质量较好的船。

（4）考虑船东的信誉和财务情况。

（5）正式报价前要了解市场行情。

任务准备 4：集装箱运输操作

一、集装箱概念

集装箱是指具有一定的强度、刚度和规格，专供周转使用的大型装货容器。集装箱是用钢、铝、胶合板或这些材料混合材料制成的，具有坚固、密封和可以反复使用等优点，在船上相当于货舱，在火车上相当于车皮，放在卡车上相当于车厢。集装箱内部容量大，容易装满和卸空，可利用装卸设备迅速搬运。

小贴士：集装箱标志及标准

集装箱的标志如图 5-14 所示。

1—箱主代码。

2—箱号或顺序号、核对号。

3—集装箱尺寸及类型代号。

4—集装箱总重、自重和容积。

5—集装箱制造厂名及出厂日期。

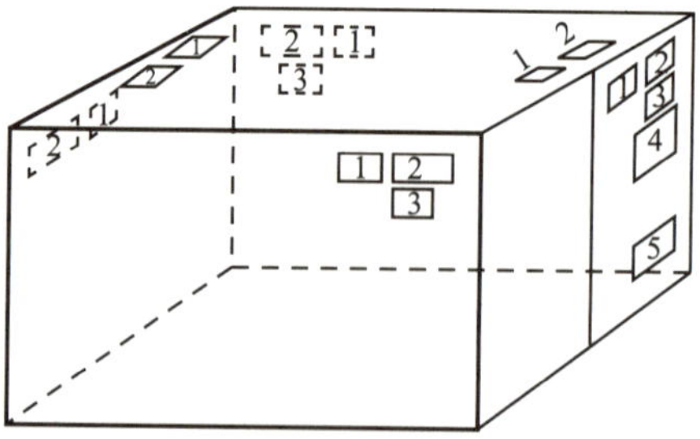

图 5-14　集装箱的标志

目前国际上通用的标准集装箱主要如下。

8 英尺 × 8 英尺 × 20 英尺，8 英尺 × 8 英尺 × 40 英尺，为计算方便，以 20 英尺箱为集装箱计算单位，即一个 20 英尺箱为一个 TEU，一个 40 英尺箱为一个

FEU，即为 2 个 TEU。20 英尺箱的设计总重为 24 吨，载货重量为 22 吨，一般限制在 18 ～ 20 吨；40 英尺箱的设计总重约 30.5 吨，载货重量为 26 吨，一般限制在 20 ～ 22 吨，在集装箱上有三组标记：

第一组标记：箱主代码、顺序号和核对数等内容。

第二组标记：国籍代号、集装箱的尺寸代号和类型代号。

第三组标记：集装箱的最大总重和自重。

二、集装箱运输的特点

集装箱运输的特点如下。

（1）包装简化，大量节约了包装费用。

（2）货运质量提高，减少了货损货差。

（3）装卸效率提高，加速了车船周转。

（4）货运手续简化，降低了货运成本。

（5）适合组织多式联运。

（6）适合高投资的运输方式。

三、集装箱的种类和规格

集装箱的种类有干货集装箱、开顶集装箱、冷藏集装箱、台架式集装箱、平台式集装箱、通风集装箱、动物集装箱、罐式集装箱、汽车集装箱等。

集装箱的规格有国际标准集装箱、国家标准集装箱、地区标准集装箱和公司标准集装箱等。

四、集装箱的选用

货物对集装箱的选用需考虑如下内容。

（1）清洁货物和污秽货物：可选用杂货集装箱、通风集装箱、开顶集装箱、冷藏集装箱。

（2）贵重货物和易碎货物：可选用杂货集装箱。

（3）冷藏货物和易腐货物：可选用冷藏集装箱、通风集装箱、隔热集装箱。

（4）散货：可选用散货集装箱、罐式集装箱。

（5）动物和植物：可选用牲畜（动物）集装箱、通风集装箱。

（6）笨重货物：可选用开顶集装箱、框架集装箱、平台集装箱。

（7）危险货物：可选用杂货集装箱、框架集装箱、冷藏集装。

五、空箱的提取与检查

1. 空箱的提取

通常集装箱是由船舶公司无偿借给货主或集装箱货运站使用的。

船舶公司接受订舱、承运货物后，即签发《集装箱空箱提交单》，连同《集装箱设备交接单》一并交给托运人，然后货主凭借《集装箱设备交接单》到集装箱堆场提取空箱。

2. 空箱的检查

在交接时或交接前应对集装箱进行检查。较大的货运代理公司，在港口场站设有专人负责集装箱空箱的提出和重箱的返场，提箱前对空箱进行检查并安排装运。场站若无专人负责，则提箱时可派人或由司机进行检查。

根据《中华人民共和国海上国际集装箱运输管理规定》第十八条规定:“装运粮油食品、冷冻品等易腐食品的集装箱，须经商检机构检验合格后方可使用。”货运代理人在使用装运食品的集装箱或冷冻箱时，必须首先申请商检机构在港口场站根据《集装箱检验办法》的规定进行检验，检验合格后，出具验箱合格证书，此时，货运代理人方可提箱。这无论从时间上还是从费用上考虑都要比提箱后再检验更为合理，尤其是由发货人装箱时，先提箱还会受检验条件的限制。

六、集装箱货物的交接方式

集装箱货物的交接方式有门到门、门到场、门到站、场到场、场到站、站到门、场到门、站到场和站到站多种方式。

七、集装箱海运进出口操作流程

集装箱整箱货进口业务操作流程如图 5-15 所示。

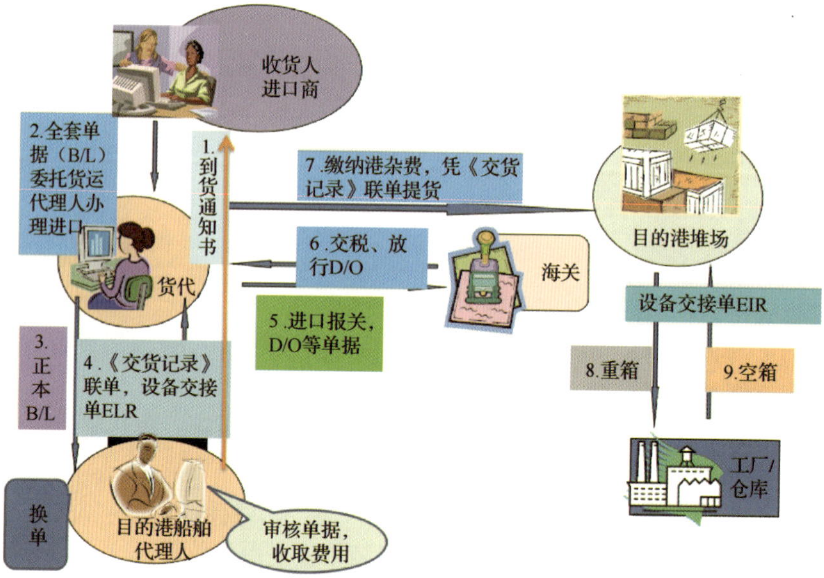

图 5-15　集装箱整箱货进口业务操作流程

集装箱整箱货出口业务操作流程如图 5-16 所示。

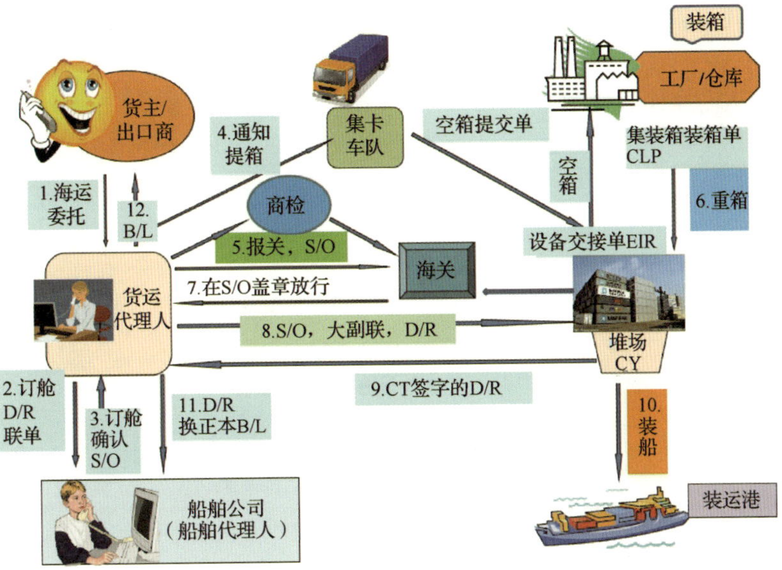

图 5-16　集装箱整箱货出口业务操作流程

任务执行

步骤 1：确定运输种类

根据本任务的运输任务，选择合适的海运种类，并说明选择的过程与结果。

某物流公司收到从温州运输一批不同种类、各种型号的皮鞋到海外的任务。由于温州在内陆，出口货物必须经过陆地和海上。考虑到每个月需 3 ～ 4 次运输，每次数量不足一车等因素，运输物流员决定使用铁路运到上海，再办理海上运输，在对各种转换手续进行细化后形成运输方案，上报部门经理并得到批准，客户对这种运输方式很满意。

运输物流员综合考虑后决定采用集装箱运输方式，具体步骤如下。

（1）领取集装箱，进行装箱作业。如果出现最后一箱装不满的情况，则视情况与需要与发往上海的其他货物拼箱。装箱完毕按照规定进行封签。

（2）通过陆地运输，将货物从始发地运往始发港口。

（3）在始发港口办理交接，在指定地点进行堆存。

（4）海上运输将集装箱运往目的港。

（5）在目的港办理运往集散地的手续，再运往目的国的集装箱集散地。

（6）在内陆集散地将集装箱（货物）运至收货人，办理货物交接手续。

步骤 2：班轮运输的操作过程。

绘制班轮运输操作流程图。

步骤 3：租船运输的操作过程。

绘制租船运输操作流程图。

步骤 4：完成订舱工作。

根据任务展示中的背景信息，选择合适的船舶公司，并完成订舱工作（船名 / 航次选择：从网上查询所有相关船舶公司 / 航次信息，并选择最合适的船舶公司和航次信息）。

任务评价

在完成上述任务后，教师组织学生共同进行三方评价，并对任务实施过程进行点评，由教师指出各小组任务实施过程中的优点和缺点。学生完成表 5-5 任务评价表的填写。

表 5-5 任务评价表

<table>
<tr><td colspan="2">组 别</td><td></td><td>组 员</td><td colspan="3"></td></tr>
<tr><td colspan="2">任务名称</td><td colspan="5">受理水路运输业务</td></tr>
<tr><td colspan="2" rowspan="2">考核内容</td><td rowspan="2">评价标准</td><td rowspan="2">参考分值</td><td colspan="3">考核得分</td></tr>
<tr><td>自 评</td><td>互 评</td><td>教 师 评</td></tr>
<tr><td rowspan="3">职业素养</td><td>1</td><td>良好的沟通能力</td><td>5</td><td></td><td></td><td></td></tr>
<tr><td>2</td><td>良好的团队合作精神</td><td>5</td><td></td><td></td><td></td></tr>
<tr><td>3</td><td>良好的专业行为规范</td><td>5</td><td></td><td></td><td></td></tr>
<tr><td rowspan="4">知识素养</td><td>1</td><td>了解班轮运输的概念、特点、分类</td><td>10</td><td></td><td></td><td></td></tr>
<tr><td>2</td><td>了解租船运输的概念、特点、分类</td><td>10</td><td></td><td></td><td></td></tr>
<tr><td>3</td><td>了解班轮运输业务中的主要关系方</td><td>10</td><td></td><td></td><td></td></tr>
<tr><td>4</td><td>了解集装箱货物的交接方式</td><td>10</td><td></td><td></td><td></td></tr>
<tr><td rowspan="4">职业技能</td><td>1</td><td>掌握水路运输业务流程</td><td>10</td><td></td><td></td><td></td></tr>
<tr><td>2</td><td>掌握班轮运输业务流程</td><td>10</td><td></td><td></td><td></td></tr>
<tr><td>3</td><td>掌握租船运输业务流程</td><td>10</td><td></td><td></td><td></td></tr>
<tr><td>4</td><td>掌握集装箱货物进出口业务流程</td><td>15</td><td></td><td></td><td></td></tr>
<tr><td colspan="3">小 计</td><td>100</td><td></td><td></td><td></td></tr>
<tr><td colspan="2">合计 = 自评 20%+ 互评 30%+ 教师 50%</td><td></td><td colspan="2">组长签字</td><td colspan="2"></td></tr>
</table>

任务三 缮制水路运输单证

任务展示

天津绮华服装有限公司（以下简称“天律绮华”，TIANJIN QIHUA GARMENTS CO.,LTD. 地址：5 Xinmei road，Huayuan Zone, Nankai District, CHI-Tianjin）是一家具有进出口经营权的纺织品公司，该公司与美国曼哈顿 OTTO 服饰有限公司（以下简称 OTTO，AMERICAN MANHATTAN OTTO DRESS CO., LTD. 地 址：46；22113 Manhattan 20457 NEW YORK，USA）欲建立合作关系，双方通过沟通，在经过反复磋商与谈判后，在价格、装卸条款、货款结算、保险及相关费用等方面达成一致。2009 年 11 月 4 日双方签订了交易合同，约定 2010 年 4 月 20 日前天津绮华服装有限公司将 1700 件晚礼服（型号：E235）运送到美国曼哈顿 OTTO 服饰有限公司。天津绮华委托货代公司（天津竭诚货运代理公司）向船舶公司租船订舱。租船订舱是出口商履行合同的第一步。请根据相关信息提示，完成《订舱委托书》。

货物名称：女士晚礼服（WOMEN'S EVENING DRESS）。

订舱要求：(1）运费：根据事前谈好的运费，共 3225 美元；(2）调配 2010 年 2 月 1 日开船到纽约 1 个 20 尺普柜；(3）提前三天在堆场提箱；(4）不允许转船和分批装运。

货物总体积：27.945 立方米；货物总重：3500 千克；净重：3312 千克；单价：USD 260 PER PC CIF NEW YORK；货物数量：207 箱 1656 件。

装运港：新港（XINGANG）；目的港：纽约港（NEW YORK）。

销售确认书编号：LSJ0011258；信用证编号：0183620610038457；信用证失效日期：2010 年 2 月 14 日；单期有效期：15 天。

请根据相关信息提示，完成《订舱委托书》。

任务准备

任务准备 1：水路货运单证种类

水路货运单证，有些是受国际公约和各国国内法约束的，有些是按港口的规定和航运习惯编制的。尽管这些单证种类繁多，但是主要单证是基本一致的，这些单证不仅是联系工作的凭证、划分风险责任的依据，也是买卖双方及货承双方办理货物交接的证明。国际贸易运输工作离不开单证，并且在国际航运中通用。目前，国际航运及我国航行于国际航线上的船舶所使用的班轮运输货运单证主要有以下几种。

一、装船单证

1.《托运单》(Booking Note，B/N)

《托运单》(实际工作中有时用《委托申请书》代替）是托运人（shipper）根据贸易合

同或信用证条款内容填写的向船公司或其代理人办理货物托运的单证（一式两份），船舶公司根据托运单内容，结合航线、船期和舱位等条件，选择可以接受的内容后，在托运单上签章，留存一份，退回托运人一份。

《托运单》的主要内容包括货名、件数、包装、标志、重量、尺码、装货港、目的港、装船期限、结汇期限、能否分批或转船等，如属危险品，还须填写危险性质和危规号。

《托运单》虽未明确有关双方权利义务和责任豁免的具体条款，但它意味着双方同意以该公司签发的提单条款为依据。

2.《装货联单》

船舶公司或其代理人在接受托运人提出托运申请后，发给托运人或货运代理人填制并交船公司审核、签章的单证，签章后作为船长将单上货物装船的依据。托运人将托运单交船舶公司办理托运手续，船舶公司接受承运后在托运单上签章确认，然后发给托运人装货联单。实际工作中，通常由货运代理人向船舶代理人申请托运，然后由货运代理人根据托运人委托，填写《装货联单》后提交给船公司的代理人。而货运代理人填写《装货联单》的依据是托运人提供的买卖合同或信用证的内容及货运委托书或货物明细表等。

目前我国各个港口使用的《装货联单》的组成不尽相同，按照国际航运惯例，《装货联单》一般是一式三联。

第一联：承运人留底（Counterfoil）；船方凭以缮制《装货清单》（Loading List）和画积载图、计算运费。

第二联：装货单正本（Original）；既是货主向海关办理货物出口申报手续的凭据（“关单”），也是装船依据（“下货纸”）。

第三联：收货单，又称大副收据（Mate’s Receipt，M/R）。

3.《提单》(Bill of Loading，B/L)

《提单》是船舶公司凭《收货单》签发给托运人的正式单据。它是承运人收到货物并已装船的凭证，是运输合同的证明和物权凭证，也是承运人在目的港凭以交付货物的证据。

4.《装货清单》(Loading List，L/L)

《装货清单》是根据装货联单中的托运单留底联，将全部待运货物按照目的港和货物性质归类，依航次靠港顺序排列编制的装货单的汇总单。《装货清单》的内容包括船名、装货单编号、件数、包装、货名、毛重、估计立方米及特种货物对运输的要求或注意事项的说明等。

《装货清单》是大副编制积载计划的主要依据，也是供现场理货人员进行理货、港口安排驳运、进出库场等业务的依据。当有增加或取消货载的情况发生时，船方应及时编制《加载清单》或《取消货载清单》，并及时分送给各有关方。

5.《载货清单》(Manifest，M/F)

《载货清单》也称“舱单”，是在货物装船完毕后，根据大副收据或提单编制的一份按卸货港顺序，逐票列明全船实际载运货物的汇总清单。其内容包括船名及国籍、开航日期、装货港及卸货港，同时应逐票列明所载货物的详细情况。

6.《运费清单》(Freight Manifest，F/M)

《运费清单》又称运费舱单或随船舱单，它是船舶装载的出口货物的有关资料及其运费的汇总清单，也是船方的随船单证之一。

二、卸船单证

1.《提货单》(Delivery Order，D/O)

《提货单》又称小提单，是船舶公司或其代理凭收货人持有的提单或保证书而签发的提货凭证，收货人可凭此单证到仓库或船边提取货物，《提货单》的内容基本与提单所列项目相同。

2.《货物过驳清单》(Boat Note)

《货物过驳清单》是驳船卸货时证明货物交接的单据，它是根据卸货时的理货单编制的，其内容包括驳船名、货名、标识号码、包装、件数、舱单号、卸货日期等。由收货人、装卸公司、驳船经营人等收取货物的一方与船方共同签字确认。

3.《货物溢短单》(Over-landed & Short-landed Cargo List)

《货物溢短单》是指一批货物在卸货时，所卸货物与提单记载数字不符，发生溢卸或短缺的证明单据。该单由理货员编制，经船方和有关方（收货人、仓库）共同签字确认。

4.《货物残损单》(Broken & Damaged Cargo List)

《货物残损单》是指卸货时，理货人员根据卸货过程中发现的货物破损、水渍、渗漏、霉烂、生锈、弯曲等情况，记录并编制的表明货物残损情况的单据，《货物残损单》须经船方签认，它与《货物溢短单》一样都是收货人向船方提出索赔的原始资料和依据。

5.《货物品质检验证书》(Quality Inspection Certificate)

《货物品质检验证书》是指卸货时，收货人申请商品检验机构对货物进行检验后，由商品检验机构出具的证明。如果货物品质与贸易合同规定不符，则此单是向国外卖方提出索赔的重要依据之一。

三、其他单据

1.《装箱单》与《重量单》(Packing List，Weight Memo)

这两种单据是对发票的补充，供进口地海关检验检疫和进口商核对货物使用，须按合同或信用证规定出具，其包装、货号、规格、毛重、净重、体积等内容应与发票、提单的内容一致。

2.《原产地证书》(Certificate of Origin)

该单据是证明货物原产地或制造地的单据，应进口商要求而提供。中国目前使用的有《普惠制产地证》《贸促会产地证》《检验检疫机构产地证》和《自由贸易协定产地证》等。具体采用哪一种，应根据《贸易合同》或《信用证》要求而定。

任务准备 2：海运提单

一、《海运提单》(Marine/Ocean Bill of Lading) 的概念、性质和分类

《海洋运输提单》或《港至港运输提单》(Port to Port B/L)，简称《海运提单》。《海运提单》是证明海上运输合同的货物由承运人接管或装船及承运人保证凭以交货的单据。《海

运提单》是国际海上货物运输的主要货运单证，具体提单样式如表 5-6 所示。

表 5-6 海运提单

海运提单
BILL OF LADING

<table>
<tr><td colspan="2">1)Shipper(托运人)</td><td rowspan="6">10)B/L NO.(提单号)

COSCO
中国远洋运输(集团)总公司
CHINA OCEAN SHIPPING (GROUP) CO.ORIGINAL
直运或转船
DIRECT OR WITH TRANSHIPMENT</td></tr>
<tr><td colspan="2">2)Consignee(收货人)</td></tr>
<tr><td colspan="2">3)Notify(通知方)</td></tr>
<tr><td>4)Place of Receipt
(接货地)</td><td>5)Vessel
(船名)</td></tr>
<tr><td>6)Voy.
(航次)</td><td>7)Port of Loading
(装货港)</td></tr>
<tr><td>8)Port of Discharge
(卸货港)</td><td>9)Place of Delivery
(交货地)</td></tr>
</table>

<table>
<tr><td colspan="5">Particulars furnished by the Shipper(托运人所提供的详细情况)</td></tr>
<tr><td>11)Marks and Numbers
(唛头与号数)</td><td>12)No. of Packages
(件数)</td><td>13)Description of Goods
(货名)</td><td>14)Gross Weight
(毛重)</td><td>15)Measurement
(尺码或体积)</td></tr>
<tr><td></td><td></td><td></td><td></td><td></td></tr>
<tr><td></td><td></td><td></td><td></td><td></td></tr>
<tr><td></td><td></td><td></td><td></td><td></td></tr>
<tr><td colspan="2">16)Total Number of Container or Packages (in words)
合计件数(大写)</td><td colspan="3"></td></tr>
<tr><td colspan="2">17)Freight and Charges
(运费和其他费用):</td><td colspan="3">为证明以上各节，承运人或其代理人已签署本提单一式份，其中一份经完成提货手续后，其余各份失效。
In witness Where of , the Carrier or his Agents has signed Bills of Loading ( ) all of thistenor and date , one of Which being accomplished ,the others to stand void.</td></tr>
</table>

<table>
<tr><td colspan="3">Loading on Board</td><td colspan="3">Place amd Date of Issue</td></tr>
<tr><td>19)Date</td><td>20)The vessel</td><td>21)By</td><td>22)Place</td><td>23)Date</td><td>24)By</td></tr>
<tr><td></td><td></td><td></td><td></td><td></td><td></td></tr>
<tr><td colspan="6">上列外表情况良好的货物(另有说明者除外)已装在上列船上并应在上列卸货港或该船所安全到达并保持浮泊的附近地点卸货。</td></tr>
<tr><td colspan="6">Shipped on board the vessel named above in apparent good order and condition (unless otherwise indicated) the goods or packages specified herein and to be discharged at the above mentioned port of as near thereto as the vessel may safely get and be always afloat.</td></tr>
<tr><td colspan="6">重量、尺码、标志、号数、品质、内容和价值是托运人所提供的，承运人在装船时并未核对。</td></tr>
<tr><td colspan="6">The weight , measure , marks , number , quality , contents and value , being particulars furnished by the Shipper , are not checked by the Carrier on loading.</td></tr>
<tr><td colspan="6">托运人、收货人和本提单的持有人兹明白表示接受并同意本提单和它背面所载的一切印刷、书写或打印的规定、免责事项和条件。</td></tr>
<tr><td colspan="6">The Shipper ,Consignee and the Holder of this Bill of Lading hereby expressly accept and agree to all printed , written or stamped provision, exceptions and conditions of this Bill of Lading including those on the back hereof.</td></tr>
</table>

（一）性质与作用

1. 货物收据

《海运提单》是承运人或其代理人签发的货物收据，证明承运人已收到提单所列货物并已装船，或者承运人已接管了货物，已待装船。

2. 运输契约证明

《海运提单》是承运人与托运人之间订立的运输契约的证明。《海运提单》条款明确规定了承运人和托运人之间的权利、责任和豁免，一旦发生争议，则双方据此进行解决。

3. 物权凭证

《海运提单》是一种货物所有权的凭证，在法律上具有物权证书的作用，船货抵达目的港后，承运人应向《海运提单》的合法持有人交付货物。《海运提单》可以通过背书转让，从而转让货物的所有权。

（二）种类

1. 按货物是否装船分类

（1）《已装船提单》（Shipped or Board B/L）：货物已装上船后签发的提单，凭大副装船后所签收的货单签发。在贸易合同中，买方一般要求卖方提供《已装船提单》，因为《已装船提单》上有船名和装船日期，对收货人按时收货有保障。

（2）《收货待运提单》（Received for Shipping B/L）：承运人虽已收到货物但尚未装船时签发的提单。一般是托运人凭场站收据向承运人所换的单据。装船后由船公司加注船名日期变成《已装船提单》。

2. 按运输方式分类

（1）《直达提单》（Direct B/L）：货物自装货港装船后，中途不经换船，直接驶到卸货港卸货而签发的提单。

（2）《转船提单》（Transhipment B/L）：起运港的载货船舶不直接驶往目的港，须在转船港换装另一船舶运达目的港时所签发的提单。

（3）《联运提单》（Though B/L）：货物需经两段或两段以上运输运达目的港，而其中有一段必须是海运，如海陆、海空联运或海海联运所签发的提单称为《联运提单》。所以，转船提单实际上也是联运提单的一种。

（4）《多式联运提单》（Combined Transport B/L，MT B/L）：货物由海上、内河、铁路、公路、航空等两种或多种运输方式进行联合运输而签订的，适用于全程运输的提单。

3. 按提单抬头（收货人）分类

（1）《记名提单》（Straight B/L）：《记名提单》在收货人一栏内列明收货人名称，所以又称《收货人抬头提单》，这种提单不能用背书方式转让，货物只能交与列明的收货人。

（2）《不记名提单》（Bearer B/L）：《不记名提单》是在提单上不列明收货人名称的提单，任何人都可凭借提单向承运人提取货物，承运人交货是凭单不凭人。

（3）《指示提单》（Order B/L）：《指示提单》上不列明收货人，可凭背书进行转让的提单。该单据有利于资金的周转，在国际贸易中应用较普遍。在收货人栏中写“凭指示”（TO ORDER______）。

4. 按有无批注分类

（1）《清洁提单》（Clear B/L）：货物装船时表面状况良好，一般未经加添明显表示货物或包装有缺陷批注的提单。在对外贸易中，银行为安全起见，在议付货款时均要求提供《清洁提单》。

（2）《不清洁提单》(Unclear B/L)：承运人在提单上加注货物或包装状况不良或存在缺陷等批注的提单。除非经买方授权，否则银行不接受。

5. 按提单格式分类

（1）《全式提单》(Long Form B/L)：既在正面印有内容又在背面印有承运人与托运人的权利、义务等详细条款的提单。

（2）《简式提单》：仅保留《全式提单》正面的必要内容，而没有背面条款的提单。

6. 按商业习惯分类

（1）《过期提单》(Stale B/L)：卖方向当地银行交单结汇的日期与装船开航的日期相距太长，以致银行正常邮寄提单时，预计收货人不能在船到达目的港前收到的提单。根据《跟单信用证统一惯例》规定，在提单签发日期后 21 天才向银行提交的提单为《过期提单》。

（2）《倒签提单》(Anti-date B/L)：承运人应托运人的要求，签发提单的日期早于实际装船日期，以符合信用证对装船日期的规定，便于在该信用证下结汇。

（3）《预借提单》(Advanced B/L)：因信用证规定的装运日期和议付日期已到，货物却因故而未能及时装船，由托运人出具保函，要求承运人签发的《已装船提单》。

（4）《顺签提单》(Post-date B/L)：货物装船完毕后，承运人应托运人的要求，以晚于该票货物实际装船完毕的日期作为签发提单的日期，以符合有关合同关于装船日期的规定。

（5）《舱面提单》(On Deck B/L）或称《甲板货提单》，指货物装载于船舶露天甲板，并注明“甲板上”字样的提单。

（6）《货代提单》(House B/L)：由货运代理人（无船承运人）签发的提单。

二、提单的内容与正确缮制

（1）提单的名称：必须注明“提单”(Bill of Lading）字样。

（2）提单的份数：整套正本提单注有份数。《全套提单》(Full Set B/L 或 Complete Set B/L）是指承运人签发的提单正本，通常为一份、两份或三份。如果信用证要求“2/3 Original B/L”，即指承运人签发提单正本三份，受益人凭全套正本提单的其中两份办理结汇。

（3）托运人（Shipper）的名称和营业所：填写出口商信息，信用证没有特殊规定时应填写信用证受益人（Benificiary）的名称和地址，如果信用证要求以第三者为托运人，则必须按信用证的要求予以缮制。

（4）收货人（Consignee）的名称：收货人的指定关系到提单能否转让及货物的归属问题。收货人名称一栏必须按信用证的规定填写。例如，信用证规定提单做成“made out to order”，则打“order”一词;“made out to order of the applicant”(申请开证人）则打“order of ××××”(applicant 全名)、“made out to order of the issuing bank”则打“order of ××××bank”(开证行全名)；如果信用证规定提单直接做成买主（即申请人）或开证行的抬头，则不可再加“order of”两词。

（5）通知方（Notify Party)：须填写符合信用证规定的名称和地址、电话号码等。被通知人即为进口方或进口方的代理人。

（6）海运船只（Ocean Vessel)：按实际情况，填写承担本次运输货物的船舶的名称和航次。若是收妥待运提单，则待货物实际装船完毕后记载船名。

（7）装货港（Port of Lading）：填写货物实际装船的港口名称，即启运港。

（8）卸货港（Port of Discharge）：填写海运承运人终止承运责任的港口名称。

（9）标志和号码（Marks and Nos）：又称唛头，是提单与货物联系的主要纽带，是收货人提货的重要依据，必须按信用证或合同的规定填写。如无唛头规定时可注明“NO MARKS”（N/M）。

（10）包装种类和件数，货名（Number and Kind of Packages, Description of Goods）：按货物是散装货、裸装货还是包装货的实际情况填写。

（11）毛重和尺码（Gross Weight and Measurement）：填写各货物的毛重和体积（尺码）。

（12）合计件数（Total Number of Container or Packages）：填写货物的毛重总数和体积总数（必须用大写）。提单上关于货物的描述必须与商业发票上的货物描述一致，货物件数应按实际装货件数填写。

（13）运费和其他费用 (Freight and Charges)：填写运费及额外的附加费用。

（14）运费支付地点（Freight Payable at）：按信用证的规定填写。

（15）签单地点和日期（Place and Date of Issue）：提单签发地为装运港所在城市的名称，签发日期为货物交付承运人或装船完毕的日期。

（16）提单的签发：提单必须由船长、承运人或承运人的代理人签字盖章。

（17）提单右上方的 B/L NO 是承运人或其代理人按承运人接受托运货物的先后次序或按舱位入货的位置编排的号码。

（18）提单印有“已装船”（Shipped in apparent good order and condition on board...）字样的，无须加“装船批注”（On board notation）字样；如印有“收妥待运”（Received in apparent good order and condition for shipment...）字样的则必须再加“装船批注”字样并加上装船日期。

（19）提单印有“intended vessel”“intended port of loading”“intended port of discharge”及 / 或其他“intended...”等不肯定的描述字样者，则必须加注“装船批注”字样，其中须把实际装货的船名、装货港口、卸货港口等项目打明，即使预期 (intended) 的船名和装卸港口并无变动，也需重复打出。

（20）提单不能有“不洁净”批注 (unclean clause)，即对所承载的该批货物及其包装情况有缺陷现象的批注。

（21）关于转船，可根据信用证要求填制。

（22）提单上的任何涂改、更正须加具提单签发者的签章。

任务准备 3：国内水路货物运单

《水路货物运单》见表 5-7。

表 5-7 水路货物运单

交接清单号码： 运单号码：

<table>
<tr><td>船名</td><td></td><td>起运港</td><td colspan="3"></td><td>到达港</td><td colspan="4"></td><td colspan="2" rowspan="4">到达日期
承运人（章）</td><td colspan="2" rowspan="4">收货人
（章）</td></tr>
<tr><td rowspan="3">托运人</td><td>全称</td><td colspan="3"></td><td rowspan="3">收货人</td><td>全称</td><td colspan="4"></td></tr>
<tr><td>地址、电话</td><td colspan="3"></td><td>地址、电话</td><td colspan="4"></td></tr>
<tr><td>银行账号</td><td colspan="3"></td><td>银行账号</td><td colspan="4"></td></tr>
<tr><td rowspan="3">发货符号</td><td rowspan="3">货号</td><td rowspan="3">件数</td><td rowspan="3">包装</td><td rowspan="3">价值（元）</td><td colspan="2">托运人确定</td><td colspan="2">计费重量</td><td rowspan="3">等级</td><td rowspan="3">费率</td><td rowspan="3">金额（元）</td><td colspan="3">应收费用</td></tr>
<tr><td rowspan="2">重量（吨）</td><td rowspan="2">体积（立方米）</td><td rowspan="2">重量（吨）</td><td rowspan="2">体积（立方米）</td><td>项目</td><td>费率</td><td>金额</td></tr>
<tr><td>运费</td><td></td><td></td></tr>
<tr><td></td><td></td><td></td><td></td><td></td><td></td><td></td><td></td><td></td><td></td><td></td><td></td><td></td><td></td><td></td></tr>
<tr><td></td><td></td><td></td><td></td><td></td><td></td><td></td><td></td><td></td><td></td><td></td><td></td><td></td><td></td><td></td></tr>
<tr><td></td><td></td><td></td><td></td><td></td><td></td><td></td><td></td><td></td><td></td><td></td><td></td><td></td><td></td><td></td></tr>
<tr><td rowspan="2">运到期限或约定</td><td colspan="7" rowspan="2"></td><td colspan="4" rowspan="2">托运人（章）
月 日</td><td colspan="2">总计</td><td></td></tr>
<tr><td colspan="2">核算员</td><td></td></tr>
<tr><td>特约事项</td><td colspan="7"></td><td colspan="4">承运日期起运港
承运人（章）</td><td colspan="2">复核员</td><td></td></tr>
</table>

【说明】

1. 此货物运单主要适用于江、海干线和跨省运输的水路货物运输。

2. 水路货物运单、货票一式六份。顺序如下。

第一份：货票（起运港存查联）。

第二份：货票（解缴联）起运港→航运企业。

第三份：货票（货运人收据联）起运港→托运人。

第四份：货票（船舶存查联）起运港→船舶。

第五份：货票（收货人存查联）起运港→船舶→到达港→收货人。

第六份：货物运单（提货凭证）起运港→船舶→到达港→收货人→到达港存。

3. 除另有规定外，均属于港航分管的水路运输企业，由航运企业自行与托运人签订货物运输合同的，均使用航运企业抬头的水路货物运单。

4. 货物运单联需用厚纸印刷，货票各联用薄纸印刷，印刷墨色也应有所区别：解缴联为红色，收据联为绿色，其他各联为黑色。

5. 要印控制号码或固定号码。

6. 到达港收费，另开收据。

7. 规格：长 19 厘米，宽 27 厘米。

任务执行

步骤 1：熟悉杂货班轮业务涉及的主要单证

列出杂货班轮业务涉及的主要单证名称及其英文缩写。

步骤 2：缮制定舱委托书

【任务背景】

天津绮华服装有限公司（以下简称“天津绮华”，TIANJIN QIHUA GARMENTS CO.,LTD. 地址：5 Xinmei road，Huayuan Zone, Nankai District, CHI-Tianjin）是一家具有进出口经营权的纺织品公司(天津)，该公司与美国曼哈顿 OTTO 服饰有限公司（以下简称 OTTO，AMERICAN MANHATTAN OTTO DRESS CO., LTD. 地址：46；22113 Manhattan 20457 NEW YORK；USA）欲建立合作关系，双方通过交谈与沟通，在经过反复磋商与谈判后，从价格、装卸条款、货款结算、保险及相关费用等方面达成一致。2009 年 11 月 4 日双方签订了交易合同，约定 2010 年 4 月 20 日前天津绮华服装有限公司将 1700 件晚礼服（型号:E235）运送到美国纽约曼哈顿 OTTO 服饰有限公司。天津绮华委托货代公司（天津竭诚货运代理公司）向船公司租船订舱。

【相关信息】

货物名称：女士晚礼服（WOMEN'S EVENING DRESS）。

订舱要求如下。

（1）运费：根据事前谈好的，运费共 3225 美元；

（2）请配 2 月 1 日开船到纽约 1 个 20 尺普柜；

（3）提前三天在堆场提箱；

（4）不允许转船和分批装运。

货物总体积：27.945 立方米

货物总重：3500 千克，净重：3312 千克

单价：USD 260 PER PC CIF NEW YORK

货物数量：207 箱，1656 件

装运港：新港（XINGANG）

目的港：纽约港 (NEW YORK)

销售确认书编号：LSJ0011258

信用证编号：0183620610038457

信用证失效日期：2010 年 2 月 14 日

交单期有效期：15 天

【任务要求】

租船订舱是出口商履行合同的第一步。

请根据相关信息提示，完成《订舱委托书》如表 5-8 所示。

表 5-8 订舱委托书

公司编号					日期	
1）发货人*		4）信用证号码				
		5）开证银行				
		6）合同号码			7）成交金额	
		8）装运口岸			9）目的港	
2）收货人		10）转船运输			11）分批装运	
		12）信用证效期			13）装船期限	
		14）运费				
		16）公司联系人			17）电话/传真	
3）通知人		18）公司开户行			19）银行账号	
		20）特别要求				
21）标记唛码	22）* 货号规格	23）* 包装件数	24）毛重	25）净重*	26）数量	27）单价
28）总价*	29）总件数*	30）总毛重*	31）总净重*	32）总尺码*	33）总金额*	
34）备注						

步骤 3：填制货物出口报关单

【任务背景】

同上。

【相关信息】

货物名称 / 货物总体积 / 货物总重 / 净重 / 单价 / 货物数量 / 目的港同上

船名航次：MCS boston 102e

提单号：SNL JP62912356

集装箱号：MCSU4597787*1(1)

货代公司：天津竭诚货运代理公司

运输方式：水路运输

批准文号：718012013

运费：3225 美元，502/3225/3

保费：000/0.03/1

包装种类：纸箱

商品编号：62044300.90

合同协议号：LSJ0011258

【任务要求】

当货物全部准备完成，并顺利租到舱位，有了详细的船名航次、提单号之后，就需要向报关行提供相关单据，完成报关的初步准备工作。报关员收到出口商提供的相关单据后，根据相关表单完成报关单的填制，然后再登录海关报关电子口岸申请报关。

请根据相关信息提示，完成《出口货物报关单》的填制，见表 5-9（注：带 * 部分必填）。

表 5-9　中华人民共和国海关出口货物报关单

<table>
<tr><td colspan="3">预录入编号：</td><td colspan="6">海关编号：</td></tr>
<tr><td colspan="3">进口口岸 *</td><td colspan="2">备案号</td><td colspan="2">出口日期 *</td><td colspan="2">申报日期</td></tr>
<tr><td colspan="3">经营单位 *</td><td colspan="2">运输方式
水路运输</td><td colspan="2">运输工具名称 *</td><td colspan="2">提运单号 *</td></tr>
<tr><td colspan="3">发货单位</td><td colspan="2">贸易方式</td><td colspan="2">征免性质</td><td colspan="2">结汇方式</td></tr>
<tr><td colspan="3">许可证号</td><td colspan="2">运抵国（地区）</td><td colspan="2">指运港</td><td colspan="2">境内货源地</td></tr>
<tr><td colspan="2">批准文号</td><td>成交方式</td><td colspan="2">运费</td><td colspan="2">保费</td><td colspan="2">杂费</td></tr>
<tr><td colspan="2">合同协议号</td><td>件数</td><td colspan="2">包装种类</td><td colspan="2">毛重（千克）*</td><td colspan="2">净重（千克）*</td></tr>
<tr><td colspan="2">集装箱号</td><td colspan="5">随附单据</td><td colspan="2">生产厂家</td></tr>
<tr><td colspan="9">标记唛码及备注</td></tr>
<tr><td colspan="9">备注：
随附单证号：</td></tr>
<tr><td colspan="9"></td></tr>
<tr><td>项号</td><td>商品编号 *</td><td colspan="2">商品名称、规格型号 *</td><td>数量及单位 *</td><td>最终目的国（地区）</td><td>总价 *</td><td>币制</td><td>征免</td></tr>
<tr><td></td><td></td><td></td><td></td><td></td><td></td><td colspan="3"></td></tr>
<tr><td colspan="9">税费征收情况</td></tr>
<tr><td>录入员</td><td>录入单位</td><td colspan="4">兹证明以上申报无讹并承担法律责任</td><td colspan="3">海关审单批注及放行日期（签章）</td></tr>
<tr><td>报关员</td><td></td><td colspan="4" rowspan="2">申报单位（签章）</td><td colspan="2">审单</td><td>审价</td></tr>
<tr><td>单位地址</td><td></td><td colspan="2">征税</td><td>统计</td></tr>
<tr><td>邮编</td><td></td><td>电话</td><td></td><td>填制日期</td><td colspan="2"></td><td colspan="2"></td></tr>
</table>

步骤 4：填制《装箱单》

【任务背景】

浦东国际货运有限公司（SHPDGJ）自揽整箱业务，直发单不出副提单，用 40 英尺高箱（40HC）进行海运出口业务，由上海至西班牙的瓦伦西亚市，运费预付。

【任务要求】

模拟货物代理公司员工，按出口货运代理业务流程缮制《装箱单》（见表 5-10）。

表 5-10　装箱单

ISSUER			装箱单 PACKING LIST SC NO. LC NO.			
TO			INVOICE NO.		DATE	
Marks and Numbers	Number and kind of package Description of goods	Quantity	Package	G.W.	N.W.	Meas.
TOTAL: SAY TOTAL:						

步骤 5：填制《出境货物报检单》

【任务背景】

2010 年 2 月 14 日，西安市纺织产品公司（XIAN TEXTILE PRODUCTS COMPANY）与法国瑞希进出口贸易公司（FRENCH RUIXI IMPORT AND EXPORT TRADING COMPANY）签订一份交易合同（合同号：A2365487），要求在 2010 年 4 月 20 日将一批雪纺连衣裙（HS 编码：3025417）从天津新港运送到法国的马赛港。西安纺织产品公司派出童亮（联系电话：136××××4532）办理此项业务。2010 年 3 月 10 日，当将货物备妥后，在装船前就开始向天津商检部发出报检委托，货物暂时存放在天津新港。这批连衣裙共有 8600 箱 165 600 件，装在了 3 个 40 英尺的普通集装箱中；贸易方式为一般贸易；货物总值是 USD1, 530 000 00；信用证号码是 0782365；承运船只的船名或航次是 GFRT 03524；报检单位登记号：12500003514。

【任务要求】

请根据以上信息提示完成单据的填制（见表 5-11）(注：带 * 部分必填)。

表 5-11 中华人民共和国出入境检验检疫出境货物报检单

中华人民共和国出入境检验检疫

出境货物报检单

报检单位(加盖公章)						* 编号			
报检单位登记号 *		联系人		电话		报检日期 *	年	月	日

发货人	(中文) *	
	(外文)	
收货人	(中文) *	
	(外文)	

货物名称 *(中/外文)	H.S. 编码 *	产地	数/重量 *	货物总值 *	包装种类及数量 *

运输工具名称号码	船名或航次	贸易方式		货物存放地点	
合同号 *		信用证号 *		用途	其他
发货日期		输往国家(地区)		许可证/审批号	
启运地		到达口岸		生产单位注册号	
集装箱规格、数量及号码	3 个海运 40 英尺普通箱				

合同、信用证订立的检验检疫条款或特殊要求	标 记 及 号 码	随附单据(画"✓"或补填)	
		☐ 合同 ☐ 信用证 ☐ 发票 ☐ 换证凭单 ☐ 装箱单 ☐ 厂检单	☐ 包装性能结果单 ☐ 许可/审批文件

需要证单名称(画"✓"或补填)				* 检验检疫费	
☐品质证书 ☐重量证书 ☐数量证书 ☐兽医卫生证书 ☐健康证书 ☐卫生证书 ☐动物卫生证书	__正__副 __正__副 __正__副 __正__副 __正__副 __正__副 __正__副	☐植物检疫证书 ☐熏蒸/消毒证书 ☐出境货物换证凭单 ☐出境货物通关证 ☐ ☐	__正__副 __正__副 __正__副 __正__副	总金额(人民币元) 计费人 收费人	

报检人郑重声明: 1. 本人被授权报检 2. 上列填写内容正确属实,货物无伪造或冒用他人的厂名、标志、认证标志,并承担货物质量责任 签名:________	领取证单	
	* 日期	年 月 日
	签名	

注:有"*"号栏由出入境检验检疫机关填写	◆国家出入境检验检疫局制
	[(2010.3.10)]
	[(2010.1.1)]

任务评价

在完成上述任务后，教师组织学生共同进行三方评价，并对任务实施过程进行点评，由教师指出各小组任务实施过程中的优点和缺点。学生完成表 5-12 任务评价表的填写。

表 5-12 任务评价表

组别			组员			
任务名称		缮制水路运输单证				
考核内容		评价标准	参考分值	考核得分		
				自评	互评	教师评
职业素养	1	良好的沟通能力	5			
	2	良好的团队合作精神	5			
	3	良好的专业行为规范	5			
知识素养	1	水路货物运输单证种类	5			
	2	海运提单概念、分类	10			
	3	海运提单的内容	10			
职业技能	1	缮制《订舱单》	20			
	2	缮制水路《货物运输托运单》	20			
	3	缮制《海运提单》	20			
小计			100			
合计 = 自评 20%+ 互评 30%+ 教师 50%			组长签字			

任务四 核算水路运输运费

任务展示

（1）某企业出口一批柴油机，共 15 箱，总毛重为 5.65 吨，总体积为 10.676 立方米。由青岛装中国远洋运输公司轮船，经中国香港转船至苏丹港，试计算该企业应付船公司多少运费。

（2）某轮从上海装运 10 吨，共计 11.3 立方米的蛋制品，目地港为英国普利茅斯港，要求直航，请计算全部运费是多少。

任务准备

任务准备 1：水路货物运输运费的分类计算方法

（一）杂货班轮运费计算方法

1. 运费组成

班轮公司运输货物所收取的运输费用，是按照班轮运价表的规定计收的。班轮运价表一般包括说明及有关规定、货物分级表、航线费率表、附加费表、冷藏货及活牲畜费率表等。目前，我国海洋班轮运输公司使用的是“等级运价表”，即将承运的货物分成若干等级，每个等级的货物有一个基本费率，称为“等级费率表”。

班轮运费包括基本运费和附加运费两部分。

（1）基本费率（Basic Rate），是指每一记费单位（如运费吨）货物收取的基本运费。是整个运费的主要构成部分，根据基本运价和运费吨计算得出。基本运价按航线上基本港之间的运价给出，是计算班轮运费的基础。基本费率有等级费率、货种费率、从价费率、特殊费率和均一费率之分。

（2）附加费（Surcharges）：附加费指对一些需要特殊处理货物、突然事件的发生或客观情况的变化等原因而需另外加收的费用。

小贴士：基本港与非基本港

基本港口（base port）也称基本港，是指国际大型班轮公司定期挂靠，进出口贸易及海运需求较大，具有相当规模的港口。例如，中国香港、上海、深圳、高雄；新加坡、神户、鹿特丹等。

在基本港挂靠成本相对较低。基本港口不限制货量，运往基本港口的货物一般均为直达运输，无须中途转船。

凡基本港以外的港口均称为非基本港，非基本港是指班轮公司不常挂靠的港口。运往非基本港的货物，除按基本费率收取运费外，还要加收附加费。

2. 运费计算标准（Basis/Unit For Freight Calculation）

在班轮运价表中，根据不同的商品，班轮运费的计算标准通常采用下列几种。

（1）按货物毛重（重量吨）计收，运价表中用“W”表示。按此方法计算的基本运费等于计重货物的运费吨乘以运费率。

（2）按货物的体积（尺码吨）计收，运价表中用“M”表示。按此方法计算的基本运费等于容积货物的运费吨乘运费率。

【知识链接】

上述计费的重量吨和尺码吨统称为运费吨，又称计费吨，按照国际惯例，容积货物是指每吨的体积大于 1.1328 立方米的货物；而我国的远洋运输运价表中则将每吨的体积大于 1 立方米的货物定为容积货物。

（3）按毛重或体积计收。由船公司选择其中收费较高的作为计费吨，运价表中以“W/M”表示。

（4）从价运费，运价表中用“A · V”表示。从价运费一般按货物的离岸价格的一定百分比收取。按此方法计算的基本运费等于资物的离岸价格 (FOB) 乘从价费率，一般为 1% ～ 5%。

（5）在货物重量、尺码或从价运费三者中选择最高的一种计收，运价表中用“W/M or ad val”表示。

（6）按货物重量或尺码最高者，再加从价运费计收，运价表中以“W/M plus ad val”表示。

（7）按每件货物作为一个计费单位收费。例如，活牲畜按“每头”(per head）收费，车辆按“每辆”(per unit) 收费。

（8）临时议定价格，即由货主和船公司临时协商议定。此类货物通常是低价的货物或特大型的机器等。在运价表中此类货物以“Open”表示。

3. 附加费的计算标准

附加费的计算一般有两个标准：一种是以基本运费率的百分比表示，在基本运费的基础上，加收一定百分比的费用；另一种是用绝对数字表示，按每运费吨加收一个绝对值来计算。在班轮运输中，常见的附加费有下列几种。

（1）超重附加费（Heavy Lift Additional）：货物单件重量超过一定限度而加收的费用。

（2）超长附加费（Long Lcnth Additional）：单件货物长度超过规定长度而加收的费用。

各班轮对超重或超长货物的规定不一。中国远洋运输（集团）总公司规定每件货物达到 5 吨或 9 米以上时，加收超重或超长附加费。一般情况下，超重货按重量吨计收，超长货按运费吨计收。无论是超重、超长还是超大件，托运时都须注明。如船舶需转船，则每转船一次就加收一次附加费。

（3）选卸附加费（Optional Surcharge）：装货时尚不能确定卸货港，要求在预先提出的两个或两个以上港口中选择一港卸货，船方因此而加收的附加费。所选港口限定为该航次规定的挂港，并按所选港中收费最高者计算及收取附加费。货主必须在船舶抵达第一选卸货港前（一般规定为 24 小时或 48 小时）向船方声明最后确定的卸货港。

（4）转船附加费（Transshipment Surcharge）：凡运往非基本港的货物，需转船运往目的港时，船舶所收取的附加费。其中包括转船费（包括换装费、仓储费）和二程运费。但有的船舶公司不收取此项附加费，而是分别另收转船费和二程运费，这样收取的一、二程运费和转船费，又称“三道价”。

（5）直航附加费（Direct Additional）：运往基本港的货物达到一定的数量，船舶公司可安排直航该港而不转船时所加收的附加费。通常，直航附加费比转船附加费低。

（6）港口附加费（Port Additional or Port Surcharge）：船舶需要进入条件较差、装卸效率较低或船舶费用较高的港口及其他原因而增收的附加费。

（7）港口拥挤附加费（Port Congrestion Surcharge）：有些港口由于拥挤，致使船舶停泊时间增加而加收的附加费。该项附加费随港口条件改善或恶化而变化。

（8）燃油附加费（Bunker Surcharge or Bunker Adjustment Factor，B.A.F）：因燃油价格上涨而加收一绝对数或按基本运价的一定百分数加收的附加费。

（9）货币贬值附加费（Devaluation Surcharge or Carrency Adjustment Factor，C.A.F）：在货币贬值时，船方为保持其实际收入不致减少，按基本运价的一定百分数加收的附加费。

（10）绕航附加费（Deviation Surcharge）：因战争、运河关闭、航道阻塞等原因造成正常航道受阻，必须临时绕航才能将货物送达目的港而需增加的附加费。

除以上各种附加费外，还有一些附加费需船货双方议定，如洗舱费、熏舱费、破冰费、加温费等，各种附加费是对基本运价的调节和补充，可灵活地对外界各种不测因素的变化做出反应，是班轮运价的重要组成部分。

小贴士：附加费的计算

附加费的计算一般有两种规定：一是以基本运费率的百分比表示；二是用绝对数字表示，取每运费吨增收若干元。

根据一般费率表规定，不同的商品如混装在一个包装内（集装箱除外），则全部货物按其中收费高的商品计收运费。同一种货物因包装不同而计费标准不同，但托运时如未申明具体包装形式时，全部货物均要按运价高的包装计收运费。同一提单内有两种以上不同计价标准的货物，托运时如未分列货名和数量时，计价标准和运价全部要按高者计算。这是在包装和托运时应该注意的。

4. 运费计算步骤

（1）选择相关的运价本；（2）根据货物名称，在货物分级表中查到运费计算标准（BASIS）和等级（CLASS）；（3）在等级费率表的基本费率部分，找到相应的航线、启运港和目的港，按等级查到基本运价；（4）从附加费部分查出所有应收（付）的附加费项目和数额（或百分比）及货币种类；（5）根据基本运价和附加费计算出实际运价；（6）运费 = 运价 × 运费吨。

（二）集装箱班轮运费计算方法

集装箱班轮运费的计算基本上分为两大类：一类是使用件杂货运费计算方法，即以每运费吨为单位（俗称散货价）；另一类是以每个集装箱为计费单位（俗称包箱价）。

1. 件杂货基本费率加附加费

（1）基本费率——参照传统件杂货运价，以运费吨为计算单位，多数航线上采用等级费率。

（2）附加费——除传统杂货所收的常规附加费外，还要加收一些与集装箱货物运输有关的附加费。

2. 包箱费率（Box Rate）

这种费率以每个集装箱为计费单位，常用于集装箱交货的情况，即 CFS-CY 或 CY-CY 条款，常见的包箱费率有以下三种表现形式。

（1）FAK 包箱费率（Freight for All Kinds）：对每一个集装箱不细分箱内货类，不计货量（在重量限额之内）统一收取的运价。

（2）FCS 包箱费率（Freight for Class）：按不同货物等级制定的包箱费率，集装箱普通货物的等级划分与杂货运输分法一样，仍是 1 ～ 20 级，但是集装箱货物的费率级差远小于杂货费率级差，一般低价货集装箱收费高于传统运输，高价货集装箱低于传统运输；同一等级的货物，重货集装箱运价高于体积货运价。在这种费率下，拼箱货运费计算与传统运输一样，根据货物名称查得等级，计算标准，然后套用相应的费率，乘运费吨，即得运费。

（3）FCB 包箱费率（Freight for Class 或 Basis）：按不同货物等级或货类及计算标准制定的费率。

3. 集装箱运输中不同交接方式下运费的构成

集装箱运输中不同交接方式下运费的构成如表 5-13 所示。

表 5-13　集装箱运输中不同交接方式下运费的构成（LCL 拼箱货、FCL 整箱货）

交接方式		发货地				海上运输	收货地				费用组成
		A	B	C	D	E	D	C	B	A	
LCL/LCL	CFS/CFS		√	√		√		√	√		B+C+E+C+B
FCL/FCL	DR/DR	√		√		√		√		√	A+C+E+C+A
	DR/CY	√		√		√	√	√			A+C+E+C+D
	CY/CY			√	√	√	√	√			C+D+E+C+D
	CY/DR			√	√	√		√		√	C+D+E+C+A
LCL/FCL	CFS/CY		√	√		√	√	√			B+C+E+C+D
	CFS/DR		√	√		√		√		√	B+C+E+C+A
FCL/LCL	DR/CFS	√		√		√		√	√		A+C+E+C+B
	CY/CFS			√	√	√		√	√		C+D+E+C+B

小贴士：有关缩写与字母代表的含义说明

字母 A、B、C、D、E 所代表的含义如下。

A 代表内陆运输费（inland transportation charge），包括铁路、公路、航空、内河、沿海支线运输所发生的运输费用。

B 代表拆拼箱服务费（LCL service charge），包括取箱、装箱、送箱、拆箱及理货，免费期间的堆存、签单、制单等各种作业所发生的费用。

C 代表码头 / 堆场服务费（terminal handle charge），包括船与堆场间搬运、免费期间的堆存及单证制作等费用。

D 代表装 / 卸车费（transfer charge），包括在堆场、货运站等地点使用港区机械从货方接运的汽车 / 火车上卸下或装箱时的费用。

E 代表海运费（ocean freight），与传统班轮杂货的费用承担范围相同。

任务准备 2：水路货物运输运费计算过程

（一）水运运费计算过程

1. 确定货物运价等级

水运运价的制定各地有不同的规定，需要根据各自适用范围的运价规则查找《货物运价分级表》，找出相应的运价等级（见表 5-14）。

表 5-14 货物运价分级表

货 名	COMMODITY	等级（class）W/M
手推车	barrow	8
啤酒	beer	7
未列名货物	cargo n.o.e	12
陶罐及配件	earthen pipe & fittings	6
羽绒及制品	feather down & products	15
各种麻纱或线	hemp-yarn & twine all kinds	7
光学仪器	instruments,optical	13
保险柜	iron cash cases	10
海蜇皮	jelly fish	10
锡箔	joss tin foie	11
皮革制品	leather & leather goods	12
机器及零件	machinery & parts	10
金属铬	chrome metal	10
镍及镍材	nichel& nichel materia	12
各种缝纫针	needles ,all kinds	10
油漆	paint	10
塑料薄膜及制品	plastic sheets & products	5
石英	quartz	4
电冰箱	refrigerator	10
芝麻	seeds sesame	8
烟叶	tobacco leaves	8
核桃	walnut with shell	6
酵母	yeast,dried	7

2. 确定运价里程

运价里程是指由水运主管部门统一颁布的为测定两港间运价率而特设的里程。它不同于实际里程和航行里程，比较稳定，不得任意更改，只有在航道或港区发生永久性变化时，才由水运主管部门统一修订。在制定运价率表时，为便于运作和简化，往往把运价里程划分为若干区段。每一区段适合从某一里程起至下一里程止的特定范围。若两港间的运价里程落在某一里程区段内，则按统一规定的里程计算，这一里程称为计算里程。

我国对沿海航区和长江航区里程区段的划分及相应采用的计算里程均有不同规定。例如，51 ～ 100 海里区段中，以每 10 海里为界，划分为 5 个小区段，即 51 ～ 60 海里、61 ～ 70 海里直至 91 ～ 100 海里，其计算里程以各区段的中间值为准，并仅保留整数。又如，大连—天津运价里程为 247 海里，属 241 ～ 280 海里区段，其计算里程为 260 海里，天津—青岛运价里程为 461 海里，属 451 ～ 520 海里区段，其计算里程为 490 海里。

3. 确定计费质量

水路货物计费分为质量吨（W）和体积吨（M）两种。质量吨按货物的毛重，以 1000 千克为 1 质量吨；体积吨按货物的“满尺丈量”为体积，以 1 立方米为 1 体积吨。

4. 确定运价率

确定了基价、级差率及运价里程之后，就可以计算出任何两港间的各级运价率，将所得数据汇列成表即可得运价率表。

货物运价率表有两种形式，即分航区运价率表和主要航线运价率表。前者是按北方沿海、华南沿海、长江和黑龙江四大航区分别制定。后者的制定步骤如下。

①列出主要航线起讫港并确定其所在航区；

②查运价里程并确定计算里程；

③确定航行基价、停泊基价和级差系数；

④计算各级货物的运价率。

练一练：

（1）确定上海—青岛三级货物的运价率。

上海—青岛为北方沿海航线，其运价里程为 404 海里，属 401 ～ 460 海里区段，则计算里程为 430 海里。其航行基价在 200 海里区间为 0.0075 元 / 吨 • 海里，201 ～ 400 海里区段为 0.0070 元 / 吨 • 海里，400 海里以上为 0.0065 元 / 吨 • 海里。三级货物的级差系数为 110.25%，停泊基价为 2.6 元 / 吨。

运价率 =（0.0075×200+0.0070×200+0.0065×30+2.6）×110.25%=6.28（元 / 吨）

（2）确定九江—宜昌木材的运价率。

九江—宜昌为长江航线。其中九江—武汉为下游区段，运价里程为 269 千米，以 270 千米计算武汉—宜昌为中游区段，运价里程为 626 千米，以 630 千米计算。木材为四级货物，级差系数为 115.76%，停泊基价为 1.5 元 / 吨。

运价率 =（0.0070 ～ 270.0136×630+1.5）×11.76%=13.84（元 / 吨）

5. 运费计算

查询运价率表，运费计算公式为：

船舶货物运费 = 运价率 × 计费质量 ×（1+ 加成率）× 运价里程

练一练：

上海运往肯尼亚蒙巴萨港口“门锁”(小五金）一批计 100 箱。每箱体积为 20 厘米 × 30 厘米 × 40 厘米。每箱重量为 25 千克。当时燃油附加费为 40%。蒙巴萨港口拥挤附加费为 10%，如表 5-15 所示为本航线等级费率表。

表 5-15　中国—东非航线等级费率表

中国 — 东非航线等级费率表（单位：元）			
货名	计算标准	等级 (CLASS)	费率 (RATE)
农业机械	W/M	9	404.00
棉布及棉织品	M	10	443.00
小五金及工具	W/M	10	443.00
玩具	M	20	1120.00
基本港口： 路易港（毛里求斯）、达累斯萨拉姆（坦桑尼亚）、蒙巴萨（肯尼亚）等			

计算运费步骤如下。

第一步，查阅货物分级表。门锁属于小五金类，其计收标准为 W/M，等级为 10 级。

第二步，计算货物的体积和重量，从而确定计费质量。

100 箱的体积：(20 厘米 × 30 厘米 × 40 厘米）×100=2.4 立方米。

100 箱的重量：25 × 100=2.5（吨）。

由于 2.4 立方米的计费吨小于 2.5 吨，因此计收标准为重量。

第三步，查阅《中国—东非航线等级费率表》，10 级费率为 443 港元，则基本运费为：443 × 2.5=1107.5（港元）。

第四步，计算附加运费：1107.5 ×(40%+10%)=553.75（港元）。

第五步，运费合计，其应付运费为：1107.50+553.75=1661.25（港元）。

（二）我国内河运输运费计算过程

由于自然条件和地理位置的不同，国际海运与内河航运在航行成本上存在着显著差别。内河运价的制定各地有所不同。在计算内河运费的过程中，需考虑航区、货物等级、航行距离等多方面的因素。具体计费流程如下。

1. 确定货物运价等级

内河货物等级划分中，不同部门制定的货物等级不一样，我国沿海（包括北方沿海、华南沿海）、长江、黑龙江及部分地方航区采用十级分类制。使用过程中，不同地区的货物等级，需要根据各自适用范围的运价规则，查找货物运价分级表，找出相应的运价等级。表 5-16 为长江中游航区部分货物运价分级表。

表 5-16 长江中游航区部分货物运价分级表

编 号	货 名	级 别	计费标准
1	棉布	1	W/M
2	五金制品	5	W
3	木材	4	W/M

2. 确定运价里程

运价里程是指由水运主管部门统一颁布的为计算水路运费而特设的里程。它不同于实际的里程和航行里程。运价里程比较稳定，不得任意更改，只有在航道或港区发生永久性变化时，才由水运主管部门统一修订。表 5-17 为长江中游航区部分货物运价率表。

运输起始点与终点之间的距离，按公布的“水运运价里程表”确定相应的里程。

表 5-17 长江中游航区部分货物运价率表

铜陵													
92	安庆												
246	154	九江											
363	271	117	黄石										
496	404	250	133	汉口									
727	635	481	364	231	城陵矶								
884	792	638	521	388	157	石首							
974	882	728	611	478	247	90	沙市						
1066	974	820	703	570	339	182	92	枝城					
1292	1200	1046	929	796	565	408	318	226	巫山				
1331	1239	1085	968	835	604	447	357	265	39	奉节			
1394	1302	1148	1031	898	667	510	420	328	102	63	云阳		
1454	1362	1208	1091	958	727	570	480	388	162	123	60	万州	
1605	1513	1359	1242	1109	878	721	631	539	313	274	211	151	丰都
1659	1567	1413	1296	1163	932	775	685	593	367	328	265	205	54

3. 确定计费的单位

水路货物计费单位分为重量吨和体积吨两种。重量吨按货物的毛重，以 1000 千克为 1 重量吨；体积吨按货物的“满尺丈量”的体积，以 1 立方米为 1 体积吨。在货物运价分级表中，计费单位为“W”的按重量吨计费，计算单位为“M”的按体积吨计费。计费单位为“W/M”的货物，在货物的重量吨和体积吨中取较大值作为实际计费单位。

4. 确定运价率

某一航区内航行成本随着运输距离的增加而增加，也会随着运输货物种类的不同而产生不同的运价率。内河航运的运价率可查询各个航区内的运价率表（见表 5-18）。

表 5-18　长江中游航区部分货物运价率表

里程（千米）	一级	二级	三级	四级	五级	六级	七级	八级	九级	十级
130	10.40	10.92	11.47	12.04	13.94	16.14	22.56	13.00	8.84	6.24
140	10.71	11.24	11.80	12.40	14.35	16.61	23.22	13.39	9.11	6.43
150	11.02	11.57	12.15	12.76	14.77	17.11	23.90	13.78	9.37	6.62

5. 计算运费

内河运输运费的计算公式为：

内河运输运费 = 计费吨 × 相应运价率

任务执行

步骤 1：确定计费标准

查货物分级表，根据货物的名称，在货物分级表中查出该货物属于什么等级和按什么标准计费，并填入表 5-18。

表 5-19　任务展示中货物的等级和计费标准

序　号	货　名	货物等级	计费标准
1			
2			

小贴士：班轮货物分级表（节选）

班轮货物分级表（节选）如表 5-20 所示。

表 5-20　班轮货物分级表（节选）

货　名	COMMODITIES	级　别	计费标准
搪瓷器皿	enamel ware	9	W/M
羽绒及其制品	feather down & products	15	M
化肥	fertilizer	6	W
皮鞋	footwear leather	12	M
未列名鞋	footwear n.o.e.	9	M
未列名家具	furnitures, n.o.e.	10	M
未列名玻璃器皿	glassware, n.o.e.	8	M
未列名手套	gloves, n.o.e.	10	M
棉布、劳动布手套	gloves, cotton working	9	M
皮手套	gloves leather	12	M
小五金及工具	hardware & tools, n.o.e.	10	W/M
千斤顶	hoisting jack	10	W

续表

货　名	COMMODITIES	级　别	计费标准
医疗设备	hospital equipment, n.o.e	10	W/M
仪器仪表（刻度表，游标卡尺）	instruments & meters, n.o.e (inc dial caliper vernier calipers)	12	W/M
光学仪器	instruments optical	13	M

步骤 2：确定基本费率

查航线费率表，根据货物等级和计费标准，在航线费率表中查出货物的基本运费费率，并填入表 5-20。

表 5-21　任务展示中货物的等级和基本费率

序　号	货　名	货物等级	基本费率
1			
2			

小贴士：费率表（节选）

费率表（节选）如表 5-22 所示。

表 5-22　费率表（节选）

亚洲散货

日本、新加坡、马来西亚、泰国、印度尼西亚

Hong Kong of China	Hong Kong of Chian
Japan	Kawasaki. Kobe. Moji. Nagoya. Osaka. Shimizu. Tokyo. Yokohama. Yokkaichi
Singapore	Singapore
Malaysia	Port Kelang. Penang
Thailand	Bangkok
Indonesia	Djakarta(Jakarta). Semarang. Surabaya. Medan

货物等级 Class	运费率 Japan US$/FT	运费率 Singapore US$/FT	运费率 Malaysia US$/FT	运费率 Thailand US$/FT	运费率 Indonesia US$/FT
1	45.50	28.00	29.00	28.00	25.00
2	46.00	29.00	30.00	29.00	26.00
3	47.00	30.00	31.00	30.00	27.00
4	47.50	30.50	32.00	30.50	29.00
5	48.50	31.50	33.00	31.00	30.00
6	49.00	32.50	34.00	32.00	31.00
7	50.00	33.50	36.00	33.00	32.00
8	50.50	34.00	37.00	34.00	33.00

步骤 3：确定附加费用

查附加费率（额）表（见表 5-22），确定附加费率，计算附加费用。

表 5-23　中国 / 欧洲、地中海航线附加费率（额）表

中国—欧洲地中海航线 CHINA—EUROPE&MEDITERRANEAN SERVICE 中国基本港：广州、上海、青岛、新港、大连 China Base Ports: Guangzhou, Shanghai, Qingdao, Xingang, Dalian 欧洲基本港：安特卫普、鹿特丹、汉堡、亚历山大、热那亚 Europe Base Ports: Antwerp, Rotterdam, Hamburg, Alexandria, Genoa		
附加费率表 Scale of Rates	IN USD (F/T)	
港口 Port	直航附加费 Direct Additional	转船附加费 Transshipment Additional (on basic rate)
Istanbul* Liverpool* London*	6.10 35% 25%	120% 64.00 VIA ROTTERDAM 48.00 VIA ROTTERDAM

注：* 利物浦港口附加费 USD7.00F/T, 卸货附加费 USD28.00F/T。

* 伦敦，伊明翰港口附加费 USD7.00F/T。

* 伊斯坦布尔港口附加费 USD7.00F/T, 拥挤附加费 10%,1992 年 1 月 22 日生效。

步骤 4：代入公式，核算运费

班轮运费 = 基本运费 + 附加费

① 班轮运费 = 运费吨数（货物数量 Q）× 运费率（每运费吨运费）

② 基本运费 = 运费吨数（货物数量 Q）× 基本运费率（每运费吨基本运费）

③ 附加费 = 运费吨数（货物数量 Q）× 单位附加费（每运费吨附加费）

运费率 = 基本运费率 + 单位附加费，单位附加费通常是在基本运费率的基础上计算的，即单位附加费 = 基本运费率 × 附加费率，若附加费是以每运费吨附加费的形式（绝对数）给出的，则无须使用以上公式求单位附加费。

F——运费。

FR——运费率。

fr——基本运费率。

S_i——某项单位附加费。

s_i——某项附加费率。

$\mathrm{FR}=\mathrm{fr}+(S_1+S_2+S_3+\cdots+S_n)$

$Si=\mathrm{fr}\times s_i\ (i=1,2,3,\cdots,n)$

$\mathrm{F}=Q\times\mathrm{FR}$

任务评价

在完成上述任务后，教师组织学生共同进行三方评价，并对任务实施过程进行点评，由教师指出各小组任务实施过程中的优点和缺点。学生完成表 5-24 任务评价表的填写。

表 5-24 任务评价表

组别			组员			
任务名称		核算水路运输运费				
考核内容		评价标准	参考分值	考核得分		
				自评	互评	教师评
职业素养	1	良好的沟通能力	5			
	2	良好的团队合作精神	5			
	3	良好的专业行为规范	5			
知识素养	1	了解水路运输费用的构成	5			
	2	熟悉水路运输计费单位	10			
	3	熟悉水路运费附加费种类	10			
	4	掌握水路货物运输运费计算公式	15			
职业技能	1	能够确定货物等级及计费标准	10			
	2	能够确定货物基本费率	10			
	3	能够确定货物附加费率（附加费）	10			
	4	能够准确计算货物运输费用	15			
小计			100			
合计 = 自评 20%+ 互评 30%+ 教师 50%			组长签字			

项目六

特种货物运输操作

特种货物是相对于普通货物而言的，普通货物一般是在运输、装卸、保管中无特殊要求的货物，特种货物则是在运输、装卸、保管中需采取特殊措施的货物。由于特种货物运输作业过程涉及不同载运工具、运输线路、运输要求和方法，并且不同的载运工具、运输线路、运输要求、仓储设施、装卸设备等方面对特种货物及其作业也有一些细节上的差异。因此，为了保证特种货物的运输安全和运输工作正常运行，必须具有其特定的运输、装卸、保管、监控等技术，以及相应的组织条件和安全防护措施，以满足特种货物的运输、储存、装卸及其他要求。

特种货物一般包括大型特型笨重物件、危险货物、贵重货物和鲜活货物等。其中，最具代表性的就是危险货物和大型特型笨重货物，还有一些涉及食品安全的鲜活货物，其运输过程构成了食品供应链，直接关系人民群众的健康。有些贵重货物运输组织过程不仅直接关系组织技术，而且还关系押运人员本身的职业素质。

特种货物因其特殊性，在运输技术、组织和管理方面有诸多差异，基于不同运输组织方式的特种货物划分也有一定的差异。

任务一　认识危险货物运输

任务展示

学生以小组为单位，模拟完成一单危险货物运输作业任务，制定该危险货物运输安全操作规程，按要求完成以下任务。

（1）根据危险货物品名或编号确定危险品类别及特性；

（2）确定该危险货物的包装标志；

（3）确定该危险货物运输安全操作要求；

（4）每个小组指派代表向全班同学介绍、展示任务完成情况。

任务准备

任务准备 1：危险品类别

危险品是易燃易爆、有强烈腐蚀性的物品的统称，危险品的运输存在巨大的危险性，稍不注意就可能会造成物资损失或者人员伤亡。依据 GB 13690—2009《常用危险化学品的分类及标志》和 GB 6944—2005《危险货物分类和品名编号》这两个国家标准，将危险货物分为以下九类，各类又分为若干项。

第 1 类：爆炸品

本类货物系指在外界作用下（如受热、撞击等），可能发生剧烈的化学反应，瞬间产生大量的气体和热量，使周围压力急骤上升，发生爆炸，对周围环境造成破坏的物品，也包括虽无整体爆炸危险，但具有燃烧、迸射及较小爆炸危险，或仅产生热、光、音响或烟雾等一种或几种作用的烟火物品。

本类货物按危险性分为五项。

第 1 项，具有整体爆炸危险的物质和物品。

第 2 项，具有迸射危险，但无整体爆炸危险的物质和物品。

第 3 项，具有燃烧危险并有局部爆炸危险或局部迸射危险，或者这两种危险都有，但无整体爆炸危险的物质和物品。

第 4 项，无重大危险的爆炸物质和物品。

本项货物危险性较小，万一被点燃或引燃，其危险作用大部分局限在包装件内部，而对包装件外部无重大影响。

第 5 项，非常不敏感的爆炸物质。

本项货物性质比较稳定，在着火试验中不会爆炸。

第 2 类：压缩气体和液化气体

本类货物是指压缩、液化或加压溶解的气体，并符合下述两种情况之一：一是临界温度低于 50℃或在 50℃时其蒸气压强大于 291kPa 的压缩或液化气体；二是温度在 21.1℃时，绝对压强大于 275kPa 的气体；或者在 51.4℃时绝对压强大于 715kPa 的压缩气体；或者在 37.8℃时，雷德蒸气压大于 274kPa 的液化气体或加压溶解的气体。

本类货物分为三项。

第 1 项，易燃气体。

本项货物极易燃烧，与空气混合能形成爆炸性混合物。在常温常压下遇明火、高温即发生燃烧、爆炸或中毒。所有压缩气体都有危害性，因为它们是在高压之下，有些气体具有易燃、易爆、助燃、剧毒等性质，在受热、撞击等情况下，易引起燃烧爆炸或中毒事故。

第 2 项，不燃气体。

本项货物是指无毒、不燃气体，包括助燃气体，但高浓度时有窒息作用。助燃气体有强烈的氧化作用，遇油脂能发生燃烧或爆炸。

第 3 项，有毒气体。

本项货物的毒性指标与第 6 类货物的毒性指标相同，对人畜有强烈的毒害、窒息、灼伤、刺激作用，其中有些还具有易燃、氧化、腐蚀等性质。

第 3 类：易燃液体

本类货物是指易燃的液体、液体混合物或含有固体物质的液体，但不包括由于其危险特性列入其他类别的液体。其闭杯试验闪点等于或低于 61℃，但不同运输方式可确定本运输方式适用的闪点，而不低于 45℃。

本类货物按闪点分为三项。

第 1 项，低闪点液体。

本项货物是指闭杯试验闪点低于 -18℃的液体。

第 2 项，中闪点液体。

本项货物是指闭杯试验闪点在 -18℃至 23℃之间的液体。

第 3 项，高闪点液体。

本项货物是指闭杯试验闪点在 23℃至 61℃之间的液体。

第 4 类：易燃固体、自燃物品和遇湿易燃物品

第 1 项，易燃固体。

本项货物是指燃点低，对热、撞击、摩擦敏感，易被外部火源点燃，燃烧迅速，并可能散发出有毒烟雾或有毒气体的固体，但不包括已列入爆炸品的物质。

第 2 项，自燃物品。

本项货物是指自燃点低，在空气中易于发生氧化反应，放出热量而自行燃烧的物品。

第 3 项，遇湿易燃物品。

本项货物是指遇水或受潮时，发生剧烈化学反应，放出大量的易燃气体和热量的物品。有些货物无须明火也能燃烧或爆炸。

第 5 类：氧化剂和有机过氧化物

第 1 项，氧化剂。

本项货物是指处于高氧化态，具有强氧化性，易分解并放出氧和热量的物质，包括含

有过氧基的有机物，其本身不一定可燃，但能导致可燃物的燃烧，与松软的粉末状可燃物能组成爆炸性混合物，对热、震动或摩擦较敏感。

第 2 项，有机过氧化物。

本项货物是指分子组成中含有过氧基的有机物，其本身易燃易爆，极易分解，对热、震动或摩擦极为敏感。

第 6 类：毒害品和感染性物品

第 1 项，毒害品。

本项货物是指进入肌体后，累积达到一定的量后，能够与体液和组织发生生物化学作用或生物物理学变化，扰乱或破坏肌体的正常生理功能，引起暂时性或持久性的病理状态，甚至危及生命的物品。经口摄取半数致死量：固体 $LD_{50} \leqslant 500mg/kg$，液体 $LD_{50} \leqslant 2000mg/kg$；经皮肤接触 24 小时，半数致死量 $LD_{50} \leqslant 1000mg/kg$；粉尘、烟雾及蒸气吸入半数致死浓度 $LC_{50} \leqslant 10mg/L$ 的固体或液体，以及列入危险货物品名表的农药。

第 2 项，感染性物品。

本项货物是指含有致病的微生物，能引起病态甚至死亡的物质。

第 7 类：放射性物品

本类货物是指放射性比活度大于 $7.4 \times 10^4 Bq/kg$ 的物品。

放射性物质放出的射线可分为四种：α 射线，也叫甲种射线；β 射线，也叫乙种射线；γ 射线，也叫丙种射线；中子流。各种射线对人体的危害都大。许多放射性物品毒性很大，不能用化学方法中和使其不放出射线，只能设法把放射性物质清除或用适当的材料予以吸收屏蔽。

第 8 类：腐蚀品

本类货物是指能灼伤人体组织，并能对金属等物品造成损坏的固体或液体。与皮肤接触在 4 小时内出现可见坏死现象，或温度在 55℃时，对 20 号钢的表面均匀年腐蚀率超过 6.25mm/a 的固体或液体。

本类货物按化学性质分为三项。

第 1 项，酸性腐蚀品。

第 2 项，碱性腐蚀品。

第 3 项，腐蚀品。

第 9 类：杂类

本类货物是指在运输过程中呈现的危险性质，不包括在上述 8 类危险品中的物品。

本类货物分为两项。

第 1 项，磁性物品。

本项货物是指航空运输时，距其包件表面 2.1 米处任何一点的磁场强度 $H \geqslant 0.159A/m$。

第 2 项，另行规定的物品。

本项货物是指具有麻醉、毒害或其他类似性质，能造成飞行机组人员情绪烦燥或不适，以致影响飞行任务的正确执行，危及飞行安全的物品。

任务准备 2：危险货物品名编号

1. 编号的组成

危险货物品名编号采用联合国编号，由五位阿拉伯数字组成，表明危险货物所属的类别、项号和顺序号。

2. 编号的表示方法

编号的表示方法如图 6-1 所示。

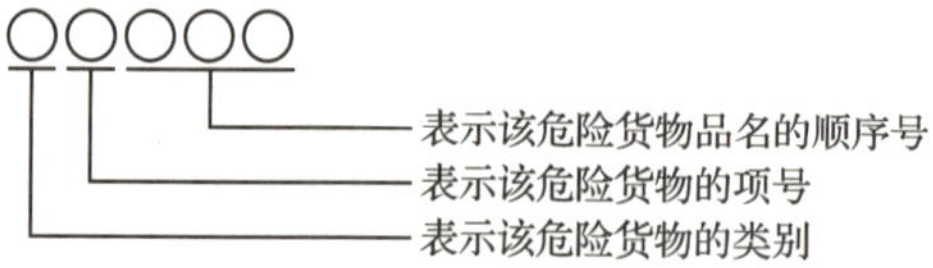

图 6-1　编号的表示方法

3. 编号的使用

每一种危险货物指定一个编号，但其性质基本相同，运输条件和灭火、急救方法相同的危险货物，也可使用同一编号。

4. 举例

品名 ×××，属第 4 类，第 3 项，顺序号 100，该品名的编号为 43100。该编号表明该危险货物属第 4 类第 3 项的遇湿易燃物品。

任务准备 3：危险货物包装标志

1. 标志图形及颜色

标志的图形共 21 种 19 个名称，其图形分别标示了 9 类危险货物的主要特性，如表 6-1 所示。

表 6-1　标志图形及颜色

 （符号：黑色；底色：橙红）（类项：1.1/1.2/1.3）	 （符号：黑色；底色：橙红色）

续表

<table>
<tr>
<td>
（符号：黑色；底色：橙红色）</td>
<td>
（符号：黑色或白色；底色：正红）（类项：2.1）</td>
</tr>
<tr>
<td>
（符号：黑色或白色；底色：绿色）（类项：2.2）</td>
<td>
（符号：黑色；底色：白色）（类项：2.3）</td>
</tr>
<tr>
<td>
（符号：黑色或白色；底色：正红色）</td>
<td>
（符号：黑色；底色：白色红条）（类项：4.1）</td>
</tr>
<tr>
<td>
（符号：黑色；底色：上白色下红色）（类项：4.2）</td>
<td>
（符号：黑色或白色；底色：蓝色）（类项：4.3）</td>
</tr>
</table>

续表

（符号：黑色；底色：柠檬黄色）

（符号：黑色；底色：柠檬黄色）

（符号：黑色；底色：白色）（类项：6.1）

（符号：黑色；底色：白色）（类项：6.1）

（符号：黑色；底色：白色）（类项：6.1）

（符号：黑色；底色：白色）（类项：6.2）

（符号：黑色；底色：白色；附一条红色竖条）

（符号：黑色；底色：上黄色下白色；附二条红色竖条）

续表

 （符号：黑色；底色：上黄色下白色；附三条红色竖条）	 （符号：上黑色下白色；底色：上白色黑色）
 （符号：黑色；底色：白色）	

注：表中对应的危险货物类项号及各标志角号是按 GB 6944—2005 的规定编写的。

2. 标志的尺寸

标志的尺寸一般分为四种，如表 6-2 所示。

表 6-2　标志的尺寸

号　别	长（毫米）	宽（毫米）
1	50	50
2	100	100
3	150	150
4	250	250

注：如遇特大或特小的运输包装件，标志的尺寸可按规定适当扩大或缩小。

3. 标志的使用方法

（1）标志的标打，可采用粘贴、钉附及喷涂等方法。

（2）标志的位置：箱状包装位于包装端面或侧面的明显处；袋、捆包装位于包装明显处；桶形包装位于桶身或桶盖；集装箱、成组货物可粘贴四个侧面。

（3）每种危险品包装件应按其类别粘贴相应的标志。但如果某种物质或物品还有属于其他类别的危险性质，则包装上除粘贴该类标志作为主标志以外，还应粘贴表明其他危险性的标志作为副标志，副标志图形的下角不应标有危险货物的类项号。

（4）储运的各种危险货物性质的区分及其应标打的标志，应按 GB 6944—2005、GB

12268—2005，以及有关国家运输主管部门规定的危险货物安全运输管理的具体办法执行，出口货物的标志应按我国执行的有关国际公约（规则）办理。

（5）标志应清晰，并保证在货物储运期内不脱落。

（6）标志应由生产单位在货物出厂前标打，出厂后如改换包装，则其标志由改换包装单位标打。

任务准备 4：危险货物运输作业流程

（一）受理托运

（1）受理前必须对货物的名称、性能、形态、包装、单件重量、安全措施等情况进行详细的了解并注明。

（2）及时知晓包装、规格和标志是否符合国家规定要求，必要时到现场进行了解。

（3）确认对新产品应检查随附的技术鉴定书是否有效。

（4）确认按规定检查所需的“准运证件”是否齐全。

（5）做好运输前的准备工作，使装卸现场、环境符合安全运输条件，必要时赴现场勘查。

（6）到达车站或码头的爆炸品、剧毒品、一级氧化剂及放射性物品（天然铀、钍类除外），在受理前应赶赴现场检查包装等情况。对不符合安全运输要求的，应请托运人改善后再受理。

（二）货物运送

（1）详细审核托运单内容，发现问题要及时了解情况后再安排运输作业。

（2）必须按照货物性质和托运人的要求安排车班、车次，如无法按要求安排作业时，应及时与托运人联系，协商处理。

（3）运输大批量烈性易燃、易爆、剧毒和放射性物质时，须做重点安排，必要时召开专门会议，制订运输方案。

（4）安排大批量爆炸物品与剧毒物品跨省市运输时，应安排有关负责人带队指导装卸和运行，确保安全。

（5）要注意天气预报，掌握天气和气温的变化。

（6）遇有其他特殊注意事项，应在行车单上注明。

（三）交接管理

（1）自货物交付承运起到送达止，承运单位及驾驶员、装卸员应负保管责任。托运人派有押运人员的应明确各自职责。

（2）严格交接货物，危险货物必须点收点交、签证手续完善。

（3）装卸时发现包装不良或不符合安全要求的，应拒绝装运，待改善后再运。若卸货时发生货损货差时，收货人不得拒收，并应及时采取安全措施，以免损失扩大，同时在运输单证上批注清楚。驾驶员、装卸员返回后，应及时汇报，及时处理。

（4）因故不能及时装卸时，在待卸期间行车人员应负责看管所运危险货物，同时应及时与托运人取得联系，恰当处理。

（5）如所装货物危及安全时，承运人应立即报请当地运管部门会同有关部门进行处理。

任务准备5：常见危险货物的运输安全要求

（一）爆炸品的运输

（1）谨慎选择运输工具。爆炸品货物运输对运输工具要求很高，运输时禁止使用以柴油或煤气为燃料的机动车、自卸车、三轮车、自行车及畜力车。用这些车运输爆炸品具有潜在危险：柴油车容易飞出火星；煤气车容易失火；三轮车和自行车容易侧翻；畜力车有时因牲畜受惊不易控制。

（2）装车前应排除异物，将货厢清扫干净，装载量不得超过额定负荷。押运人应认真监装、监卸，数量点收点交清楚，超出货厢部分货物的高度不得超过货厢高的三分之一；封闭式车厢货物总高不得超过1.5米；没有外包装的金属桶（一般装的是硝化棉或发射药）只能单层摆放，以防止因压力过大或撞击摩擦引起的爆炸；雷管和炸药在任何情况下都不得同车装运，也不允许两车在同时、同一场所进行装卸。

（3）运输路线应事先报请当地公安部门批准。通过道路长途运输爆炸品时，必须按公安部门指定的路线行驶，不得擅自改变行驶路线，以利于加强运输安全管理，万一发生事故也可以及时采取措施处置。押运人员必须熟悉所装货物的性质、作业注意事项等，无押运人员的情况下禁止单独行驶。严禁捎带无关人员和危及安全的其他物资。

（4）驾驶员必须集中精力，严格遵守交通法令和操作规程。多辆车列队运输时，车与车之间至少保持50米以上的安全距离。行驶中要注意观察，保持行车平稳。一般情况下，不得强行会车、超车；非特殊情况下，不准紧急刹车。

（5）注意保密规定。运输及装卸工作人员不准向无关人员泄露有关弹药储运情况，必须严格遵守有关库、场的规章制度，听从现场指挥人员或随车押运人员的指导。

（二）压缩、液化、加压溶解气体类货物的运输

（1）运输可燃、有毒气体时，车上必须备有相应的灭火和防毒器具。

（2）运输大型气瓶时，为防止气瓶由于惯性冲击车厢平台而造成事故，行车时应尽量避免紧急制动。运输一般气瓶转弯时，为防止因急转弯或车速过快使所装气瓶因离心力作用而被抛出车厢，车辆应减速，尤其是市区短途运输没有两道防震橡胶圈的气瓶时，更应该注意转弯时的车速。

（3）夏季运输除另有限运规定外，车上还必须置有遮阳设施，以防止暴晒。液化石油气槽车应有导静电拖地带。

（三）易燃液体货物的运输

（1）装运易燃液体的车辆，严禁搭乘无关人员，途中应经常检查车上货物的装载情况，如包装件有无渗漏，捆扎是否牢固等。如发现异常应及时采取有效措施。

（2）装运易燃液体的罐（槽）车行驶时，导除静电的装置应接地良好，车上人员不准吸烟，车辆不得接近明火及高温场所。

（3）气温在30℃以上的夏天高温季节，应根据当地公安消防部门的限运规定，在指定时间内运输，如公安部门无具体品名限制的，对一级易燃物（闪点低于23℃）应安排在早、晚运输。如必须白天高温运输时，则车上应具备有效的遮阳设施，封闭式车厢应保持通风良好。

（4）不溶于水的易燃液体货物原则上不能通过越江隧道，应按当地管理部门的规定进行运输。

（四）易燃固体、自燃物品和遇湿易燃物品的运输

（1）行车时，要避开明火高温区域和场所，防止外来明火接触货物。

（2）定时停车检查货物的堆码、捆扎和包装情况，尤其要注意防止包装因渗漏而留有隐患。

（五）氧化剂和有机过氧化物的运输

（1）根据所装货物的特性和道路情况，严格控制车速，防止货物剧烈震动、摩擦。

（2）对控温货物，在运输途中应定时检查制冷设备的运转情况，发现故障应及时排除。

（3）中途停车时，也应远离热源、火种场所，临时停靠或途中住宿过夜时，应有专人看管车辆，并注意周围环境是否安全。

（4）重载时因车辆故障需要维修时，人不准离车，严格控制明火作业，注意周围环境是否安全，发现问题应及时采取措施。

（六）毒害品和感染性物品的运输

（1）严防货物丢失。毒害品万一丢失却又无法找回时，必须紧急向当地公安部门报案。

（2）要平稳驾车，勤加观望，定时停车检查包装件的捆扎情况，谨防捆扎松动、货物丢失。

（3）行车要避开高温、明火场所。

（4）防止袋装、箱装毒害品淋雨受潮。

（5）用过的苫布或被毒害品污染的工具及运输车辆，未清洗消毒前不能继续使用，特别是装运过毒害品的车辆，未清洗前严禁装运食品或活动物。

（七）放射性物品的运输

（1）不同种类的放射性货包（包括可裂变物质货包）可以混合装运、储存，但必须遵守总指数和间隔距离的规定（特殊安排装运的货包除外）。

（2）放射性物品不能与其他各种危险品配载或混合储存，以防止发生事故，造成对放射性物品包装的破坏，也可避免辐射诱发其他危险事故。

（3）放射性物品应与未感光的胶片隔离。

（4）不受放射线影响的非危险货物可以与放射性物品混合储存或配载。

（八）腐蚀性物品的运输

（1）无机酸性腐蚀品和有机酸性腐蚀品不能配载。

（2）无机酸性腐蚀品不得与可燃品配载。

（3）有机腐蚀性物品不得与氧化剂配载。

（4）酸性腐蚀品和碱性腐蚀品不得配载。

（5）硫酸不得与氧化剂配载。

（6）腐蚀性物品不得与普通货物配载，以免对普通货物造成损害。

（7）驾驶员要平稳驾驶车辆，在路面条件差、颠簸或震动大而不能确保易碎品完好时，不得冒险使载有易碎容器包装的腐蚀性物品的车辆通过。

（8）每隔一段时间要停车检查车上货物情况，发现包装破损要及时处理或丢弃，防止因漏出物损坏其他包装而酿成重大事故。

任务执行

步骤 1：根据危险货物品名或编号确定类项及属性

查阅教材或利用网络，搜集授课教师设置的危险货物的名称或编号，确定其所属类项及理化特性。

该危险货物的类项：________________________________

该危险货物的特性：________________________________

小贴士：范例

货物品名：压缩甲烷或甲烷含量高的压缩天然气

货物编号：21007

货物类别：易燃气体

危险特性：(无色无臭气体) 易燃，与空气混合能形成爆炸性混合物，遇热源和明火有燃烧爆炸的危险。与五氧化溴、氯气、次氯酸、三氟化氮、液氧、二氟化氧及其他强氧化剂接触能产生剧烈反应。

步骤 2：根据危险货物品名或编号确定包装标志

各小组成员能够根据危险货物品名（或编号）绘制出对应的包装标志，并填入表 6-3 中。

表 6-3　危险货物品名（或编号）及包装标志

危险货物品名（或编号）	包装标志

小贴士：范例

易燃气体的包装标志及类项如图 6-2 所示。

（符号：黑色或白色；底色：正红）（类项：2.1）

图 6-2　易燃气体的包装标志及类项

步骤 3：根据危险货物的特性确定泄漏处理、灭火方法、人员急救及防护措施

各小组成员根据危险货物的特性，确定泄漏处理、灭火方法、人员急救及防护措施，并将结果填入表 6-4 中。

表 6-4　分析结果

事　项	具体内容
泄漏处理	
灭火方法	
人员急救	
防护措施	

小贴士：范例

货品名称：压缩甲烷或甲烷含量高的压缩天然气

【泄漏处理】切断火源。应急人员戴自给式呼吸器，穿防静电工作服。尽可能切断泄漏源。合理通风，加速扩散。喷雾状水稀释、溶解。构筑围堤或挖坑收容产生的大量废水。也可以将漏气的容器移到空旷处，注意通风。漏气容器要妥善处理、修复、检验后再用。

【灭火方式】若不能立即切断气源，则不允许熄灭正在燃烧的气体。灭火剂：雾状水、二氧化碳、干粉。

【急救方法】吸入：迅速脱离现场至空气新鲜处。保持呼吸道通畅。呼吸困难时输氧，呼吸停止时立即进行人工呼吸。就医。皮肤接触：若有冻伤，就医治疗。

【防护措施】建议特殊情况下，佩戴过滤式呼吸器。高浓度接触时可戴安全防护眼镜。穿消防防护服。戴一般作业防护手套。工作现场严禁吸烟。避免长期反复接触。进入罐、限制性空间或其他高浓度区作业，须有人监护。

步骤 4：项目组委派代表上台分享

各小组委派一名代表将本组成果在班级进行分享。

任务评价

在完成上述任务后，教师组织进行三方评价，并对任务实施过程进行点评，指出各小组任务实施过程中的优点和缺点。学生完成表 6-5 任务评价表的填写。

表 6-5 任务评价表

组别			组员			
任务名称		认识危险货物运输				
考核内容		评价标准	参考分值	考核得分		
				自评	互评	教师评
职业素养	1	良好的沟通能力	5			
	2	良好的团队合作精神	5			
	3	良好的专业行为规范	5			
知识素养	1	掌握危险货物类别及分项	10			
	2	熟悉危险货物包装标志	15			
	3	熟悉危险货物运输安全操作要求	15			
职业技能	1	能根据货物品名、编号确定其所属类项	15			
	2	能根据货物品名、编号绘制包装标志	15			
	3	能根据货物特性制定运输安全操作要求	15			
小计			100			
合计 = 自评 20%+ 互评 30%+ 教师 50%			组长签字			

任务二 认识超限货物运输

任务展示

某公司接到一批 30 米长铺设管道的运输任务。运输部门经理考虑到管道总重量超过 4000 吨，而且收货方强调管道的成品保护问题，要求保证管道的平直度，于是带领运输物流员勘查运输线路，主要勘查内容包括了解沿途路面宽度、拐弯半径大小、桥梁的承重和宽度等。经过仔细测量和规划，该公司提出根据生产情况夜间分批运输的方案。

任务准备

任务准备 1：认识超限货物

超限货物是指货物外形尺寸和重量超过常规（超长、超宽、超重、超高）车辆、船舶装载规定的大型货物。超限货物运输是指使用超重型汽车列车（车组）载运超限货物的道路运输，如图 6-2 所示。

图 6-2 超限货物的运输

一、大型货物的判断标准

根据 1995 年 12 月 4 日颁发的《道路大型物件运输管理办法》[交公路发（1995）1154 号] 规定如下。

大型物件是指符合下列条件之一的货物。

（1）货物外型尺寸：长度在 14 米以上或宽度在 3.5 米以上或高度在 3 米以上的货物。

（2）重量在 20 吨以上的单体货物或不可解体的成组（捆）货物。

二、大型货物的分级标准

根据我国公路运输主管部门现行规定，公路运输的超限货物按其外形尺寸和重量（含包装和支承架）分成四级，见表 6-6。

表 6-6　大型物件分级

大型物件级别	重量（吨）	长度（米）	宽度（米）	高度（米）
一	20 ～ 100	14 ～ 20	3.5 ～ 4.5	3.0 ～ 3.8
二	100 ～ 200	20 ～ 30	4.5 ～ 5.5	3.8 ～ 4.4
三	200 ～ 300	30 ～ 40	5.5 ～ 6.0	4.4 ～ 5.0
四	300 以上	40 以上	6.0 以上	5.0 以上

大型物件的级别，按其长、宽、高及重量四个条件中级别最高的确定。

超限货物重量指货物的毛重，即货物的净重加包装和支撑材料后的总重，它是配备运输车辆的重要依据，一般以生产厂家提供的货物技术资料所标明的重量作为参考数据。

小贴士：大型物件运输企业分类和相应承运大型物件级别

营业性道路大型物件运输业户，按其设备、人员等条件，分为四类。

一类：能承运一级大型物件。

二类：能承运一、二级大型物件。

三类：能承运一、二、三级大型物件。

四类：能承运一、二、三、四级大型物件。

任务准备 2：超限货物运输作业流程

依据公路超限货物运输的特殊性，其组织工作环节主要包括办理托运、理核货物、查验道路、制订方案、签订合同、运输组织，以及运输结算等项。

1. 办理托运

由大型物件托运人（单位）向已取得大型物件运输经营资格的运输业主或其代理人办理托运，托运人必须在（托）运单上如实填写大型物件的名称、规格、件数、件重、起运日期、收货人和发货人的详细地址及运输过程中的注意事项。凡未按上述要求办理托运或运单填写不明确，由此发生运输事故的，由托运人承担全部责任。

2. 理核货物

理核货物又称理货，是大件运输企业对货物的几何形状、重量和重心位置事先进行了解，取得可靠数据和图纸资料的工作过程。通过理货工作，可为确定超限货物级别及运输形式、查验道路及制订运输方案提供依据。

理货工作的主要内容包括调查大型物件的几何形状和重量，调查大型物件的重心位置和质量分布情况，查明货物承载位置及装卸方式，查看特殊大型物件的有关技术经济资料，以及完成书面形式的理货报告。

3. 查验道路

查验道路简称验道，验道工作的主要内容包括查验运输沿线全部道路的路面、路基、纵向坡度、横向坡度及弯道超高处的横坡坡度、道路的竖曲线半径、通道宽度及弯道半径，查验沿线桥梁涵洞、高空障碍，查看装卸货现场、倒载转运现场，以及了解沿线地理环境及气候情况。根据上述查验结果预测作业时间、编制运行路线图，完成验道报告。

4. 制订方案

在充分研究、分析理货报告及验道报告的基础上，制订安全可靠、切实可行的运输方案。其主要内容包括配备牵引车、挂车组及附件，配备动力机组及压载配重块件，确定最高车速，制定运行技术措施，配备辅助车辆，制订货物装卸与捆扎加固方案，制订和验算运输技术方案，完成运输方案书面文件。

5. 签订合同

根据托运方填写的委托运输文件，以及承运方进行的理货分析、验道、制订运输方案的结果，承托双方签订书面形式的运输合同，其主要内容包括明确托运与承运方、大型物件数据及运输车辆数据、运输起讫地点、运距与运输时间，明确合同生效时间、承托双方应负责任、有关法律手续及运费结算方式、付款方式等。

6. 运输组织

线路运输组织的任务包括建立临时性的大件运输工作领导小组，负责实施运输方案，执行运输合同。领导小组下设行车、机务、安全、后勤保障、材料供应等工作小组及工作岗位，并组织相关工作岗位责任制，组织大型物件运输工作所需的牵引车驾驶员、挂车操作员、修理工、装卸工、工具材料员、技术人员及安全员等，依照运输工作岗位责任及整体要求认真操作，协调工作，保证大件运输工作全面、准确完成。

任务准备 3：超限货物运输管理

货物运输最基本的要求就是要保证所运货物能够安全可靠、准确经济地到达目的地。由于超限货物运输对象的特殊性，在这一点上更需要精益求精。必须保证将货物“完整无损、万无一失”地由装车地运到卸车点。

一、超限货物运输的特点

基于超限货物的特点，其运输组织与一般货物运输的组织应有所不同。

1. 特殊装载要求

超限货物运输对车辆和装载有特殊要求，一般情况下，超重货物装载在超重型挂车上，用超重型牵引车牵引，而这种超重型车组是非常规的特种车组，车组装上超限货物后，往往重量和外形尺寸大大超过普通汽车、列车，因此，超重型挂车和牵引车都是用高强度钢材和大负荷轮胎制成，价格昂贵。

2. 特殊运输条件

超限货物运输条件有特殊要求，途经道路和空中设施必须满足所运货物车载负荷和外形尺寸的通行需要。道路要有足够的宽度、净空及良好的曲度。桥涵要有足够的承载能力。这些要求在一般道路上往往难以满足，必须事先进行勘测，运前要对道路相关设施进行改造，如排除地空障碍、加固桥涵等，运输中采取一定的技术措施，有时还需采取分段封闭交通的方式，以使大件车组顺利通行。

3. 特殊安全要求

超限货物一般均为国家重点工程的关键设备，因此超限货物运输必须确保安全，万无一失。其运输是一项系统工程，要根据有关运输企业的申请报告，组织有关部门、单位对运输路线进行勘查筛选；对地空障碍进行排除；对超过设计荷载的桥涵进行加固；指定运输护送方案；在运输过程中，进行现场调度，搞好全程护送，协调处理各种问题；所运大件价值高，运输难度大，牵涉面广，所以受到各级政府和领导、有关部门、有关单位和企业的高度重视。

二、公路运输超限货物的管理规定

1. 管理规定的依据

中华人民共和国原交通部令 2000 年第 2 号《超限运输车辆行驶公路管理规定》第 4 条规定：超限运输车辆行驶公路的管理工作实行“统一管理、分级负责、方便运输、保障畅通”的原则。

2. 超限货物运输的主管机构

国务院交通主管部门主管全国超限运输车辆行驶公路的管理工作。县级以上地方人民政府交通主管部门主管本行政区域内超限运输车辆行驶公路的管理工作。具体行政管理工作，由其设置的公路管理机构负责。

3. 托运规定

大型物件托运人在托运时，必须做到以下几点。

（1）向已取得道路大型物件运输经营资格的运输业户或其代理人办理托运。

（2）在运单上如实填写大型物件的名称、规格、件数、件重、起运日期、收发货人详细地址及运输过程中的注意事项。

凡未按上述规定办理大型物件托运或运单填写不明确，由此发生运输事故的，由托运人承担全部责任。

4. 承运规定

大型物件承运人在受理托运时，必须做到以下几点。

（1）根据托运人填写的运单和提供的有关资料，予以查对核实。

（2）承运大型物件的级别必须与批准经营的类别相符，不准受理经营类别范围以外的大型物件。

（3）承运人应根据大型物件的外形尺寸和车、货质量，在起运前会同托运人勘查作业现场和运行路线，了解沿途道路线形和桥涵通过能力，并制订运输组织方案。涉及其他部门的，应事先向有关部门申报并征得同意，方可起运。

（4）大型物件运输的装卸作业，由承运人负责的，应根据托运人的要求、货物的特点和装卸操作规程进行作业。由托运人负责的，承运人应按约定的时间将车开到装卸地点，并监装、监卸。在货物的装卸过程中，由于操作不当或违反操作规程，造成车货损失或第三者损失的，由承担装卸的一方负责赔偿。

（5）运输大型物件，应按有关部门核定的路线行车。白天行车时，悬挂标志旗；夜间行车和停车休息时装设标志灯。

三、超限货物运输的装卸技术

运输长大笨重货物时，通常都要采取相应的技术措施和组织措施。鉴于长大笨重货物的特点，对装运车辆的性能和结构、货物的装载和加固技术等都有一定的特殊要求。

（1）为了保证货物和车辆的完好，保证车辆运行安全，必须满足一定的基本技术条件，即货物的装卸应尽可能选用适宜的装卸机械，装车时应使货物的全部支承面均匀、平衡地放置在车辆底板上，以免损坏大梁；载运货物的车辆，应尽可能选用大型平板等专用车辆。

（2）除有特殊规定外，装载货物的质量不得超过车辆的核定吨位，其装载的长度、高度、宽度不得超过规定的装载界限。

（3）支承面不大的笨重货物，为使其质量能均匀地分布在车辆底板上，必须将货物安置在纵横垫木上，或者相当于起垫木作用的设备上。

（4）货物的重心尽量置于车底板纵、横中心线交叉点的垂直线上，如无可能时，则对其横向位移严格限制。纵向位移在任何情况下，都必须保证负荷较重一端的轮对或转向架的承载质量不超过车辆设计标准。

（5）重车重心高度应有一定限制，重车重心如偏高，则除应认真进行装载加固外，还应采取配重措施以降低其重心高度。车辆应限载行驶。在超限货物中，一些货物的支承面小，其质量集中于装载车辆底板上的某一小部分，使货物的质量大于所装车辆底板负重面最大允许载重量。所以在确定超重货物的装载方案时，应采取措施，以避免使车底架受力过于集中，造成其所受压力超过设计的许用限度。

（6）长大笨重货物装车后，载于车辆上运输时，比普通货物更易受到包括纵向惯性力、横向惯性力、垂直惯性力、风力及货物支承面与车底板之间的摩擦力等各种外力的作用，这些外力的综合作用往往会使货物发生水平移动、滚动甚至倾覆。因此，运送长大笨重货物时，除应考虑它们合理装载的技术条件外，还应视货物质量、形状、大小、重心、车辆和道路条件、运送速度等具体情况，采取相应的加固捆绑措施。

任务执行

步骤1：确定超限货物等级

各小组根据教师给出的货物相关参数，判断超限货物等级并填写表6-7。

表 6-7　判断超限货物等级

货物编号	重量（吨）	长度（米）	宽度（米）	高度（米）	货物等级
1					
2					
3					
4					

步骤 2：熟悉超限货物运输作业流程

各小组成员绘制超限货物运输作业流程。

超限货物运输作业流程

小贴士：超限货物运输组织

某物流公司接到一项大型变压器的运输任务，为保障货物运输安全，采取以下措施。

1. 交通管制

设备在运输过程中必须实施交通管制，分段封闭道路，全程监控。

2. 运行时间

设备运输必须在白天进行。

3. 运行速度

正常运输速度不得超过 5 千米 / 小时；道路不平整的路段速度必须控制在 2 千米 / 小时以下；通过障碍的速度控制在 3 千米 / 小时以下。

4. 车辆启动前的检查

车辆启动前必须对平板车和加固情况做详细的检查，杜绝隐患，并做好记录。有问题必须在启动前排除。

5. 运行过程中的检查

（1）横坡检查。通过横坡大于 3% 的道路时，必须对平板车进行横向校正，以确保设备处于相对水平的状态。

（2）纵坡检查。通过较大的纵坡时，必须对平板车进行纵坡校正，以确保设备处于相对水平的状态。

6. 车辆停放

运输过程中，夜间停车或中途停车时必须选择路面坚固、平整、宽阔、视线良好的地段停放，并设置警戒线、警示标志，同时需派人守护；停放时间较长时，需要在平板车主梁下部支垫道木，以降低平板车高度，主梁落在道木上时，需检查平板车压力表，将压力调低。平板车停放妥当后，应检查设备捆绑和车辆轮胎等情况，及时排除隐患；沿途路段实行封闭或半封闭通行；停车时，应做好安全隔离措施，提醒其他车辆注意绕行。

任务评价

在完成上述任务后，教师组织学生共同进行三方评价，并对任务实施过程进行点评，由教师指出各小组任务实施过程中的优点和缺点。学生完成表 6-8 任务评价表的填写。

表 6-8　任务评价表

组别			组员			
任务名称		认识超限货物运输				
考核内容		评价标准	参考分值	考核得分		
				自评	互评	教师评
职业素养	1	良好的沟通能力	5			
	2	良好的团队合作精神	5			
	3	良好的专业行为规范	10			
知识素养	1	了解超限货物的含义	5			
	2	清楚超限货物等级的划分标准	15			
	3	清楚超限货物运输作业流程	15			
	4	了解超限货物运输的相关管理规定	5			
职业技能	1	能够根据货物参数确定超限货物等级	15			
	2	能够描述出超限货物运输作业流程	25			
小计			100			
合计 = 自评 20%+ 互评 30%+ 教师 50%				组长签字		

任务三 认识鲜活易腐货物运输

任务展示

学生以小组为单位模拟完成一单鲜活易腐货物的运输任务，并按要求完成以下任务。

选取某类具体鲜活易腐货物，借助多种方式进行资料收集，分析其主要特性和运输业务流程，说明关键作业环节应采取的主要措施，并以直观生动的方式交流展示。

任务准备

鲜活易腐货物运输是指在运输过程中需要使用专门的运输工具，或者采用特殊措施，以便保持一定的温度、湿度或供应一定的饲料和水，从而防止死亡和腐烂变质的货物的运输。

冷链物流泛指冷藏冷冻类食品在生产、贮藏、运输、销售，直到消费前的各个环节始终处于规定的低温环境下，以保证食品质量、减少食品损耗的一项系统工程。它是随着科学技术的进步、制冷技术的发展而建立起来的，是以冷冻工艺学为基础、以制冷技术为手段的低温物流过程。

中国每年约有 4 亿吨生鲜农产品进入流通领域，冷链物流比例逐年升高，果蔬、肉类、水产品冷链流通率分别达到 5%、15%、23%，冷藏运输率分别达到 15%、30%、40%。长期以来，中国农产品产后损失严重，果蔬、肉类、水产品流通腐损率分别达到 20% ~ 30%、12%、15%。因此，每年带来的损失分别高达 4807 万吨、555 万吨和 730 万吨。仅果蔬一类每年损失就达到 1000 亿元以上。而在一些发达国家，农产品进入冷链系统流通的达 95% 以上。因此，流通腐损情况对农业生产、农民增收，以及居民消费质量和食品安全产生了不利影响。

任务准备 1：鲜活易腐货物分类

鲜活易腐货物是指在运输过程中，需要采取一定措施，以防止死亡和腐坏变质的货物，如图 6-3 所示。

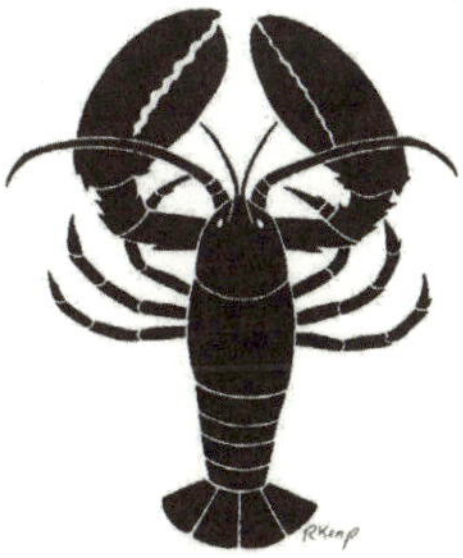

图 6-3 鲜活易腐货物

1. 与时间密切相关的易腐货物

这一类货物主要有两种。一种是物品本身容易腐烂变质，对运输时间要求严格的货物，包括肉、鱼、蛋、奶、鲜水果、鲜蔬菜、冰、鲜活植物等。另一种是物品价值与时间密切相关，对进入市场的时间要求高的货物。某些商品，进入市场时间越早，就越能够抢占市场；或者希望在市场需求处于最佳时机投放市场，就可以取得最佳经济效益。

2. 鲜活货物中的易腐货物

易腐货物在鲜活货物中占比最大，按其温度状况（热状态）的不同，又可分为三类。

（1）冻结货物：经过冷冻加工成为冻结状态的易腐货物，冻结货物的承运温度（除冰外）应在 -10℃以下。

（2）冷却货物：经过预冷处理后，货物温度到达承运温度范围之内的易腐货物。冷却货物的承运温度，除香蕉、菠萝为 11 ～ 15℃外，其他冷却货物的承运温度在 0 ～ 7℃。

（3）未冷却货物：未经过任何加工处理，完全处于自然状态的易腐货物，如采摘后以初始状态提交运输的瓜果、鲜蔬菜之类。

按热状态划分易腐货物种类的目的，是便于正确确定易腐货物的运输条件（如车种、车型的选用，装载方法的选取，以及运输方式、控温范围、冰盐比例、途中服务等），合理制定运价和便于采取相应的管理措施。

任务准备 2：鲜活易腐货物运输的特点

1. 季节性强、运量变化大

如水果蔬菜大量上市的季节、沿海渔场的汛期等，运量会随着季节的变化而变化。

2. 运送时间上要求紧迫

大部分鲜活易腐货物极易变质，要求以最短的时间、最快的速度及时运到。

3. 运输途中需要特殊照料的一些货物

如牲畜、家禽、蜜蜂、花木秧苗等的运输，须配备专用车辆和设备，沿途需要专门照料。

任务准备 3：鲜活易腐货物运输的条件

运输中损失的鲜活易腐货物，除少数部分是因途中照料或车辆不适造成的外，其余大多数货物都是因为发生腐烂造成的。

对于动物性食物来说，发生腐烂变质的主要原因是微生物。由于细菌、霉菌和酵母在食品内的繁殖，使蛋白质和脂肪分解，变成氨、游离氮、硫化醛、硫化酮、二氧化碳等简单物质，同时产生臭气和有毒物质，此外还使维生素受到破坏、有机酸分解，使食物腐败变质不能食用。

对于植物性食物来说，发生腐烂变质的主要原因是呼吸作用。由于水果、蔬菜等易腐货物，在运输过程中其植物原生质还活着，需要进行呼吸作用来维持生命。但是，植物的呼吸作用是一个氧化过程，虽能抵抗细菌入侵，但同时也不断消耗体内的养分。随着体内各种养分的消耗，植物体内的抗病能力逐渐减弱，减弱到一定程度后细菌就会乘虚而入，加速各种营养成分的分解，植物体内营养物质消耗完毕后，就不能再维持其生命，而此时，细菌会乘机快速繁殖，使水果、蔬菜很快腐烂变质。

还有一种情况，就是自然界中的化学作用。运输过程中，无论是动物性食物还是植物性食物，一旦被碰伤后，食物就会被迅速氧化，其呼吸作用就会加强，也就加快了腐烂变质的进程。

因此，清楚了解鲜活易腐货物腐烂变质的原因，就可以找出保藏这些货物的方法。凡能用以抑制微生物的滋长、减缓呼吸作用的方法，均可达到延长鲜活易腐货物保藏时间的目的。所以，在鲜活易腐货物运输中，只有设法抑制微生物的繁殖，控制呼吸作用和化学作用的强度，才能防止或推迟货物腐烂变质的过程。在此，我们要注意以下几个方面。

1. 保持适宜的温度条件

鲜活易腐货物在运输过程中为了防止货物变质需要保持一定的温度。该温度一般称作运输温度。温度的高低应根据具体的货种而定。即使是同一货物，由于运输时间、冻结状态和货物成熟度的不同，对运输温度的要求也不一样。

温度对微生物的生存和繁殖及鲜活易腐货物的呼吸作用都有较大的影响。温度降低，可以减弱微生物的繁殖能力，而降低到一定温度，则可使微生物停止繁殖，使物品长时间不会腐坏。降低温度，果蔬的呼吸作用也随之减弱，其营养物的消耗与分解也相对减慢，从而增加了它们的保鲜时间。

运输中，当外界温度大大高于物品所要求的运输温度时，就应使用冷藏运输。冷藏货大致分为冷冻货和低温货两种。冷冻货是指在冻结状态下进行运输的货物，运输温度的范围一般在 -20 ～ -10℃；低温货是指还未冻结或在其表面有一层薄薄的冻结层的状态下进行运输的货物，一般允许的温度调整范围在 -1 ～ 16℃。

不是说温度越低越好，如水果、蔬菜保藏的温度过低，会因冻结破坏其呼吸机能而失去抗菌力，解冻时会迅速腐烂；动物性食物，冻结温度过低也会使其品质大大降低。冷冻货物及低温货物的运度见表 6-9 和表 6-10。

表 6-9　冷冻货物的运输温度

货　名	运输温度（℃）	货　名	运输温度（℃）
鱼	-17.8 ～ -15.0	虾	-17.8 ～ -15.0
肉	-15.0 ～ -13.3	黄油	-12.2 ～ -11.1
蛋	-15.0 ～ -13.3	浓缩果汁	-20

表 6-10　低温货物的运输温度

货　名	运输温度（℃）	货　名	运输温度（℃）
肉	-5 ～ -1	葡萄	6.0 ～ 8.0
腊肠	-5 ～ -1	菠萝	11.0 以内
黄油	-0.6 ～ 0.6	橘子	2.0 ～ 10.0
带壳鸡蛋	-1.7 ～ 15.0	柚子	8.0 ～ 15.0
苹果	-1.1 ～ 16.0	红葱	-1.0 ～ 15.0
白兰瓜	1.1 ～ 2.2	土豆	3.3 ～ 15.0
梨	0 ～ 5.0		

2. 提供合适的湿度

用冷藏方法来储藏和运输鲜活易腐货物时，温度固然是主要的条件，但湿度的高低、通风的强弱和卫生条件的好坏对货物的质量也会产生直接的影响。

湿度对食品质量影响甚大，湿度增大会使食物表面“发汗”，便于微生物滋生；湿度过低会使食物中水分蒸发加快，食物易于干缩枯萎，失去新鲜状态，而且破坏维生素和其他营养物质，降低食品的质量。

在实际运输过程中，温、湿度可以相互配合，冷冻食物为减少干耗，湿度可以大一些；水果、蔬菜温度不能太低，湿度可适当小一些。

3. 需要适当的通风

蔬菜、水果、动物性食物在运输过程中，都需要通风，目的是排除呼吸时放出的二氧化碳、水蒸气和热量，同时换入新鲜空气。但通风对温、湿度又有直接影响，如外界温度高，通风会提高车内温度和湿度；反之，就会下降。通风的时间也要适当，时间过短达不到换气目的，时间过长又要影响车内的温度和湿度。

4. 保持良好的卫生条件

卫生条件不好，微生物太多，鲜活易腐货物沾染的机会多，即使温、湿度适合，食物也易于腐烂。

总之，温度、湿度、通风、卫生四个条件之间既有互相配合的关系，又有互相矛盾的关系，只有充分了解其内部规律，妥善处理好它们相互之间的关系，才能保证鲜活易腐货物的运输质量。

小贴士：冷藏车

冷藏车是冷藏运输中最重要的因素。一部冷藏车主要由以下几个部分组成。

1. 货车

一般来说，目前市场上的冷藏车都是经过车辆改装厂改装的，也就是在普通货车的基础上改装而成的。一般的货车都可以改装成冷藏车。货车的大小和型号都可以根据用户的要求进行选择。

2. 制冷机组

制冷机组是冷藏车的制冷源。冷藏车的制冷效果完全取决于制冷机的功率和质量。

3. 保温箱

冷藏车都需要有保温箱。保温箱需要由专业的生产厂家提供。冷藏汽车制造厂购买（也可以由用户自行购买）货车和制冷机组后再安装一个保温箱就是一部冷藏车。如果对温度要求不高，也可以不需要制冷机组。目前国内使用较多并且较有名的冷藏车品牌有冰熊和考格尔。

任务准备 4：冷藏货物运输组织与管理

良好的运输组织工作是保证鲜活易腐货物质量的前提，冷藏货物运输组织需要注意以下事项。

1. 注意运输时限

托运人托运冷藏货物时，应当提供最长运输时限和运输注意事项等信息，并在合同或运单中注明。

2. 做好装车工作

在鲜活易腐货物装车前，必须认真检查车辆及设备的完好状态，注意清洗和消毒。装车时应根据不同货物的特点确定装载方法。为保持冷冻货物的冷藏温度，可紧密堆码；水果、蔬菜等需要通风散热的货物，必须在货件之间保留一定空隙；怕压的货物必须在车内加隔板，分层装载。

3. 合理配载

配载运送鲜活易腐货物时，应对货物的质量、包装和温度进行认真检查，包装应合乎规范，温度符合规定，装卸合乎要求。应根据货物的种类、运送距离、运送地点和运送季节确定相应的运输服务方式，及时地组织适宜的车辆进行装运。

4. 及时运输

及时运输是鲜活易腐货物的特殊要求。应充分利用公路运输的快速、直达的特点，协调好仓储、配载、运送等环节，及时送达。

5. 认真负责

运输过程中，要严格要求驾驶员或押运人员对冷藏机温度进行控制和记录。出发前要告知驾驶员或押运人员温度要求，并进行设定。如果出现事故（包括交通事故、机械事故、冷藏机故障等），要及时报告并修复。

小贴士：易腐货物的装车

易腐货物的装车方法必须在保证货物质量良好的前提下，充分利用车辆的装载容积和载重能力。易腐货物的装车基本上有两种装载法。

（1）紧密堆码法。冻货不需要外界再提供冷量，但必须防止车身冷量的散失。例如，夹冰运送的货物，内部冰块提供的冷量满足货温要求时，可以采用这种装车方法。

（2）留有间隙法。常用的有“品”字形装车法、“井”字形装车法、“一二三、三二一”装车法、筐口对装法、吊挂法和分层装载法几种。

①“品”字形装车法。这种方法又称棋盘式装车法，适用于箱装货物、桶装货物，上一层骑缝装载，箱间小通道 2 ～ 3 厘米，端部大通道 5 ～ 7 厘米。

②“井”字形装车法。适用于长条形包装的货物。各层纵横交错，可根据车辆内部尺寸而定。

③“一二三、三二一”装车法。这是我国铁路冬天运送柑橘常用的装车法。

④ 筐口对装法。这种装车法适合于喇叭形竹筐、柳条筐装载的水果、蔬菜堆码等情况。由于这些筐形包装本身的形状特点，装载时货件之间自然形成的一定间隙，便于冷空气的流通，故可不必留专用风道。

⑤ 吊挂法。这种方法适合于冷却肉装车，即用钩子将一片片肉吊挂于冷藏车内，互相保持一定间隙，避免肉与肉之间皮肤的粘连，可以让空气轻轻拂过，防止细菌在粘连处繁殖。

⑥ 分层装载法。这种方法是在冷藏车内用木板或竹片将其高度分隔成许多层，把水果平放其上，不致受上面货物的挤压，可避免水果因受损伤而腐烂。

国外还有一种先进的包装预留通风道法。这种方式可使箱子紧密堆码，而不会影响车内冷空气的流通。

任务准备 5：主要鲜活易腐货物的运输

一、冻结商品的运输

冻结商品主要指冻肉、冻鱼、冻家禽，调运目的是在到达地短期内供给消费者，因为调运中货物温度多次变动，故不再适宜长期保存。下面以冻肉为例，说明托运注意事项。

冻肉是指经过天然冷冻或人工冷冻后，肌肉深处的温度为 -8℃以下的肉。冻肉托运温度要求在 -10℃以下，出库温度应该更低，以备装车过程中肉温回升。机械保温车运输应保持在 -12 ～ -9℃。

托运前要进行质量鉴定，质量优良的冻肉应是肉体坚硬，色泽鲜艳，敲击时能发出清脆的声响；割开部分呈玫瑰色，用手指或较高温物体接触时，由玫瑰色转为艳红色；油脂部分呈白色。如有发软、霉斑、气味杂腥等现象，均不符合质量标准。

冻肉可用白布套包装或不包装，采用紧密堆码方法，不留空隙，装车时要“头尾交错、复背相连、长短对弯、码紧码平”，底层应将肉皮紧贴底隔板，最上层应使肉皮朝上，以免车顶上的冷凝水珠落在精肉上。装车完毕，上层也可加盖一层草席。

冻鱼、冻虾的运输可参照冻肉的运输进行。

二、夹冰鱼的运输

我国鱼类运输的特点是，季节性强，春秋两个汛期，各占一半左右；货源集中，货位分散，海产主要集中在沿海并运往内地；产量浮动性大。由于以上特点，鲜鱼出水后必须迅速冷却。所以，在渔汛前，应在运力和冰源方面做好充分的准备。

托运前的鲜鱼，应质量新鲜，一般的特征是眼珠凸出、透明，鳃呈鲜红色，鳞片完整、有光泽，鱼身结实而富有弹性，整个鱼身不软弯，并有少量透明黏液，气味新鲜。鲜鱼装车一般采用鱼、冰紧密堆码，不留空隙。如用木桶（箱）包装，装完一层鱼，撒上一层碎冰，最上层还应多撒一些碎冰，这样能更好地保证质量。

夹冰的数量与外界温度和运距有关，一般为鱼的 30% ～ 50%。碎冰的尺寸最好不大于 2 厘米，采用小冰块可以增加与鱼体的接触面，加速冷却，并防止将鱼体挤压损伤。运输当中，温度应保持在 -1℃左右，如果温度过低，则碎冰不会融化，鱼体形成慢冻状态，破坏了肉体的组织结构，会损伤鱼的原有风味和品质。

三、水果、蔬菜的运输

水果既怕冷又怕热，有时要冷藏运输，有时又要加温或保温运输，多数水果在运输中要求温度保持在 -4℃，但香蕉要求温度保持在 11 ～ 13℃ ，菠萝要求温度保持在 8 ～ 10℃。运输的水果一般以七八成熟为好，凡是干皱、腐烂、压坏、过熟、泥污、水湿的水果均不应投入运输。

不同水果的包装应符合不同水果各自的特点，如葡萄、枇杷、荔枝等娇嫩水果，容器不宜过大，内部必须平整光滑，并加入适当的充填材料，避免擦伤或压坏。为便于水果发散呼吸作用产生的热量及二氧化碳等气体，包装均须留有缝隙。水果的堆码，视季节不同，应适当地在货件之间留有通风道，以利于空气循环。

蔬菜主要是由南往北运，南方蔬菜含水量高，组织细嫩，呼吸热大，易于腐烂，要求托运的技术条件高。托运前要求蔬菜质量良好，凡发现有干缩、压坏、泥污、霉斑等现象时均不适宜发运。

对于番茄等怕压的蔬菜，应用板条箱、柳条筐、竹筐等包装，每件质量以 20 ～ 30 千克为宜。在包装内安放竹编的风筒，以使内部通风。运输菠菜、芹菜、青蒜等蔬菜时，为使其迅速降温，可在包装内夹入 2 ～ 3 层碎冰。萝卜、土豆、红薯等质地坚实的蔬菜可以堆装，堆高应根据蔬菜的坚实程度而定。

四、生猪的运输

生猪多为由农村经短途运输运往各大、中城市加工，然后供应市场。同时，还有部分活猪由快运列车运往港澳地区。

生猪运输的基本要求是不死亡、不伤残、不掉膘。为此，托运时需由押运人沿途喂饲料和水，采取防寒、防暑措施;防止猪群挤在一堆，使生猪热量不易散发而中暑生病或挤伤。可用冷水冲洗猪体，驱除热气。

装运生猪应选用经过清洗、消毒的车辆，凡装过腐蚀性强烈的药物、化学物品、农业杀虫药液的车辆，均不得使用。

采用固定运输车辆，运用双层和三层装载法，可发挥和提高运力，且可降低运输成本。

运输中喂食要定时定量，宜选用青菜、瓜类等多汁饲料，途中注意多饮水。饮水不足会使生猪体重下降，易生病和死亡。

任务执行

步骤 1：鲜活易腐货物的运输温度

各小组根据货物名称确定货物的运输温度，并将结果填入表 6-11 及表 6-12 中，空白处可随机添加其他货物名称。

表 6-11　冷冻货物的运输温度

货　名	运输温度（℃）	货　名	运输温度（℃）
鱼		虾	
肉		黄油	
蛋		浓缩果汁	

表 6-12　低温货物的运输温度

货　名	运输温度（℃）	货　名	运输温度（℃）
肉		葡萄	
腊肠		菠萝	
黄油		橘子	
带壳鸡蛋		柚子	
苹果		红葱	
白兰瓜		土豆	

步骤 2：鲜活易腐货物的装载方法

各小组成员根据货物类别合理选择装载方法，并填写于表 6-13 中。

表 6-13　鲜活易腐货物的装载方法

货物类别	装载方法
冻结商品	
夹冰鱼	
水果、蔬菜	
生猪	

步骤 3：鲜活易腐货物运输的注意事项

各小组成员写出鲜活易腐货物运输的注意事项。

鲜活易腐货物运输的注意事项

任务评价

在完成上述任务后，教师组织学生共同进行三方评价，并对任务实施过程进行点评，由教师指出各小组任务实施过程中的优点和缺点。学生完成表 6-14 任务评价表的填写。

表 6-14　任务评价表

组　别			组　员			
任务名称		认识鲜活易腐货物运输				
考核内容		评价标准	参考分值	考核得分		
				自　评	互　评	教 师 评
职业素养	1	良好的沟通能力	5			
	2	良好的团队合作精神	5			
	3	良好的专业行为规范	10			
知识素养	1	了解冷藏运输货物的特点	10			
	2	了解鲜活易腐货物的分类	10			
	3	熟悉鲜活易腐货物的运输条件	10			
	4	熟悉鲜活易腐货物的运输业务流程	10			
职业技能	1	能准确分析鲜活易腐货物特点	10			
	2	能制定合理的运输业务流程	15			
	3	能对关键作业环节采取得当措施	15			
小　计			100			
合计 = 自评 20%+ 互评 30%+ 教师 50%				组长签字		

项目七

货物运输保险与索赔

货物运输保险是以运输途中的货物作为保险标的，保险人对由自然灾害和意外事故造成的货物损失负责赔偿责任的保险。在我国，进出口货物运输最常用的保险条款是 C.I.C. 中国保险条款，该条款是由中国人民保险公司制定，中国人民银行及中国保险监督委员会审批颁布。C.I.C. 保险条款按运输方式来分，有海洋、陆上、航空和邮包运输保险条款四大类；对某些特殊商品，还配备有海运冷藏货物、陆运冷藏货物、海运散装桐油及活牲畜、家禽的海陆空运输保险条款。以上条款，投保人可按需选择投保。

任务一　认识货物运输保险

任务展示

货物在运输过程中可能会遇到各种各样的意外情况，一旦发生意外事故，就会造成不同程度的货物损失。对于事故发生所造成的货物损失，需要采取各种经济措施来进行补偿。运输保险业务的出现和发展，在促进物流运输业的发展中发挥着积极的作用。

以小组为单位共同完成以下任务。

（1）认识货物运输保险的含义、种类和特点。

（2）知道货物运输保险主要险种的内容。

（3）清楚货物运输保险业务的运作流程。

任务准备

任务准备 1：货物运输保险的含义、种类和特点

一、货物运输保险的含义

货物运输保险是以运输途中的货物作为保险标的，保险人对由自然灾害和意外事故造成的货物损失负赔偿责任的保险。

国内货物运输保险和国际货物运输保险分别以在国内运输过程中的货物或跨国运输的货物为保险标的，在标的物遭遇自然灾害或意外事故造成损失时给予经济补偿。本任务以国内货物运输保险为主进行介绍。

二、国内货物运输保险的种类

国内货物运输保险的种类，可以从不同的角度来划分。

1. 按运输方式的不同分类

（1）直运货物运输保险。

直运货物运输保险承保的货物是从起运至目的地只用一种运输工具的运输方式，即使中途货物需转运，但是转运用的运输工具与前一段运输所使用的运输工具仍属同一种类。

（2）联运货物运输保险。

联运货物运输保险承保的是两种或两种以上不同的主要运输工具运送货物的运输方式，可以有水陆联运、江海联运、陆空联运等。联运货物运输保险的保险费率高于直达运输的货运保险的保险费率。

（3）集装箱运输保险。

集装箱运输也叫货柜运输，集装箱运输的优点在于能做到集装单位化，即把零散包件货物集中在大型标准化货箱内，因而可以简化、甚至避免沿途货物的装卸和转运，降低货

物运输成本，加速船舶周转，避免货物的残损短少。集装箱运输方式自产生后得到了迅速的发展。投保集装箱货物运输保险，其费率较利用其他运输方式运输货物的要低。

2. 按运输工具的不同分类

（1）水上货物运输保险。

水上货物运输保险是承保用水上运输工具承运货物的一种运输保险。水上运输工具指轮船、驳船、机帆船、木船、水泥船等。

（2）陆上货物运输保险。

陆上货物运输保险是承保除水上运输工具和飞机以外的所有其他运输或手段的运载货物的运输保险，运输工具包括机动的、人力的、畜力的，如火车、汽车、驿运等。

（3）航空货物运输保险。

航空货物运输保险是承保以飞机为运输工具运载货物的运输保险。

按运输工具的不同对国内货物运输保险进行分类是最常见的一种分类方法。在国内货物运输保险的保险单上还有特殊货物保险，如排筏保险、海上抢轮木排运输保险、港内外驳运险和市内陆上运输保险等。

任务准备 2：货物运输保险主要险种的内容

一、铁路货物运输保险

1. 基本险的保险责任

由于下列保险事故造成保险货物的损失和费用，保险人依照条款约定负责赔偿：火灾、爆炸、雷电、冰雹、暴风、暴雨、洪水、海啸、地陷、崖崩、突发性滑坡、泥石流；由于运输工具发生碰撞、出轨或桥梁、隧道、码头坍塌；在装货、卸货或转载时因意外事故造成的损失；在发生上述灾害、事故时，因施救或保护货物而造成货物的损失及所直接支付的合理的费用。

小贴士：野蛮装卸致损案

某年 11 月 25 日，某市五金商业公司从北京发运 20 套组合音响设备，价值 12 万元。当该公司在 12 月 5 日去当地火车站提货时，发现有 7 套设备因野蛮装卸被损坏了，损失达 1.5 万元，货运部门却开据证明，让其向保险公司索赔。因该公司是不足额投保，保险公司只能赔付 7500 余元，被保险人不能接受，告到法院。

结论如下。

（1）货运部门对本案的损失负有赔偿责任。我国《合同法》第 311 条规定：承运人对运输过程中货物的损毁、灭失承担损害赔偿责任，但承运人证明货物的损毁、灭失是因不可抗力、货物本身的自然性质或合理损耗及托运人、收货人的过错造成的，不承担赔偿责任。

（2）保险公司应赔付被保险人的损失，其后有权向责任方追偿。

（3）若被保险方的损失已从保险公司得到一半赔偿，则另一半应由货运部门赔偿。

2. 综合险的保险责任

综合险的保险责任除包括基本险责任外，保险人还应负责赔偿的有：因受震动、碰撞或挤压而造成货物破碎、弯曲、凹瘪、折断、开裂的损失；因包装破裂致使货物散失的损失；液体货物因受震动、碰撞或挤压致使所用容器（包括封口）损坏而渗漏的损失，用液体进行保藏的货物因液体渗漏而造成货物腐烂变质的损失；遭受盗窃的损失；因外在原因致使无法提货的损失；符合安全运输规定而遭受雨淋所致的损失。

3. 责任免除

由下列原因造成保险货物的损失，保险人不负赔偿责任：战争、军事行动、扣押、罢工、哄抢和暴动造成的损失；地震造成的损失；核反应、核辐射和放射性污染造成的损失；保险货物自然损耗，本质缺陷、特性所引起的污染、变质、损坏及货物包装不善造成的损失；在保险责任开始前，保险货物已存在的品质不良或数量短差所造成的损失；市价跌落、运输延迟所引起的损失；属于发货人责任引起的损失；被保险人和投保人的故意行为或违法犯罪行为引起的损失；由于行政行为或执法行为所致的损失；其他不属于保险责任范围内的损失。

4. 铁路货物运输保险的保险期限

铁路运输保险责任起讫期限，是自签发保险单（凭证）后，保险货物运离起运地的发货人的最后一个仓库或储存处所时起，至该保险单（凭证）上的目的地的收货人在当地的第一个仓库或储存处所时终止。但保险货物运抵目的地后，如果收货人未及时提货，则保险责任的终止期最多延长至以收货人接到《到货通知书》后的十五天（以邮戳日期为准）。

二、水路货物运输保险

水路货物运输保险是指以船舶等水上运输工具方式运输货物所订立的保险。水路货物运输是国内外贸易活动的重要组成部分，特别是海上货物运输，其历史悠久、法律规定最为全面。

1. 基本险的保险责任

由下列保险事故造成保险货物的损失，保险人负赔偿责任：火灾、爆炸、雷电、冰雹、暴风、暴雨、洪水、海啸、崖崩、突发性滑坡、泥石流；船舶发生碰撞、搁浅、触礁，桥梁码头坍塌；因以上两款所致船舶沉没失踪；在装货、卸货或转载时因意外事故造成的损失；按国家规定或一般惯例应承担的共同海损的牺牲、分摊和救助费用；在发生上述灾害事故时，因纷乱造成货物的散失及因施救或保护货物所直接支付的合理的费用。

2. 综合险的保险责任

综合险的保险责任范围比较宽，它既包括基本险的保险责任，也包括：因受碰撞、挤压而造成货物破碎、弯曲、凹瘪、折断、开裂的损失；因包装破裂致使货物散失的损失；液体货物因受碰撞或挤压致使所用容器（包括封口）损坏而渗漏的损失；用液体保藏的货物因液体渗漏而造成该货物腐烂变质的损失；遭受盗窃的损失；符合安全运输规定而遭受雨淋所致的损失。

3. 责任免除

由下列原因造成保险货物的损失，保险人不负赔偿责任：战争、军事行动，扣押，罢工、哄抢和暴动造成的损失；船舶本身的损失；在保险责任开始前，保险货物已存在的品质不良或数量短差所造成的损失；保险货物自然损耗，本质缺陷、特性所引起的污染、变质、损坏；市价跌落、运输延迟所引起的损失；属于发货人责任引起的损失；投保人、被保险人的故意行为或违法犯罪行为引起的损失；由行政行为或执法行为所致的损失；其他不属于保险责任范围内的损失。

小贴士：羊皮湿损索赔案

某年 8 月 30 日，被保险人由某市运往乙市的一批熟羊皮在到达目的地时，发现货物受潮，损失较大。由于该批货物已在甲市保险公司投保了货物运输基本险，同年 10 月 14 日，被保险人在提供有关暴风雨气象证明和有关材料的同时，向甲市保险公司索赔损失 1 万元。

保险公司查勘现场和调查的结果如下：（1）羊皮受损系集装箱有洞及裂缝所致；（2）被保险人索赔时提供的有关“暴雨”的情况，经到乙市中心气象站查证，原系大雨，不构成暴雨。

结论：经保险公司调查，发现本案是被保险人串通有关部门试图把责任转嫁给保险公司，故不赔。

理由：本案中羊皮受损系集装箱有洞及裂缝所致，为被保险人包装不善所致损失，属于水路货物运输保险的除外责任，并且羊皮并未遭遇保险事故暴雨的袭击。

4. 保险责任起讫

水路货物运输保险的保险责任起讫，采用的依然是“仓至仓条款”，其规定与铁路货物运输保险的规定相同。

三、公路货物运输保险

公路货物运输保险承保通过公路运输的物资，保险责任与水路、铁路货物运输保险的保险责任基本相同。但公路货物运输保险也有自己的一些特点。

（1）在运输工具方面，公路货物运输可以选择汽车运输，也可以选择其他机动或非机动运输工具来承担货物运输的任务。

（2）在保险责任方面，由于公路运输货物在运输途中客观上还可能需要驳运（利用驳船过河），因此，在驳运过程中因驳运工具遭受搁浅、触礁、沉没、碰撞而导致的损失，保险人也负责赔偿。

四、航空货物运输保险

航空货物运输保险是以航空运输过程中的各类货物为保险标的，当投保了航空货物保险的货物在运输途中因保险责任造成货物损失时，由保险公司提供经济补偿的一种保险业务。

1. 保险赔偿责任

由下列保险事故造成保险货物的损失，保险人应该负航空货物保险赔偿责任。

火灾、爆炸、雷电、冰雹、暴风、暴雨、洪水、海啸、地陷、崖崩；因飞机遭受碰撞、倾覆、坠落、失踪（在三个月以上），在危难中发生卸载及遭遇恶劣气候或其他危难事故发生抛弃行为所造成的损失；因受震动、碰撞或压力而造成破碎、弯曲、凹瘪、折断、开裂的损失；因包装破裂致使货物散失的损失；凡属液体、半流体或需要用容器进行保藏的保险货物，在运输途中因受震动、碰撞或压力致使所装容器（包括封口）损坏发生渗漏而造成的损失，或者用液体进行保藏的货物因液体渗漏而致使货物腐烂的损失；遭受盗窃或无法提货的损失；在装货、卸货时和港内地面运输过程中，因遭受不可抗力的意外事故及雨淋所造成的损失；在发生航空运输保险责任范围内的灾害事故时，因施救或保护保险货物而直接支付的合理费用，但最高以不超过保险货物的保险金额为限。

2. 保险期限

航空运输保险的保险责任是自保险货物经承运人收讫并签发保险单（凭证）时起，至该保险单（凭证）上的目的地的收货人在当地的第一个仓库或储存处所时终止。但保险货物运抵目的地后，如果收货人未及时提货，则保险责任的终止期最多延长至以收货人接到“到货通知单”以后的 15 天（以邮戳日期为准）。

五、邮包运输保险

邮包运输保险是指承保邮包通过海、陆、空三种运输工具在运输途中由于自然灾害、意外事故或外来原因所造成的包裹内物件的损失的保险。

1. 保险内容

邮包保险按其保险责任分为邮包险（parcel post risks）和邮包一切险（parcel post all risks）两种。邮包险与海洋运输货物保险水渍险的责任类似，邮包一切险与海洋运输货物保险一切险的责任基本相同。

（1）邮包险。

邮包险负责赔偿被保险邮包在运输途中由于恶劣气候、雷电、海啸、地震、洪水等自然灾害或由于运输工具遭受搁浅、触礁、沉没、碰撞、倾覆、出轨、坠落、失踪，或者由于失火、爆炸等意外事故所造成的全部或部分损失。此外，该保险还负责被保险人对遭受承保责任范围内危险的货物采用抢救、防止或减少损失的措施而支付的合理费用，但以不超过获救货物的保险金额为限。

（2）邮包一切险。

邮包一切险除包括邮包险的责任外，还负责被保险邮包在运输途中由于外来原因所致的全部或部分损失。

2. 除外责任

邮包运输保险的除外责任同铁路、公路运输货物保险的除外责任相同。

3. 保险责任起讫

邮包险和邮包一切险的承保责任期限是自被保险邮包离开保险单所在起运地点寄件人的处所运往邮局时开始生效，直至被保险邮包运达保险单所载明的目的地邮局，自邮局签发“到货通知书”当日午夜起算满 15 天为止，但在此期限内，邮包一经递交至收件人的处所时，保险责任即告终止。

任务准备 3：货物运输保险业务运作流程

一、选择保险险别

在货物运输过程中，买卖双方应根据合同所确定的投保责任，选择适当的保险险别。投保人在选择险种时应根据货物的具体情况，恰当地选择投保的险别，既能充分保障其财产权益，又能节约保险费支出，以提高经济效益。同时，应防止不从运输货物的实际情况出发，一味投保保险责任范围大、保险费率高的险种，以求万无一失的做法；也应防止单纯为了节省保险费，而使运输货物得不到应有保障的倾向。选择保险险别有以下几个原则。

1. 从运输货物的种类、性质和特点出发选择投保险别

运输货物的种类、性质和特点是考虑选择投保险别的首要因素。要根据各种风险对货物可能造成的损失程度，以及货物本身的特点，恰当地选择投保的基本险和附加险。因为，不同种类的货物，在运输过程中如遭到同一种自然灾害或意外事故，其损失的情况和损失的程度可能是不同的。例如，对棉纺织品来说，挤压不会造成严重损失，海水浸泡就会造成较大的损失；对于钢精器皿、搪瓷制品等货物，海水浸泡不会造成多大损失，而颠簸、挤压却会造成凹瘪、脱瓷等重大损失。

2. 根据货物的包装状况来选择投保险别

货物的包装对货物的安全运输具有重要作用。有些货物在运输及装卸转运过程中，常因包装破损而造成质量上或数量上的损失。

3. 根据运输工具、运输路线、港口情况来选择投保险别

运输工具、运输路线、港口情况对货物在运输途中发生风险的概率有重大影响。例如，在海上货物运输的过程中，货物在运输途中面临的风险程度大小同载货船舶本身的性能有密切关系。船舶的建造年份、吨位、船上设备等对船舶的适航性有重要影响。因此，载货船舶的情况是货运承保人考虑的一项重要风险因素。

此外，船舶的航行路线和停靠的港口不同，对货物可能遭受的风险和损失也有很大的不同。某些航线途径炎热的地区，如果载货船舶通风不良，就会增大货物的受潮受热损失。或者由于不同停靠港口在设备、装卸能力、港口管理及安全等方面有很大差异，造成货物在港口装卸时发生货损货差的情况也就不同。

4. 根据运输货物的价值大小来选择适当的投保险别

在选择投保险别时，运输货物的价值大小，也是必须考虑的一个因素。对价值昂贵、又容易受损的货物，如贵重工艺品、精密仪器、高级毛料和丝绸服装等，一般应投保保险范围最大的基本险，并根据需要加保某些特别或特殊附加险，以取得全面的保障。

二、选择保险公司

投保人无论是通过公司经纪人、保险代理人间接购买保险，还是直接从保险公司购买保险，选择保险公司都是十分重要的。因为，购买保险不同于购买一般的商品，投保人一旦缴纳了保费，购买了保险，保险人就承诺对在保险有效期内发生的保险货物的损失承担赔偿责任。对投保人而言，选择保险公司时主要应考虑以下因素。

1. 保险公司的经济实力和经营的稳定性

保险公司履行对投保人的承诺，是以其经济实力和经营的稳定性为基础的。

2. 保险商品的保费价格是否合理

价格虽然不是选择保险公司的唯一因素，但却是重要因素，投保人应考虑经济效益，减少不必要的保费支出。

3. 保险公司的理赔情况

保险公司处理索赔是否公平、及时，是选择保险公司的一个重要因素。

4. 保险公司提供的服务

投保前，投保人会有很多有关保单的问题需要咨询，保险人或其代理人是否能够给予全面的、客观的回答；投保后，投保人的一些合理需要能否得到满足；保险标的发生损失后，保险理赔是否迅速、合理。以上这些都是保险公司服务水平、服务态度的表现，也都是投保人选择保险公司时应考虑的因素。

三、办理保险手续

在投保人选择了保险险别与保险公司后，接下来要办理的就是具体的投保手续。

投保人办理投保手续的方法十分简单：向保险公司索取空白投保单，填妥后交给保险公司，保险公司就可制妥并签发保险单。

四、承保

承保工作就是保险人（保险公司）同被保险人（投保人）签订保险合同的过程。只有通过核保人员的筛选，保险公司对符合条件的投保单才可签发保险单。保险单是具有法律约束力的经济合同，明确了合同双方的权利和义务。

五、索赔

在货物运输过程中，发生事故或货损、货差等不正常情况后，承运人应及时做出事故记录，并通知投保人，请其及时行使索赔权利。

六、理赔

保险理赔是指保险人根据保险合同或有关法律、法规，受理被保险人提出的赔偿损失的请求，对损失进行勘查、检验、定损、理算、赔偿等业务活动，若损失赔偿涉及第三者的责任，则保险人还应进行追偿工作。保险货物发生损失后，被保险人不仅需要依据保险合同的规定积极做好索赔工作，还应对保险理赔工作有全面的了解，这样便于保险公司理赔人员开展工作。

保险理赔的流程一般如图 7-1 所示。

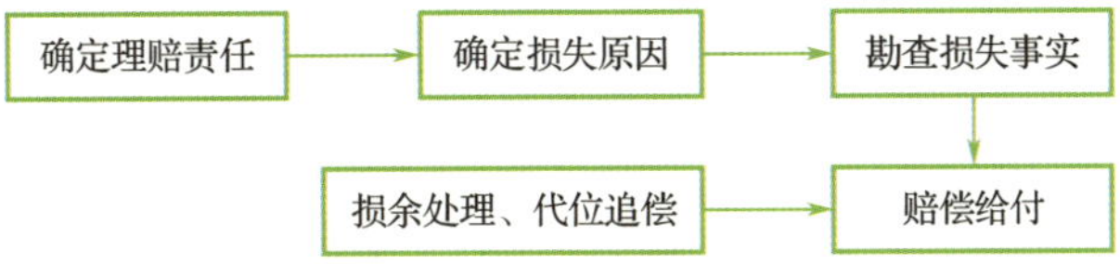

图 7-1　保险理赔的流程

任务执行

步骤 1：认识货物运输保险的含义、种类

各小组将货物运输保险的含义和种类言简意赅地总结到表 7-2 中。

表 7-2 货物运输保险的含义和种类

运输保险的含义	
运输保险的种类	

步骤 2：知道货物运输保险主要险种的内容

各小组结合货物运输保险主要险种的内容完成以下案例的分析任务。

"昌隆"号货轮满载货物驶离上海港。开航后不久，由于空气温度过高，导致老化的电线短路引发大火，将装在第一货舱的 1000 条出口毛毯完全烧毁。船到达新加坡港卸货时发现，装在同一货舱中的烟草和茶叶由于毛毯燃烧散发出的焦煳味而不同程度地受到串味损失。由于烟草包装好，串味不是非常严重，经过特殊加工处理，仍保持了烟草特性，但是等级已大打折扣，售价下跌三成。而茶叶则完全失去了其特有芳香，不能当作茶叶出售，只能按廉价填充物处理。

各小组根据案例中货物损失的情况确定其运用险种。

步骤 3：清楚货物运输保险业务运作流程

各小组将货物运输保险业务运作流程以流程图的形式绘制到表 7-3 中。

表 7-3 货物运输保险业务运作流程

货物运输保险业务运作流程

任务评价

在完成上述任务后，教师组织学生共同进行三方评价，并对任务实施过程进行点评，由教师指出各小组任务实施过程中的优点和缺点。学生完成表 7-4 任务评价表的填写。

表 7-4 任务评价表

<table>
<tr><td colspan="2">组　别</td><td></td><td>组　员</td><td colspan="3"></td></tr>
<tr><td colspan="2">任务名称</td><td colspan="5">认识货物运输保险</td></tr>
<tr><td colspan="2" rowspan="2">考核内容</td><td rowspan="2">评价标准</td><td rowspan="2">参考分值</td><td colspan="3">考核得分</td></tr>
<tr><td>自　评</td><td>互　评</td><td>教 师 评</td></tr>
<tr><td rowspan="3">职业素养</td><td>1</td><td>良好的沟通能力</td><td>5</td><td></td><td></td><td></td></tr>
<tr><td>2</td><td>良好的团队合作精神</td><td>5</td><td></td><td></td><td></td></tr>
<tr><td>3</td><td>良好的专业行为规范</td><td>10</td><td></td><td></td><td></td></tr>
<tr><td rowspan="4">知识素养</td><td>1</td><td>了解货物运输保险的含义</td><td>10</td><td></td><td></td><td></td></tr>
<tr><td>2</td><td>了解货物运输保险的种类</td><td>10</td><td></td><td></td><td></td></tr>
<tr><td>3</td><td>了解货物运输保险主要险种的内容</td><td>10</td><td></td><td></td><td></td></tr>
<tr><td>4</td><td>理解货物运输保险业务运作流程</td><td>10</td><td></td><td></td><td></td></tr>
<tr><td rowspan="4">职业技能</td><td>1</td><td>能够理解货物运输保险的含义</td><td>10</td><td></td><td></td><td></td></tr>
<tr><td>2</td><td>能够总结货物运输保险的种类</td><td>10</td><td></td><td></td><td></td></tr>
<tr><td>3</td><td>能够归纳货物运输保险主要险种的内容</td><td>10</td><td></td><td></td><td></td></tr>
<tr><td>4</td><td>熟悉货物运输保险业务运作流程</td><td>10</td><td></td><td></td><td></td></tr>
<tr><td colspan="3">小　计</td><td>100</td><td></td><td></td><td></td></tr>
<tr><td colspan="2">合计 = 自评 20%+ 互评 30%+ 教师 50%</td><td></td><td>组长签字</td><td colspan="3"></td></tr>
</table>

任务二 处理货物运输的投保与索赔

任务展示

货物运输保险业务是对运输过程中的被保险的货物进行保险业务处理，以及时补偿在运输过程中的货物因灾害事故而遭受的经济损失，有利于社会生产和流通的进行。

2013 年 5 月 10 日，烟台 A 贸易公司委托当地先达烟台货运公司运输中控设备到甘肃庆阳。货物共计 10 件，总重量 2 吨，货物总价 200 000 元。先达烟台货运公司安排车牌号为鲁 F17657 的货车在当月 16 日 15 时启运。

（1）先达烟台货运公司针对此项货运业务，为降低货运风险，办理货物运输保险。

（2）这批中控设备运抵目的地时，发现 3 件货物外包装箱变形、破损，内装仪器有损伤，因此进行索赔。

任务准备

任务准备 1：承保

作为货运公司，可能会由于各种原因，导致所承运的货物发生丢失、损坏、变质，甚至整车的货物损失或灭失（如过渡时货车沉入江中、发生交通事故）等事故，这对运输公司来说损失是巨大的。一般情况下，按照目前的货运市场惯例，货运公司都要赔偿货主损失。如何确保所承运货物的安全，减少公司的损失呢？除加强管理外，还需办理运输货物保险。当保险货物发生保险责任范围内的损失时，应在规定的时间内向当地保险机构申请索赔并完成索赔工作。

一、审核投保单

当货主需要对一批货物进行保险时，首先要联系保险公司并填制一张投保单。保险公司出具的保险单以投保人的填报内容为准。因此，在投保前必须仔细审核投保单中的如下内容。

1. 被保人名称

这一项要填写保险利益的实际有关人，如属买方或卖方投保的则分别写上名称。因为保险是否有效直接关系到被保险人的保险利益。

2. 标记

这一项应该与提单或运单上所载的标记符号一致，特别要同刷在货物外包装上的实际标记符号一致，以免发生索赔时，引起检验、核赔、确定责任的混乱。

3. 包装数量

货物的包装方式，如箱、包、件、捆及数量，均须书写清楚。

4. 货物名称

货物的名称必须具体明确，如棉布、袜子、玻璃器皿等，不要笼统地写纺织品、百货、杂货等。

5. 保险金额

要按照发票的 CIF 价值加上一定的加成作为保险金额，加成的比例一般是 10%，也可以根据实际情况加 20% 或 30% 等。如果发票价为 FOB 价或 CFR 价，则应将运费、保险费相应加上去，再加成计算保险金额。

6. 船名和装运工具

如果用轮船的应写明船名，需转运的也要写明；如果是用火车或航空运输的，最好注明火车班次和班机航次。如果采用联运方式，最好写明联运方式。

7. 开航日期

有确切日期则填上“× 月 × 日”，无确切日期则填上“约于 × 月 × 日”。

8. 提单或运单号码

提单或运单的号码要填写清楚，以备保险公司核对。

9. 航程或路程

应写明“自 ×× 港（地）到 ×× 港（地）”，如果到目的地的路线有两条以上，则要写上“自 × 地经 × 地到某地”。

10. 承保险别

需要投保哪种险别要写明确，不能含糊，对保险条款有特别要求的，也要在这一项内注明。

11. 赔款地点

一般都是在保险目的地支付赔款，如果要求在保险目的地以外的地方给付赔款，则应该声明。

12. 投保日期

投保日期应在运输工具启运之前。

二、保险标的验险

保险标的验险主要是对新投保户和续保户的投保标的进行风险大小的检验。

验险的内容包括核对投保标的的地址、名称是否与投保单一致，与保险责任有关的消防制度、安全值班制度等安全制度的情况。例如，从投保单位领导到基层班组是否有专职、兼职安全工作人员；各种预防灾害事故的设施、器材的数量和性能；保险标的的环境情况；有无明显的危险及处于危险状态中的财产；发运货物包装是否符合规定；机动车、船是否符合适驾、适航。

对于一些资产较多和技术复杂的投保企业，可聘请有关技术专家协同进行标的验险。

三、风险的评估

保险公司对投保人的货运保险投保申请进行选择，保险公司的选择过程就是利用已掌握的信息和资料，对保险标的的风险因素进行分析和评估的过程。对于货运保险的承保，保险公司考虑的风险因素主要有以下几个方面。

（1）货物的性质和特点。

（2）货物的包装。

（3）运输工具、运输路线和运输季节等因素。

（4）投保险别。保险人对货物承担的责任大小是由投保人选择的保险险别决定的。投保人选择的保障范围越大，保险人承担的风险责任越大。

四、核定与计算保险费

保险费率是保险人以保险标的的风险性大小、损失率高低、经营费用多少等为依据，根据不同的商品、不同的目的地，以及不同投保险别所制定的保险价格。

保险公司核保人员审核投保单后，由经办人根据货物的种类、保险目的地、承保险别等有关内容，按照保险费率表确定保险费率，并计算出应收保险费，在投保单上注明并交复核人员审核。

五、缮制保险单和保险费收据

投保单经审核无误后，保险公司即凭其缮制保险单和保险费收据。

缮制保险单完毕后，制单人员应在保险单（凭证）的副本留底上签字。

六、粘贴保险条款和特约条款

对于特殊附加险的拒收险、交货不到险及限制性条款的海关检验条款等，为使被保险人明确责任，应在保险单上粘贴条款，条款的粘贴应按首先粘贴基本险别的条款，其次粘贴附加险的条款，再次粘贴特别附加险的条款，最后贴特别条款的顺序进行。

七、复核

保险单（凭证）制成后，应由保险公司复核人员复核，复核的内容包括：保险单或凭证上的项目是否打全；保险单或凭证上的内容和投保单所列的是否一致；承保险别是否符合投保单位的要求，措辞是否明确并符合保险习惯；理赔检验代理人的名称、地址是否准确；保险费率和保险费的计算是否正确；承保的这笔业务是否符合有关政策的规定。

经以上审核无误后，由复核人员在保险单副本留底上签字。

八、签章

复核完毕后，将保险单或凭证送负责人或指定签章人加盖保险公司章和负责人手章。

九、单据分发

缮制完的保险单或凭证应连同保险费收据（或保费结算清单）分发至相关人员和单位。

（1）保险单或凭证正本和投保单位需要的副本连同保险费收据（清单）送投保人。

（2）保险公司自留保险单或凭证副本两份，一份连同保险费收据（清单）按顺序号理齐，订本归卷，备以后理赔时查阅；另一份留作统计或办理分保时使用。

3. 保险费收据（清单）一份送保险公司会计部门收费入账。

任务准备 2：索赔

保险索赔是指当被保险货物在承保期限内遭受承保范围内的风险损失时，被保险人向保险人要求赔偿的行为。

一、出险通知

保险标的发生保险事故后，被保险人应及时根据保险合同的有关规定向保险人报告损失情况，并提出索赔请求。

1. 出险通知的内容

出险通知的内容主要包括两个方面，即危险发生通知与提出索赔。危险发生通知与提出索赔二者是截然不同的，不能混淆。危险发生通知是保险合同约定的被保险人的一项义务，《中华人民共和国保险法》(以下简称《保险法》) 第 22 条规定“投保人、被保险人或者受益人知道保险事故发生后，应当及时通知保险人”。而提出索赔则是被保险人依法享有的一项权利，《保险法》第 23 条明确规定:“保险事故发生后，依照保险合同请求保险人赔偿或者给付保险金时，投保人、被保险人或者受益人应当向保险人提供其所能提供的与确认保险事故的性质、原因、损失程度等有关的证明和资料”。

2. 出险通知的方式

保险事故发生后，获悉发生保险事故的投保人、被保险人或受益人履行其通知义务，可以以书面形式，也可以以口头方式进行，法律并无明确规定。但合同中规定以书面形式通知的，则必须以书面形式通知保险人或其代理人。书面形式中，常见的有邮寄和电报两种。

3. 通知的期限

保险标的发生保险责任范围内的灾害事故后，被保险人应立即通知保险人。所谓“立即通知”是要求被保险人在主观上能办到和在客观条件允许的情况下，迅速通知保险人。被保险人应采取就近原则，及时通知保险人或其在当地的检验代理人申请对损失进行检验。保险人在接到损失通知后，就可以对损失进行检验，并采取相应的措施控制损失。若被保险人延迟通知，则会延误保险公司开展有关工作，影响索赔甚至引起争议。

4. 危险事故通知延迟的法律后果

对于危险事故通知延迟的法律后果，国际上通常有两种做法。第一种，保险人能对投保人或被保险人因出险通知延迟而扩大的损失拒绝赔偿，不能解除保险合同；第二种，出险通知不在规定期限内进行，保险人可以免责。

二、采取施救和整理措施

被保险人对受损失货物应积极采取施救和整理等措施。被保险货物受损后，被保险人除应及时通知保险公司或保险公司的代理人以请求其对受损货物进行联合检查外，还应会同保险公司或其代理人对受损的货物采取必要的施救和整理措施，以防止损失的扩大。根据各国保险法或保险条款的规定，如果被保险人未尽施救义务而使保险标的的损失扩大，则保险人对损失扩大部分不负赔偿责任。

保险人对合理的施救费用负担补偿义务，即被保险人为了抢救及保护、整理保险财产而支出的必要、合理的费用应由保险人负担。

另外，对于受损货物的转售、修理、改变用途等，被保险人也负有处理的义务。这是因为，被保险人对货物的性能、用途比保险公司更为熟悉，能更好地利用物资。在我国，无论是进口货物还是国内运输的货物受损后，原则上都应由货主自行处理。当然，被保险人在对货物进行转售、修理、改变用途等工作前，必须通知保险公司或征得保险公司的同意。

三、提出赔偿请求

如果保险标的遭受的损失经过损失检验确认是由保险单承保风险造成的，则被保险人应根据保险合同的有关规定向保险公司提出索赔申请。下面以铁路货物运输为例说明如何提出赔偿请求。

1. 赔偿请求提出的对象、形式和方式

赔偿请求应由发货人向始发站或发送局、收货人向到站或到达局以书面形式，按每批货物提出。对因货物全部或部分灭失、质量不足、毁损、腐坏或因其他原因降低质量所发生的损失和对运送费用多收款额提出赔偿请求的，在我国采用《铁路货物运输规程》对应的《赔偿要求书》。对运到逾期提出赔偿请求的，采用《国际铁路货物联运协定》(以下简称《国际货协》) 20 号附件《货物运到逾期赔偿请求书》。

提出的方式是按每批货物提出。但下列情况例外：提出返还运送费用多收款额的赔偿请求时，可按数批货物提出；当国外铁路数批货物编写一份商务记录时，应按商务记录中记载的批数一并提出。

2. 赔偿请求提出的依据及随附文件

（1）货物全部灭失时，若由发货人提出，则须同时提供运单副本；若由收货人提出，则须同时提供运单副本或运单正本和货物到达通知单及铁路在到站交给收货人的商务记录。

（2）货物部分灭失、毁损、腐坏或因其他原因降低质量时，若由发货人或收货人提出，则须同时提供运单正本（或副本）和货物到达通知单及铁路在到站交给收货人的商务记录。

（3）货物运到逾期时，若由收货人提出，则同时须提供运单正本和货物到达通知单，如国内段运到逾期时，还应提供运费杂费收据（可用复印件或抄件）。

（4）多收运费时，若由发货人提出，则须同时提供运单副本或现行国内规章规定的其他文件；若由收货人提出，则须同时提供运单正本和货物到达通知。

3. 赔偿请求的时效

收、发货人向铁路提出的赔偿请求，应在九个月内提出；货物运到逾期的赔偿请求，则应在两个月内提出。上述时效按下列规定计算。

（1）关于货物部分灭失、质量不足、毁损、腐坏或因其他原因降低质量的赔偿请求及逾期运到的赔偿请求，自货物交付收货人之日起计算。

（2）关于货物全部灭失的赔偿请求，自《国际货协》第 14 条规定的货物运到期限满后 30 天起计算。

（3）关于补充支付运费、杂费、罚款的赔偿请求，或者关于退还这项款额的赔偿请求，或者关于因将运价弄错及费用计算错误所发生的订正清算的赔偿请求，自付款之日起计算，如未付款，则自货物交付之日起计算。

（4）关于支付变卖货物的余款的赔偿请求，自变卖货物之日起计算。

（5）其他一切赔偿请求，自确定成为提赔的发生之日起计算。

四、接受检查

保险事故发生后，被保险人应保护出险现场，并提供检验上的方便，使保险人能正确、迅速地进行核赔。因此，保险事故发生后，被保险人对于现场情形在未经保险人勘定以前不得变更，更不得进行隐瞒实情、藏匿变售等不法行为。但经由保险人同意、与理赔的进行无关的情况除外。

五、向保险人提供索赔单证

所谓索赔单证，是指当被保险人就保险单项下的损失向保险人索赔时应该递送的，与确认保险事故的性质、原因、损失程度等有关的证明和资料。索赔单证的范围是相当广泛的，主要包括保险单、保险凭证的正本；有关保险标的的账册、收据、发票等原始单据及提单、运输合同；出险调查报告、出险证明书及损失鉴定证明等；保险财产损失清单和施救整理费用的原始单据。

任务执行

步骤1：熟悉承保步骤

各小组梳理保险承保业务的流程。

承保业务流程

____

____

____

____

步骤2：填写投保单

各小组通过查询相关资料后，完成《投保单》的填写任务（见表7-5）。

表 7–5　投保单

投保单号：

<table>
<tr><td>被保险人</td><td colspan="4"></td><td colspan="2">组织机构代码</td><td></td></tr>
<tr><td>投保人</td><td colspan="4"></td><td colspan="2">组织机构代码</td><td></td></tr>
<tr><td>联系电话</td><td colspan="2"></td><td>传真</td><td></td><td>地址</td><td colspan="2"></td></tr>
<tr><td colspan="2">货票运单号码</td><td colspan="2">件数 / 重量</td><td colspan="3">保险货物项目</td><td>保险金额</td></tr>
<tr><td colspan="2"></td><td colspan="2"></td><td colspan="3"></td><td></td></tr>
<tr><td colspan="5">启运日期：</td><td colspan="3">运输工具（船名 / 航次 / 车次）：</td></tr>
<tr><td colspan="5">起运地：</td><td colspan="3">目的地：</td></tr>
<tr><td colspan="8">投保险别：</td></tr>
<tr><td colspan="8">备注：</td></tr>
<tr><td colspan="8">请如实告知下列情况：（如是在 [ ] 中打√）
1. 货物包装　袋装 / 箱装 [ ]　散装 / 裸装 [ ]　冷藏 [ ]　捆扎 [ ]　灌装 [ ]
2. 集装箱种类　普通 [ ]　开顶 [ ]　框架 [ ]　平板 [ ]　冷藏 [ ]
3. 运输工具　海轮 [ ]　飞机 [ ]　火车 [ ]　汽车 [ ]　驳船 [ ]　内河船 [ ]
4. 船舶资料　船级________　建造年月________</td></tr>
<tr><td colspan="8">保险人（保险公司）提示
请您仔细阅读保险条款，尤其是黑体字标注部分的条款内容，并听取保险公司业务人员的说明，如对保险公司业务人员的说明不明白或有异议，请在填写本投保单之前向保险公司业务人员进行询问，如未询问，视同已经对条款内容完全理解并无异议。</td></tr>
<tr><td colspan="8">投保人声明
投保人及被保险人兹声明所填上述内容（包括投保单及投保附件）属实。
本人已经收悉并仔细阅读保险条款，尤其是黑体字部分的条款内容，并对保险公司就保险条款内容的说明和提示完全理解，没有异议，申请投保。
投保人签章：　　　　投保日期：　年　月　日</td></tr>
</table>

步骤 3：熟悉索赔业务

各小组梳理保险索赔业务的流程。

索赔业务流程

____

____

____

____

任务评价

在完成上述任务后，教师组织学生共同进行三方评价，并对任务实施过程进行点评，由教师指出各小组任务实施过程中的优点和缺点。学生完成表 7-6 任务评价表的填写。

表 7-6 任务评价表

组别		组员				
任务名称		处理货物运输的投保与索赔				
考核内容		评价标准	参考分值	考核得分		
				自评	互评	教师评
职业素养	1	良好的沟通能力	5			
	2	良好的团队合作精神	5			
	3	良好的专业行为规范	10			
知识素养	1	熟知承保步骤	10			
	2	知道如何填写投保单	10			
	3	清楚索赔业务流程	10			
	4	了解索赔时效及索赔单证	10			
职业技能	1	能够描述承保业务流程	10			
	2	会填写《投保单》	10			
	3	能够描述理赔业务流程	10			
	4	了解索赔时效及索赔单证	10			
小计			100			
合计 = 自评 20%+ 互评 30%+ 教师 50%				组长签字		

附录 A　拓展提升　知识加油站

本书部分任务提供的拓展提升和知识加油站，请扫描二维码查看。

拓展提升

知识加油站

参考文献

[1] 陈雄寅 . 电子商务物流实务 [M]. 北京：电子工业出版社，2018.

[2] 陈志红 . 运输实务 [M]. 北京：人民交通出版社出版，2005.

[3] 中华人民共和国教育部 . 中等职业学校专业教学标准 交通运输类（第一辑）[M]. 北京：高等教育出版社，2014.

[4] 毛宁莉 . 运输作业实务（第 2 版）[M]. 北京：械工业出版社，2016.

[5] 韩杨，刘娜 . 物流运输管理实务（第 2 版）[M]. 北京：清华大学出版社，2014.

[6] 傅莉萍 . 运输管理 [M]. 北京：清华大学出版社，2015.

[7] 周晓蓉，莫以为 . 现代物流运输与调度 [M]. 北京：科学出版社，2017.

[8] 袁艳红 . 运输管理 [M]. 北京：电子工业出版社，2016.

[9] 余洁 . 运输管理 [M]. 北京：电子工业出版社，2012.

[10] 顾丽亚 . 远洋运输实务 [M]. 北京：人民交通出版社，2007.

[11] 何妍，朱亚琪 . 物流运输管理实务 [M]. 北京：清华大学出版社，2015.

[12] 潘洪伟 . 运输管理与作业实务 [M]. 苏州：苏州大学出版社，2007.

[13] 黄丽华 . 运输管理与作业实务 [M]. 厦门：厦门大学出版社，2014.

[14] 唐振武，熊青 . 综合运输作业管理 [M]. 北京：人民交通出版社，2015.